Jonathan Alpert
Alisa Bowman

Hinter deiner Angst liegt deine Kraft

5 Schritte zu dem Leben, das Sie leben wollen

Aus dem Englischen von Peter Kobbe

GOLDMANN

Die amerikanische Originalausgabe erschien 2012 unter dem Titel »Be Fearless. Change Your Life in 28 Days« bei Center Street, einem Verlag der Hachette Book Group, New York.

Verlagsgruppe Random House FSC-DEU-0100
Das für dieses Buch verwendete FSC®-zertifizierte Papier
München Super liefert Arctic Paper Mochenwangen GmbH.

1. Auflage
Deutsche Erstausgabe September 2012
© 2012 Wilhelm Goldmann Verlag, München,
in der Verlagsgruppe Random House GmbH
© 2012 der Originalausgabe Jonathan Alpert
Umschlaggestaltung: Uno Werbeagentur
Umschlagmotiv: FinePic®, München
WL · Herstellung: cb
Lektorat: Johannes Bucej
Satz: Barbara Rabus
Druck und Bindung: GGP Media GmbH, Pößneck
Printed in Germany
ISBN 978-3-442-22003-8

www.goldmann-verlag.de

Für Mama und Papa, die halfen,
mich angstfrei zu machen

Inhalt

Einleitung

Stellen Sie sich Ihr Leben heute in einem Jahr vor. Wäre Ihnen das recht, wenn es genauso ist wie eben jetzt?

Ich habe diese Frage zahllosen Klient(inn)en, Freund(inn)en, Bekannten und Kolleg(inn)en gestellt. Die meisten überlegen, schütteln den Kopf und antworten mit einem entschiedenen »Nein«.

Ich frage dann: »Was tust du, um dein Leben zu verändern?« Die meisten schauen verdutzt drein und murmeln leise: »Nichts.«

Sie haben das Gefühl festzustecken, als ob es nichts gäbe, was sie hinsichtlich ihrer Zukunft unternehmen könnten. Sie wollen ihr Leben verändern, aber sie wissen nicht, wie.

Ich schätze, dass Sie genauso empfinden. Möglicherweise haben Sie die Nase voll von Ihrem Job, einer zerrütteten Beziehung oder einer Gruppe toxischer Freunde/Freundinnen oder Familienmitglieder. Oder vielleicht wollten Sie schon immer etwas tun – wieder zur Schule gehen, den Beruf wechseln, die Welt bereisen oder einen Marathon laufen. Oder Sie wollten und wollen vielleicht eine schlechte Gewohnheit ablegen – mit dem Rauchen aufhören, beispielsweise.

Es ist möglich, dass Sie schon seit einiger Zeit – seit Wochen, Monaten oder womöglich sogar Jahren – Ihr Leben ändern wollen.

Aber etwas hält Sie ständig ab.

Dieses Etwas ist Angst.

Angst ist es, was Sie denken lässt, dass Ihr Traum einfach unerreichbar ist. Sie ist das, was Sie veranlasst, sich zwanghaft mit jenem Schlamassel in Ihrem Leben zu beschäftigen – dem Kuddelmuddel, dank dem Sie sich außer Kontrolle, überwältigt und unbefriedigt fühlen –, aber eben auch nichts dagegen unternehmen. Sie ist das, was Sie nachts wach hält; unruhig wälzen Sie sich hin und her, weil Sie das vage Gefühl haben, dass Ihr Leben nicht alles ist, was es sein könnte. Sie ist das, was Sie davon zurückhält, in Ihrer beruflichen Entwicklung voranzukommen, erfüllende Beziehungen zu schaffen und im Leben zu erreichen, was Sie wollen.

Denken Sie darüber nach

Warum bleiben manche Menschen in Jobs oder Beziehungen, die sie nicht erfüllend finden? Sie tun es, weil sie befürchten, dass sie nicht imstande sein werden, irgendetwas Besseres zu finden. Warum schrecken manche Menschen vor öffentlichem Reden und anderen Präsentationsarten zurück? Das kommt daher, weil sie befürchten, dass die Leute die Augen verdrehen oder sich über sie lustig machen werden. Warum verlangen Menschen nicht nach dem, was sie wirklich wollen? Sie befürchten, dass sie es nicht kriegen werden. Denken Sie darüber nach, was Sie in Ihrem Leben auf die lange Bank schieben. Welches ist die Befürchtung, die Angst, die Sie festgefahren bleiben lässt?

In der Tat ist Angst das Epizentrum allen Elends. Sie ist das, was hinter jedwedem Problem liegt, und sie ist das, was Sie festgefahren bleiben lässt.

Aufgrund Ihrer Angst könnten Sie glauben, dass die folgenden Träume nicht realisierbar sind:

- die Spitze in Ihrem Berufszweig zu erreichen;
- Ihre eigene Firma zu gründen;
- wieder zur Schule zu gehen, um eine neue Karriere zu starten;
- »den Richtigen«/»die Richtige« zu finden;
- irgendwohin zu reisen, wo Sie schon immer hinwollten;
- auf einer Hochzeit einen Toast auszubringen;
- panische Angst, Beklommenheit, Depression oder Phobien zu überwinden.

Aber jeder dieser Träume – und noch viele weitere – sind realisierbar. Sie sind nicht unerreichbar. Sie scheinen nur aufgrund Ihrer Angst nicht realisierbar zu sein.

Wie Sie dachten auch viele meiner Klient(inn)en anfangs, ihre Träume wären nicht realisierbar. Dann erkannten sie klar, dass nur eines zwischen ihnen und dem, was sie wirklich wünschten, stand. Es war nicht Glück. Es war kein Treuhandfonds. Und es waren nicht die Umstände.

Es war Angst. Mit meiner Hilfe lernten sie, sie zu überwinden. Es wurde ihnen klar, dass der Unterschied zwischen den Unerfüllten und den Erfüllten nicht im Vorhandensein oder dem Nichtvorhandensein von Angst bestand. Er bestand in dem, was sie mit ihr machten. Die Unerfüllten verspüren Angst und geben auf. Die Erfüllten verspüren sie und nutzen sie zu ihrem Vorteil. Ich habe mit zahllosen Klient(inn)en gearbeitet, um ihnen zu helfen, sich einer Angst nach der anderen zu stellen. Sie sind dann daran gegangen, ihre Träume in Wirklichkeit zu verwandeln und ein angstfreies Leben zu leben.

Sie können das Gleiche tun.

Sie können ein angstfreies Leben leben. Sie können Ihre Träume verwirklichen. Sie können alles bekommen, was Sie wollen. Sie können die Barrieren überwinden, die zwischen Ihnen und Erfolg, glücklicher Zufriedenheit und Liebe stehen.

Sie können das Leben schaffen, das Sie eigentlich leben sollten. *Hinter deiner Angst liegt deine Kraft* wird Ihnen zeigen, wie. Alles, was es dazu braucht, ist Ihre Bereitschaft, es zu versuchen.

Mein Versprechen an Sie

Ich schrieb dieses Buch aus dem sehnlichen Wunsch heraus, anderen zu helfen. Wie Sie war ich vormals von Angst erfüllt – Angst, die mich dazu brachte, stecken zu bleiben und mir entgehen zu lassen, was ich vom Leben wirklich haben wollte. Die meisten meiner Klient(inn)en haben ebenfalls mit Angst zu kämpfen gehabt. Wir sind alle dort gewesen, wo Sie sich eben jetzt befinden.

Ich schrieb dieses Buch auch aus meiner Frustration mit dem, was nicht funktionierte. Zahllose Klient(inn)en hatten mir von den Jahren berichtet, die sie bereits in Therapie verbracht hatten – Therapie, die nur dazu geführt hatte, dass sie noch angstvoller wurden statt weniger ängstlich. Genauso verhielt es sich mit diversen Büchern und Programmen, mit denen sie es versucht hatten. Nichts hatte funktioniert, und es war eine Schande. Es war nicht ihre Schuld. Viel zu oft beklagten sich Klient(inn)en über jenen klischeehaften Ausspruch, den Therapeuten gerne äußern, nämlich: »Was gibt Ihnen das für ein Gefühl?« oder: »Was fühlen Sie dabei?« Diese Therapeut(inn)en benutzten ihn als Krücke, und es war frustrierend. Meine Klient(inn)en sagten mir, dass sie ebenjene Frage unerträglich und sogar beleidigend fanden.

Sie hatten Besseres verdient. Mit meiner Hilfe ging es bei ihnen wieder aufwärts, und zwar rasch. Und bei Ihnen wird das ebenso passieren.

Ich möchte, dass Sie wissen, dass mein methodischer Ansatz nicht so ist wie der anderer Therapeut(inn)en oder wie der vieler Selbsthilfebücher. Manche meiner *Angstfrei*-Verordnungen sind kontraintuitiv und paradox. Etliche sind zudem auch umstritten.

Aber sie funktionieren.

Ich habe diese paradoxen und doch praktikablen Verordnungen bei zahllosen Klient(innen) eingesetzt, von denen alle den Fünf-Schritte-Plan angewendet haben, um vielerlei Ängste zu bezwingen, unter anderem Versagensangst, Angst vor Zurückweisung, Angst vor Veränderung, Angst vor öffentlichem Reden und auch die Angst davor, den eigenen Partner im Bett nicht zufriedenzustellen. Sie haben den Mut gefunden, ihren Passionen nachzugehen und zu werden, was sie immer schon werden wollten – Küchenchefs/Küchenchefinnen, Lehrer(innen), Anwält(inn)e(n), Ärzt(inn)e(n), Schauspieler(innen) und anderes mehr. Sie sind in der Lage gewesen, aus Sackgassenjobs und ebensolchen Beziehungen auszusteigen. Sie haben wahre Liebe gefunden und sie sind zu den erfolgreichsten und zufriedensten Menschen geworden, die ich kenne.

Sie gestalten und leben ihr ultimatives Leben.

Sie können ihnen nacheifern und sich daranmachen, gleichermaßen Ihr ultimatives Leben zu gestalten.

Ausgehend vom Zeitaufwand, der bei meinen Klient(inn)en jeweils erforderlich war, bis sich Resultate einstellten, kann ich Ihnen versichern, dass Sie:

- **innerhalb von gerade mal 24 Stunden** bereits dabei sein werden, das Leben zu gestalten, das Sie leben wollen;

- **in kaum mehr als 7 Tagen** die mit Angst aufgeladenen Muster durchbrochen haben werden, die Sie schon so lange in Geiselhaft halten, und Sie infolgedessen ein starkes Triumphgefühl empfinden werden;

- **in ungefähr 2 Wochen** die Kunst der Angstfreiheit praktizieren und Ihr Leben bereits mit optimistischeren Augen betrachten werden, in dem Gefühl, es bereits mehr in der Hand zu haben.

- **in nur 28 Tagen** ein Ziel auf Ihrer »Traumliste« abgehakt haben und sich selbst Folgendes bewiesen haben werden: Es ist leichter, sich vorwärtszubewegen, als festgefahren zu bleiben. Außerdem werden Sie klar erkennen, dass Ihre Ziele es nicht nur wert sind, sie in Angriff zu nehmen, sondern dass sie wirklich realisierbar sind.

Sie werden Erfolg haben. *Hinter deiner Angst liegt deine Kraft* wird Ihnen helfen, die vielen Lebensziele zu erreichen, die Sie bislang hinausgeschoben haben. Sie werden erfahren, inwiefern Ihre Gedanken, Überzeugungen, Medikationen, ihr Wunsch, es anderen recht zu machen, Ihre Erwartungen, Ihr Selbstgespräch und sogar Ihr(e) Therapeut(in) Sie möglicherweise zurückhalten. Sie werden Ihre innere Erzählung neu schreiben, Ihre Nerven beruhigen und kleine, aber zuversichtliche Schritte auf Ihr Ziel hin machen. Und Sie werden genauso angstfrei und erfolgreich werden, wie dies viele meiner Klient(inn)en geworden sind und wie auch ich dies geworden bin.

Was nicht funktioniert

Warum ist Veränderung so schwer erreichbar? Warum stecken Sie schon so lange fest? Es ist gut möglich, dass Sie schon seit Längerem nach einer Patentlösung Ausschau halten – einer Methode, zu bekommen, was Sie wollen, ohne sich dabei Ihrer Angst stellen zu müssen. Vielleicht haben Sie sich verlegt aufs:

Warten. Statt proaktiv zu sein und die Initiative zu ergreifen, haben Sie vielleicht Zeit mit der Hoffnung darauf verbracht, dass die richtige Person magischerweise in Ihr Leben hereinschreiten wird, dass der berufliche Aufstieg sich einfach materialisieren wird oder dass Ihr Ehepartner plötzlich anfangen wird, sich weniger irritierend zu verhalten. Wenn Sie darauf warten, dass Ihre Träume sich entfalten, werden Ihre Träume eben nur Träume bleiben. Wenn Sie handeln, werden Sie Ihre Träume in eine Wirklichkeit verwandeln. *Hinter deiner Angst liegt deine Kraft* wird Ihnen helfen, den Mut zu finden, diese Initiative zu ergreifen.

Wünschen. Ich bin kein Fan von Rhonda Byrnes Selbsthilfebuch *The Secret* und dem sogenannten Gesetz der Anziehung, auf dem es basiert. Ich kann Ihnen nicht sagen, wie viele Klient(inn)en zu mir kamen, nachdem sie sich unentwegt ein besseres Leben gewünscht und gewünscht hatten – nur dass sich dabei ihr Leben kontinuierlich verschlechterte. Mein Buch bringt Ihnen bei, mit dem Wünschen aufzuhören und zu leben anzufangen.

Anderen die Schuld zuschreiben. Haben Sie anderen die Schuld an Ihren Problemen zugeschrieben? Vielleicht haben Sie sich über Ihre(n) Chef(in), Ihren Ehepartner oder jemand anderen erbost, weil der oder die Betreffende Ihr Leben elend macht. Dieses Buch wird Ihnen beibringen, damit aufzuhören, das in den Mittelpunkt zu stellen, was sich Ihrer Kontrolle entzieht, und stattdessen Ihre Energie in all die Dinge zu stecken, die Sie kontrollieren können. Sie können kontrollieren, was Sie sagen und tun. Es ist nicht genauso leicht zu kontrollieren, was andere Menschen sagen und tun.

Warten, wünschen und anderen die Schuld zuschreiben werden Sie nicht zu dem Leben führen, das Sie wirklich wollen. Was wird dorthin führen? Das *Angstfrei*-Programm.

Fünf Schritte zu Ihrem ganzen weiteren Leben

Das *Angstfrei*-Programm wird Ihnen helfen, Ihr höchstes Potenzial zu leben, damit Sie wahre Liebe, Glück, Zufriedenheit und Erfolg finden können. Hier ist eine Vorschau.

Schritt 1: **Definieren Sie Ihr Traumleben.** Um die Leidenschaft und Motivation zu finden, die Sie brauchen, um Ihrer Angst ins Auge zu sehen, werden Sie Ihre Traumliste erstellen. In diese werden Sie alles schreiben, was Sie tun würden, wenn Sie sich nicht durch Angst (Stress, Unbequemlichkeit/Beschwerden, das Unbekannte, Veränderung und so weiter) beschränkt fühlen würden. Sie werden tief schürfen, sich selbst gegenüber ehrlich werden und definieren, was Sie wahrhaft wollen. In den etwa drei Stunden, die Sie brauchen werden, um die fünf einfachen, aber wirksamen Übungen in diesem Schritt durchzuführen, werden Sie den Mut entwickelt haben, Ihr Leben zu verändern. Sie werden nicht mehr das Gefühl haben festzustecken, und Ihre Ziele und Träume werden Ihrem Empfinden nach schlussendlich in greifbarer Nähe sein.

Schritt 2: **Durchbrechen Sie Ihr Angstmuster.** Viele Menschen sind sich nicht darüber im Klaren, wie sie durch Angst eingeschränkt werden. In diesem Schritt werden Sie Ihr persönliches Angstmuster diagnostizieren, verstehen und ihm entgegenwirken, jenem Muster, das Sie bislang in einem nicht erfüllenden Leben festgefahren bleiben lässt. In den kurzen ein bis drei Stunden, die es dauern wird, die vier kurzen Übungen in Schritt zwei durchzuführen, werden Sie schlussendlich verstehen, was Ihnen im Weg gestanden hat. Und was noch wichtiger ist: Sie werden wissen, wie Sie Ihre Erfolgsbarrieren überwinden können.

Schritt 3: **Schreiben Sie Ihre innere Erzählung neu.** Sie werden im Verlauf einer Woche fünf Übungen durchführen, die Ihre Denkweise über Veränderung revolutionieren werden. Sie wer-

17

den die negative Einstellung und den Selbstzweifel überwinden, von denen Sie bislang zurückgehalten wurden. Sie werden eine innere Stimme entwickeln, die positiv und anspornend ist. Sie werden lernen, selbst Ihr größter Fan zu werden.

Schritt 4: **Beseitigen Sie Ihre Angstreaktion.** Innerhalb von nur zwei Stunden werden Sie die Fähigkeiten erlangen, die Sie brauchen, um mit Nervosität, Beklommenheit, Beunruhigung, Stress und panischer Angst fertig zu werden. Die damit verbundenen Empfindungen – rasende Herzfrequenz, schweißnasse Handflächen, Mundtrockenheit und getrübtes Denken – können sogar noch beängstigender sein als Ihr Traum. Um sie zu überwinden, werden Sie sechs lebensverändernde Übungen durchführen, die Ihnen helfen werden, Angst in eine Stärke umzuwandeln.

Schritt 5: **Leben Sie Ihren Traum.** Indem Sie einen Angstfrei-Aktionsplan erstellen und mit seiner Umsetzung beginnen, werden Sie endlich Ihr Leben ändern, und Sie werden es schnell tun. Sie werden jeweils eine kleine Änderung vornehmen, und jede einzelne führt dann zur nächsten. Auf diese Weise werden Sie sich angstfrei auf Ihr Ziel hin vorwärtsbewegen. Jede Änderung wird Ihnen Erfolg bringen – Erfolg, der Ihre Angstfreiheit verstärkt und den Weg zum Glück bahnt.

Indem Sie das *Angstfrei*-Programm befolgen, werden Sie:

- den Mut finden, der/die zu sein, der/die Sie wirklich sind, und eben nicht die Person, die Sie, nach dem vermeintlichen Willen anderer, sein sollen;

- den Stachel der Kritik oder das Bedürfnis, ständig Bestätigung von anderen zu suchen, überwinden;

- zu Hause, im Beruf und in Beziehungen strategische Maßnahmen ergreifen, sodass Sie Ihr wahres Potenzial erreichen können;

- zustande bringen, was Sie vormals für unmöglich hielten, wie etwa eine(n) Ehepartner(in) oder Mitarbeiter(in) zur Rede zu stellen, mit charmanter Umgänglichkeit Kontakte zu knüpfen, einen Vortrag zu halten, sich einen Beruf aufzubauen, den Sie lieben, oder bei einem Rendezvous/Date Sie selbst zu sein;

- ein Kontrollgefühl inmitten scheinbar unkontrollierbarer Situationen erlangen, die von Arbeitsplatzverlust bis zu Liebesenttäuschungen reichen.

Sie werden sich komplett frei von Einschränkungen fühlen, und Sie werden den Schlamassel aufgeräumt haben, der Sie bislang nachts wach hält. Sie werden unbeschwert zu Bett gehen, Sie werden tief und fest schlafen, und Sie werden morgens erwachen, bereit, angstfrei den Tag anzugehen.

Verändern Sie Ihr Leben jetzt!

Das *Angstfrei*-Programm wird Ihnen helfen, Angst vor Veränderung, Versagensangst, Angst vor Kritik und noch weitere andere zu überwinden, und es wird Ihnen helfen, dies in nur 28 Tagen zu vollbringen. Sie können wirklich Ihren Traumjob an Land ziehen, Liebe finden und ein erfüllendes Leben gestalten, aber das wird eine Selbstverpflichtung erfordern. Holen Sie Ihren Kalender. Setzen Sie darin die folgenden Fristtermine fest:

- **Heute in einer Woche:** Die Lektüre dieses Buches abschließen.

- **Heute in zwei Wochen:** Das *Angstfrei*-Fünf-Schritte-Programm beginnen.

- **Heute in drei Wochen:** Sich weiterhin flüssig durch die Schritte hindurchbewegen und Schritt fünf in Sichtweite haben.

- **Heute in vier Wochen:** Ihren *Angstfrei*-Aktionsplan erstellen und mit der ersten Ihrer zahlreichen Lebensveränderungen beginnen.

TEIL EINS

Bereiten Sie sich darauf vor, angstfrei zu sein

Kapitel 1

Wie ich angstfrei wurde – und wie Sie dies gleichfalls werden!

Sie haben wahrscheinlich schon versucht, Ihre Angst zu überwinden und etwas gegen Ihre Probleme zu unternehmen. Möglicherweise haben Sie Monate damit verbracht, auf der Couch eines Therapeuten bzw. einer Therapeutin zu sitzen. Oder vielleicht ist Ihnen die Selbsthilfeabteilung des Buchladens wohl vertraut. Dennoch scheint nichts zu funktionieren.

Warum bin ich mir so sicher, dass ich das Erfolgsrezept habe, das Ihnen helfen wird, Ihr Leben zu verändern, wo doch andere Expert(inn)en, Bücher und Programme Sie bereits enttäuscht haben? Ich bin mir deswegen sicher, weil der *Angstfrei*-Fünf-Schritte-Plan aus meiner persönlichen Erfahrung hervorging. Wissen Sie, ich mag jetzt ja augenscheinlich angstfrei sein, aber das war bei mir nicht schon immer so.

Wie Sie wurde ich vormals von meiner Angst zurückgehalten, und ich ließ mir das Leben entgehen, weil ich zu verängstigt war, etwas zu riskieren. Indem ich meine Ängste überwand, war ich in der Lage, ein hoch kompetenter Therapeut zu werden und meine angsterfüllten Klient(inn)en besser zu verstehen. Ich weiß beispielsweise, warum genau meine Klient(inn)en sich mit Veränderung und Ungewissheit schwertun, weil auch ich mich mit Veränderung und Ungewissheit schwergetan habe. Ich bin in der Lage, aus dem zu schöpfen, was ich beim Überwinden meiner eigenen Angst gelernt habe, sodass ich meine Klient(inn)en zu demselben angstfreien Ort führen kann, den ich für mich selbst bereits gefunden habe.

Manche meiner Klient(inn)en verbrachten Jahre festgefahren in Therapie, bevor sie mich aufsuchten. Sie versuchten, ihr Leben so viele Male zu ändern. Viele sagten mir während unseres ersten Termins, dass sie wenig Hoffnung hätten. Sie bezweifelten, dass ich ihnen helfen könnte. Sie können sich wahrscheinlich vorstellen, wie befriedigend es für mich war zu beobachten, wie sie so schnell ihre Angst bezwangen und ihr Leben veränderten. Generell waren sie am Ende ebenjenes ersten Termins bereits positiver eingestellt. Bei den meisten waren nur ein paar Termine – weniger als ein Monat – erforderlich, bevor sie den Mut fanden, die ersten von mehreren Veränderungen in ihrem Leben vorzunehmen. Fast alle von ihnen – ganz gleich, wie hochfliegend ihre Träume oder scheinbar unmöglich ihre Ziele waren – absolvierten die Therapie in nur ein paar Monaten.

Ihre Ziele und Ängste unterschieden sich, aber das Verfahren zum Verändern ihres jeweiligen Lebens blieb sich gleich. Ich erkannte bald, dass meine Klient(inn)en in der Lage waren, sich ihren Ängsten zu stellen und ihr Leben zu verändern, indem sie sich durch dieselben fünf Schritte vorwärtsbewegten. Diese Schritte sind zum *Angstfrei*-Programm geworden.

Ich möchte Ihnen die Geschichte davon erzählen, wie ich meine Angst dazu verwendete, anderen zu helfen. Es ist meine Hoffnung, dass Sie, indem wir diese Geschichte miteinander teilen, in der Lage sein werden einzusehen, dass eine ähnliche Umwandlung genauso für Sie möglich ist.

Das Mädchen, das ich nie küsste

Meine Angstvoll-zu-Angstfrei-Geschichte beginnt in der frühen Kindheit. Als Kleinkind trug ich Forrest-Gump-Beinschienen. In der Grundschule sprach ich komisch, konnte bestimmte Worte nicht aussprechen und musste Sprechunterricht nehmen. Bis zur siebten Klasse war ich mindestens eine Handbreit größer als meine Mitschüler(innen).

Während meiner ganzen Highschooljahre war ich schrecklich schüchtern und hatte solche Angst vor Aufmerksamkeit, dass ich Partys, Tanzveranstaltungen, Footballspiele und gesellige Zusammenkünfte mied. Während meine Klassenkamerad(inn)en auf dem Schulball waren, war ich für mich allein und fuhr ziellos im Oldsmobile-Kombiwagen meiner Eltern umher – jawohl, dem Typ mit der künstlichen Holzverkleidung.

Vor Mädchen hatte ich ganz besonders Angst. Meiner Meinung nach waren sie große böse Monster. Sie würden nie auf einen hochgewachsenen, spindeldürren, linkischen Jungen wie mich abfahren. Sie würden sich über mich lustig machen. Davon war ich überzeugt. Trotzdem gab es da dieses eine Mädchen, das ich wirklich mochte. Sie hieß Katie. Sie war beliebt, hatte jede Menge Freunde/Freundinnen und saß im Unterricht neben mir, aber nur weil unsere Nachnamen beide mit dem Buchstaben A anfingen.

Um Katies Aufmerksamkeit zu bekommen, versuchte ich, wie ich zu meiner Peinlichkeit eingestehen muss, alle möglichen untauglichen und wirkungslosen Taktiken. Ja, ich war einer von diesen Dämlacks, die, aus Verzweiflung, auf eine Reklame auf der Rückseite einer Zeitschrift, die Anzeige für einen Pheromonspray namens »Lockstoff 10«, hereinfielen. Das Spray sollte mich angeblich »unwiderstehlich für Frauen« machen. Interessanterweise gibt es das Produkt heute immer noch.

Ich bestellte das Produkt und begann es sogleich zu benutzen. Ich trug es kurz vor dem Unterricht auf. Doch Katie blieb augenscheinlich unberührt davon. Eines Tages gelang es mir, die Dinge so zu timen, dass wir im selben Moment aus der Schule hinausgingen. Hier war sie, direkt neben mir! Wir gingen in dieselbe Richtung. Niemand sonst war in der Nähe. Da waren bloß wir.

Es gelang mir, ein linkisches Hallo zu murmeln und ein kleines bisschen zu plaudern. Dann wandte sie sich ab, um in eine andere Richtung zu gehen. Es war jetzt oder nie. Wenn ich sie zu einem Rendezvous einladen wollte, war dies meine einzige Chance.

»Dann bis morgen«, sagte sie.

»Ja, bis dann«, sagte ich.

Sie ging davon. Ich hatte die Sache vergeigt.

Erst mit achtzehn Jahren war ich kühn genug, überhaupt jemanden zu küssen, und erst weit in den Zwanzigern war ich regelmäßig mit irgendwem zusammen. Schließlich überwand ich jedoch meine Angst und entwickelte den Mut, voll Selbstvertrauen Frauen um eine Verabredung zu bitten. Ich ging dann daran, mich meinen zahlreichen anderen, von Versagensangst bis zu Angst vor Kritik reichenden Ängsten zu stellen und sie zu überwinden. Jedes Mal, wenn ich mich meiner Angst stellte, bemerkte ich, dass ich stärker und selbstsicherer aus der jeweiligen Konfrontation hervorging. Im Verlauf der Zeit begann ich einzusehen, dass Angst nicht etwas war, dem man ausweichen musste. Sie war auch kein Grund, meine Ziele oder Träume aufzugeben.

Sie war lediglich ein vorübergehender Stressfaktor. Wenn ich mich durch den kurzfristigen Stress durchboxte, war ich in der Lage, mich an der Angst vorbeizubewegen und zu jedem langfristigen Ziel zu gelangen, das ich mir gesetzt hatte. Diese Erkenntnis half mir, die Graduiertenschule durchzustehen, meine eigene Therapiepraxis zu entwickeln und einen Therapiestil zu liefern, der höchst effizient, innovativ und bisweilen sogar verwegen ist.

Hinter deiner Angst liegt deine Kraft

Veränderung ist beängstigend und verursacht häufig temporären Stress. Deswegen besteht unsere natürliche Reaktion darin, uns zurückzuziehen und auszuweichen. Dennoch lohnt sich dieser kurzfristige Stress – wegen des langfristigen Gewinns an größerer Zufriedenheit und Gemütsruhe.

Es wagen, ich zu sein

Ich wurde Psychotherapeut, weil ich immer von menschlichem Verhalten und Psychologie fasziniert gewesen bin. Schon als schüchterner kleiner Junge wurde ich von Menschen angezogen, die aufgrund ihrer psychischen Herausforderungen von der Gesellschaft ausgeschlossen waren. Später, als Teenager, hatte ich jeden Sonntag spätabends, wo ich wahrscheinlich schon hätte schlafen sollen, ein Date mit der berühmten Sexualtherapeutin Dr. Ruth Westheimer, wenn ich mir auf meinem Walkman ihre Radiosendung anhörte. Ich lernte nicht nur von ihr – ich strebte an, schlussendlich erwachsen und die männliche Variante von ihr zu werden. Ich wollte einen Beruf ausüben, der mir ermöglichte, Menschen zu helfen und etwas zu bewirken, und ich wollte die Massen erreichen. Wie Dr. Ruth wollte ich die Medien als Instrument benutzen, Hunderten und sogar Tausenden anderer Menschen zu helfen. Ich wollte Menschen helfen, ihre psychischen Herausforderungen zu überwinden und dann daran zu gehen, Größe zu erlangen, und ich wollte dies in großem Stil bewerkstelligen.

Doch bald nachdem ich Psychotherapeut wurde, begriff ich klar, dass ich nicht die Art von Psychotherapeut sein konnte, die zu werden meine Ausbildung mich geschult hatte. In der Graduiertenschule hatte man mir beigebracht, Klient(inn)en zu helfen, zu Erkenntnissen zu gelangen, indem man einfach einsichtsvolle Fragen stellt. In meiner Ausbildung wurde davor gewarnt, meine Meinung in eine Therapiesitzung einzubringen. Statt Klient(inn)en zu sagen, was sie tun sollen, sollte ich, erwartungsgemäß, dasitzen, zuhören und die mittlerweile zu einem frustrierenden Klischee gewordenen Fragen stellen: »Was gibt Ihnen das für ein Gefühl?« oder: »Was fühlen Sie dabei?«

Das konnte ich schlichtweg nicht machen.

Statt einfach nur zuzuhören, während Klient(inn)en sich ausließen, sah ich mich ständig meine Meinung einbringen, Rat anbieten und strukturierte Aktionspläne für sie erstellen.

Beispielsweise kam einer meiner frühen Klienten zu mir, weil er eine Lüge lebte und infolgedessen deprimiert war. Ich werde ihn Rick nennen. Rick war verheiratet, und er ging in Pornoläden und hatte wahllosen Sex mit anderen Männern.

Während ich ihm zuhörte, wie er mir von seinen Seitensprüngen berichtete, dachte ich unentwegt über seine arme Ehefrau bei ihm daheim nach. Nicht nur setzte er sich und sie der Gefährdung durch sexuell übertragene Krankheiten aus, er zwang sie auch, eine Lüge zu leben. Er war ein heimlicher Homosexueller, der sich als glücklich verheirateten Mann ausgab. Ich dachte mir, dass sie sich im Schlafzimmer wahrscheinlich unzulänglich fühlte und sich automatisch fragte, warum sie ihren Mann nicht zufriedenstellen konnte und warum er sich augenscheinlich nicht zu ihr hingezogen fühlte.

Wie konnte ich nicht etwas zu Rick sagen? Wie konnte ich einfach nur mit dem Kopf nicken und zuhören, während er mir von seiner Untreue berichtete? Wie konnte ich mich einfach nur zurücklehnen und fragen: »Was gibt Ihnen das für ein Gefühl?«

Ich konnte es nicht.

Ich sagte ihm gerade heraus: »Das ist falsch. Es ist widerlich.« Er war schockiert. Er sagte: »Ich bin bei acht anderen Therapeuten gewesen, und keiner von ihnen hat mir je gesagt, dass es falsch sei.« Rick war anfangs über meine Ehrlichkeit verärgert, aber letztendlich suchte er mich wieder auf. Er versuchte, seine Pornoladenbesuche und den Sex mit Fremden einzuschränken, während er daran arbeitete, den Mut zu finden, seine Homosexualität zu bekennen und eine gesunde sexuelle Beziehung zu entwickeln.

Aber seine Enthüllung über seine bisherigen Therapeuten machte mich wütend und frustrierte mich. Acht verschiedene

Therapeuten hatten alle dagesessen, zugehört und nichts gesagt, während Rick ihnen von dem berichtet hatte, was er tat?

Und er war nicht der Einzige.

Ich beriet weitere Klient(inn)en, die mir von früheren Therapeut(inn)en berichteten, die während der Sitzungen eingedöst waren oder sie mit dem falschen Namen angeredet hatten. Sie beklagten sich, verschiedentlich, dass sie den Eindruck hätten, als ob sie ihren Therapeut(inn)en mehr geholfen hätten als diese ihnen. »Was fühlen Sie dabei?« oder: »Was gibt Ihnen das für ein Gefühl?« war eine Formulierung, die sie ins Lächerliche zogen. Sie war unspezifisch und sie war unnütz. Sie gaben zu, seit Jahren ihre Zeit zu verplempern und nicht voranzukommen.

Eine von ihnen war schon seit einem Jahrzehnt in Therapie! Sie war Woche für Woche hingegangen und hatte Rechnung für Rechnung bezahlt, obwohl sich bei ihr keine Besserung einstellte. Ich fragte sie: »Was haben Sie aus diesen Therapiesitzungen gewonnen?« Sie sah mich an und erwiderte: »Gute Frage!«

Ich war von meinem Berufsstand angewidert, und ich konnte sehen, dass die Nur-Zuhören-Methode den Leuten einfach nicht half, zu einer Besserung zu gelangen. Sie frustrierte die Leute

Hinter deiner Angst liegt deine Kraft

Sie überwinden Angst nicht dadurch, dass Sie sich vor ihr verstecken, ihr ausweichen, sondern dadurch, dass Sie sich ihr stellen. Je mehr Sie sich Ihrer Angst stellen, desto angstfreier werden Sie werden.

nur. Sie kamen dann zu mir und beklagten sich: »Ich war schon bei einem Dutzend Therapeut(inn)en. Sie saßen einfach nur da und hörten zu und sagten mir nicht, was ich tun soll. Ich hoffe, dass Sie anders sein werden.« Ständig ertappte ich mich dabei zu erklären, dass ich nicht »einer dieser Therapeuten« wäre.

Ich dachte an die Lektionen zurück, die ich von meinen Eltern gelernt hatte. Meine Eltern hatten mir beigebracht, mein Bestes zu geben und immer ganze Arbeit zu leisten. Sie waren sehr fleißig und übten oft noch eine Nebentätigkeit aus. Sie hielten mich dazu an zu arbeiten, und das tat ich auch, von früher Jugend an. Ich trug Zeitungen aus, kümmerte mich um den Umkleideraum in einem Fitnessstudio und arbeitete sogar als Reinigungskraft in einem Motel. Sie hatten immer und immer wieder gesagt: »Wenn Leute dich bezahlen, gibst du ihnen das, weswegen sie gekommen sind. Gib ihnen, was sie brauchen.« Mit Blick darauf wusste ich, dass ich die bestmögliche Dienstleistung liefern wollte und dies auch tun würde.

Mit bloßem Kopfnicken und Zuhören lieferte ich diese Dienstleistung jedenfalls nicht. Die Leute kamen zu mir, weil sie zu einer Besserung gelangen wollten, und sie wollten gesagt bekommen, wie das zu bewerkstelligen wäre. Letztendlich beschloss ich, die etablierten Normen meines Arbeitsbereichs aufzugeben, und ich nahm mir vor, den Leuten auf die Weise zu helfen, zu einer Besserung zu gelangen, auf die ich mich verstand: indem ich Rat erteilte.

Therapie in der realen Welt

Ich beschloss nicht nur, Rat zu erteilen und den Leuten zu sagen, was sie tun sollten, sondern ich beschloss zudem auch, sie in der realen Welt zu beraten – an ebenjenen Orten, wo ihnen angst und bange war. Statt sie auf einer Couch zu behalten, drinnen im Haus, wo sie sich sicher fühlten und nicht ihre Grenzen auszutesten brauchten, begann ich, sozialphobische Personen in den Park zu bringen und sie aufzufordern, auf Fremde zuzugehen und sich ihnen vorzustellen. Ich begleitete Klient(inn)en mit einer Höhenangst auf Hausdächer und solche, die Angst vor Aufzügen hatten, zu Aufzügen. Ich traf mich mit ihnen bei ihrer Angst.

Denken Sie darüber nach

Sich Ihrer Angst zu stellen mag Ihnen im Augenblick nahezu unmöglich vorkommen. Sie könnten denken, dass es entmutigend ist. Ich verstehe das. Ich kenne dieses Gefühl der Unmöglichkeit, weil ich es gleichfalls empfunden habe. Viele meiner Klient(inn)en auch. Deswegen werde ich Sie bitten, über eine Frage nachzudenken:

Wenn ich Ihnen eine Million Dollar gäbe – könnten Sie da einen Weg finden, Ihre Angst zu überwinden?

Ich denke, Sie könnten es. *Hinter deiner Angst liegt deine Kraft* wird Sie dort hinbringen.

Ich sagte Klient(inn)en, dass wir eine oder zwei Sitzungen im Sprechzimmer verbringen würden, dass unsere Therapie aber größtenteils in Parks, Einkaufszentren, Cafés, auf Dächern und an anderen Örtlichkeiten stattfinden würde. »Das wird Ihnen ermöglichen, wichtige Fähigkeiten zu üben«, sagte ich. »Therapie in einem Sprechzimmer ist sicher. Da ist die bequeme Couch, der ruhige Raum. Aber wird Ihnen das ermöglichen, sich dem zu stellen, was Ihnen so große Angst bereitet? Sie können an Ihren Problemen in der realen Welt arbeiten, dort, wo sie tatsächlich auftreten.«

Zu meiner größten Freude waren fast alle meiner potenziellen Klient(inn)en bereit, diesen neuen Methodenansatz auszuprobieren. David war einer von ihnen.

Die Angst davor, sich dem anderen Geschlecht zu nähern

David sagte mir, dass er Schüchternheit und Ängstlichkeit überwinden wolle, daher schlug ich als unseren Treffpunkt den Central Park vor.

Wir setzten uns zusammen auf eine Bank. Ich erfuhr, dass David ein erfolgreicher Rechtsanwalt, aber schauderhaft bei den Damen war. Wenn ihn eine Frau ansah, zog er sich zurück und schaute weg. Er war in den Dreißigern und er war überzeugt, dass er in seiner Wohnung in Manhattan ewig allein wohnen werde.

Ich konnte nicht umhin zu bemerken, dass David an einer ähnlichen Angst litt, wie ich sie einmal vor so vielen Jahren gehabt hatte.

Hinter deiner Angst liegt deine Kraft

Angstfreiheit ist nicht etwas, womit manche Menschen geboren werden, und man findet sie auch nicht in einer Zauberpille. Was die Angstfreien von den Angstvollen trennt, ist nicht das Nichtvorhandensein oder das Vorhandensein von Angst. Es ist vielmehr das, was sie jeweils damit tun.

Ich bat David, mir noch mehr über seine Ängstlichkeit zu berichten: wann sie auftrat, wodurch sie ausgelöst wurde, wie lang er sie schon hatte, was er bereits versucht hätte, um mit ihr fertigzuwerden, und welche Gedanken zu ihr führten. Ganz ähnlich wie ich hatte David seit seinen Teenagerjahren unter Ängstlichkeit und Schüchternheit gelitten. Soziale Situationen lösten eine Panikreaktion aus. Einfach nur in eine Bar zu gehen führte zu schwerem Atmen, Herzklopfen und Starrheit. Einiges von dieser Angst war durch soziale Misserfolge hervorgerufen worden. Beispielsweise hatte er Bücher darüber gelesen, wie man die Damen ins Bett kriegt. Dann hatte er einige wirklich geschmacklose Sprüche aus diesen Büchern bei Frauen ausprobiert, die er in Bars getroffen hatte. Sie hatten ihm ins Gesicht gelacht.

Dieser gut aussehende, gebildete und erfolgreiche Typ hielt sich selbst für einen unattraktiven Versager. Er konzentrierte sich auf jedweden geringfügigen wahrgenommenen Mangel und vergrößerte ihn bis zu dem Punkt, ab dem er nichts Positives mehr über sich zu denken oder zu sagen hatte.

Ich gab ihm einige Hausaufgaben. Sie waren einfach. Ich bat ihn, in den Park zurückzukehren, es sich bequem zu machen und abzuhängen. Ich schlug vor, dass er vielleicht ein Buch lesen, Leute beobachten oder Musik hören könnte. Ich brachte ihm ein paar Entspannungsübungen bei, und ich bat ihn, sie vor und während seiner Zeit im Park zu machen.

Während unserer nächsten Sitzung spazierten wir im Park herum. Ich forderte ihn auf, die Leute anzulächeln und Augenkontakt herzustellen. Sobald er sich daran gewöhnt hatte, schritten wir fort. Ich bat ihn, an Fremde heranzutreten und sie nach der Uhrzeit zu fragen.

»Sehen Sie mir einfach zu«, sagte ich. Ich trat an jemanden heran, sagte guten Tag und fragte nach dem Weg.

»Jetzt versuchen Sie es«, schlug ich vor.

Ich wollte, dass David etwas erlebte, das beruhigende Bestärkung bieten würde. Ein Lächeln oder ein Blick von jemandem würde ihm sagen, dass er in Ordnung war. Das würde die negative Erinnerung ersetzen helfen, die er hatte daran, wie er ausgelacht wurde, als er jene Aufreißsprüche verwendet hatte.

Er versuchte es erst bei Männern und dann bei Frauen, aber absichtlich bei keiner, zu der es ihn hinzog.

Sobald er sich dabei wohlfühlte, jemand x-Beliebigen nach der Uhrzeit oder dem Weg zu fragen, wusste ich, dass er für eine größere Herausforderung vorbereitet war: ein Café.

Ich nahm ihn mit in einen kleinen Coffeeshop, in dem die Tische dicht beisammen standen und wir mühelos hören konnten, worüber sich unsere Nachbarn unterhielten, und sehen, was sie gerade lasen. Wiederum bat ich ihn, achtzugeben und zu beobachten, während ich den Fremden neben mir in einen Small Talk verwickelte. Dann ermunterte ich ihn, sich einzuschalten. Was er tat.

Nach einer Weile entschuldigte ich mich, um kurz mal auf die Toilette zu gehen. Ich musste sie nicht wirklich aufsuchen. Ich wollte ihm bloß eine Gelegenheit geben, allein zu sein. Auf meinem Weg zurück zum Tisch sah ich ihn mit der niedlichen Bedienung plaudern. Als ich mich hinsetzte, berichtete er mir, dass sie eine Karriere als Schauspielerin verfolge. In weniger als vier Minuten war er imstande gewesen, von ihren Karrierezielen und Hobbys zu erfahren. Er hatte ein selbstsicheres Funkeln in den Augen und war begierig, dort herauszukommen und von seinem neu entdeckten Selbstvertrauen guten Gebrauch zu machen. An diesem Punkt wusste ich, dass mein Mann auf dem besten Wege zum Erfolg war.

David lernte am Ende jemanden kennen und entwickelte eine Beziehung. Ein paar Wochen später bekam ich einen Anruf von ihm. Er erklärte, dass er seine Wie-man-die-Damen-ins-Bett-kriegt-Selbsthilfebücher aus zwei Gründen wegwürfe. Erstens brauche er sie nicht mehr. Zweitens hätte seine neue Freundin vor, zu einem romantischen Abendessen zu ihm zu kommen, und er wolle nicht Gefahr laufen, dass sie solche Bücher zu Gesicht bekäme.

Ich wusste, dass er meine Dienste nicht mehr brauchte. David hatte die Therapie erfolgreich absolviert, und ich freute mich für ihn.

Angst ist notwendig

Es ist jetzt mehrere Jahre her, seit ich David beriet. Ich habe eine Unzahl angstvoller Klient(innen) erlebt. Sie hatten Angst vor Höhen, U-Bahnen, Aufzügen, Bindung, Liebe, Erfolg, Zurückweisung und öffentlichem Reden. Was ihre Geschichten erstaunlich macht, ist nicht, dass sie mit einem natürlichen Selbstvertrauen geboren wurden. Nein, was sie erstaunlich macht, ist, dass bei ihnen allen genau das Gegenteil der Fall war. Wie ich es vormals war, wie David es vormals war, und wie Sie es im Augenblick sein mögen, waren diese Klient(inn)en vormals durch ihre Angst fast vollständig lahmgelegt.

Ich habe ihnen allen beigebracht, dass Angst ein Werkzeug ist, das sich zu ihrem Vorteil verwenden lässt. Sie ist kein Signal, davonzulaufen und sich zu verstecken. Sie ist vielmehr ein Signal, sich vorwärts zu bewegen. Irrationalen Ängsten – Ängsten vor Dingen, die uns nicht physisch schaden können – muss man ins Auge sehen.

Es ist lohnend zu sehen, wie viele Fortschritte meine Klient(inn)en von einem Termin zum nächsten machen. Es bereitet mir große Befriedigung, jeweils festzustellen, dass jemand sich auf seine oder ihre Ziele zubewegt. Wenn Klient(inn)en nicht mehr von Angst in Geiselhaft gehalten werden, frage ich: »Wie fühlt sich das an, angstfrei zu sein?«

Sie beantworten diese Frage immer mit einem Schimmer in den Augen. Es gibt für mich nichts Befriedigenderes, als bei ihnen zu sein, während sie das Erreichen ihrer Ziele feiern.

Ich freue mich auf den Tag, an dem Sie an den gleichen Ort gelangen. In weniger als einer Woche werden Sie auf dem besten Weg sein, die Angst zu bezwingen, die Sie bis jetzt zurückhält und festgefahren bleiben lässt. In weniger als 28 Tagen werden Sie das *Angstfrei*-Fünf-Schritte-Programm durchgeführt und sich zudem bewiesen haben, dass Angst ein notwendiger Bestandteil von Erfolg und Glücklichsein ist.

Ich bin begeistert, dass Sie den Mut gefunden haben, diese Reise zu unternehmen. Ich bedaure nur, dass ich nicht den Schimmer in Ihren Augen werde sehen können, wenn Sie bemerken, dass Sie auf dem besten Weg sind, angstfrei zu werden. Ich weiß, dass massive Veränderung für Sie möglich ist, denn ich habe sie an mir selbst erlebt, und ich habe sie an zahllosen Klient(inn)en erlebt.

Ich kann es kaum erwarten, bis Sie sie an Ihnen selbst erleben können. Ich bin optimistisch, was Ihre Chancen anbetrifft. Sie können Ihre Angst überwinden. Ja, das können Sie! Es ist wirklich möglich. Lesen Sie weiter, um herauszufinden, wie.

Verändern Sie Ihr Leben jetzt!

Angstfreiheit ist eine Fähigkeit, eine, die Sie mit einer klugen, wohlüberlegten Strategie, Hingabe und Motivation erwerben und stärken können. Das *Angstfrei*-Programm bringt Ihnen dieselben Fertigkeiten bei, die ich angewendet habe, um meine eigene Angst zu überwinden, und angewendet habe, um zahllosen Klient(inn)en zu helfen, das Gleiche zu vollbringen. Es ist natürlich, Angst vermeiden zu wollen, aber Vermeidung wird Sie nur weiterhin festgefahren bleiben lassen. Mithilfe der Ratschläge und Empfehlungen in diesem Buch werden Sie sich Ihrer Angst stellen. Statt sich vor ihr zu verstecken, ihr auszuweichen, werden Sie sich an ihr vorbeibewegen. Sie werden ihr ins Auge sehen, sie überwinden und, infolgedessen, ein großartiges Triumphgefühl empfinden. Tun Sie, um die Gewalt, die Angst über Sie hat, abzuschwächen, Folgendes:

Denken Sie an das, was Sie sich aufgrund Ihrer Angst entgehen lassen. Was würden Sie liebend gerne tun, wenn Sie nur nicht dermaßen Angst hätten? Was haben Sie im Leben verpasst, weil Sie zugelassen haben, dass Ihnen Angst im Wege steht? Worauf haben Sie aufgrund von Angst verzichtet?

Erstellen Sie eine Bedauernsliste. Listen Sie darin sämtliche Dinge auf, die Sie mit Ihrem Leben bereits gemacht hätten, wenn Angst kein Hindernis wäre. Tragen Sie diese Liste bei sich, und lesen Sie sie durch, wann immer Sie einen freien Moment haben. Verwenden Sie sie, um sich auf Veränderung hin zu motivieren.

Kapitel 2

Warum jeder Angst vor Veränderung hat

Sie sind in Ihrer Angst nicht allein. Ich habe Bekannte, die Angst davor haben, die Miete nicht zahlen zu können. Ich kenne jemanden, eine junge Frau, die sich darum ängstigt, dass sie nie dem richtigen Typ begegnen oder eine Familie haben können wird. Jemand anderes, den ich kenne, befürchtet, dass seine diesjährigen Einkünfte zurückgehen werden. Ich kenne sogar einen Typ, der einem, zunächst, wie ein echter Nervenkitzelsucher erscheint. Er findet Dinge wie Fallschirmspringen und Geländemotorradfahren spaßig. Wollen Sie wissen, was ihn auf die Knie zwingt? Schlangen!

Angst ist allgegenwärtig. Jede(r) verspürt sie.

Nicht nur erfährt jede(r) Angst, es verspürt sie auch jede(r) aus demselben Grund. Alle Angst teilt denselben Ursprung: das Unbekannte. Jede Angst, die Ihnen einfällt oder die Sie nennen können – variierend von Angst vor Erfolg bis zu Angst vor öffentlichem Reden –, dreht sich eigentlich um Ungewissheit. Sie dreht sich um das Nicht-Wissen, was als Nächstes geschehen wird. Wird das Publikum aufmerksam zuhören oder einschlafen? Wird die Schlange bleiben, wo sie ist, oder wird sie versuchen, Sie zu beißen? Wird Ihnen Ihr Chef die Beförderung geben, die Sie anstreben, oder wird er Sie stattdessen zurückstufen?

39

Je ungewisser Ihre Zukunft ist, desto mehr werden Sie sie zu fürchten haben. Je vorhersehbarer Ihre Zukunft ist, desto weniger werden Sie sie fürchten. Bis jetzt hat diese Ungewissheit zwischen Ihnen und der Veränderung, die Sie anstreben, gestanden. Sie hat effektiv darauf hingewirkt, Ihre Motivation zunichtezumachen und Sie festgefahren bleiben zu lassen.

Das *Angstfrei*-Programm hilft Ihnen, diese Hürde vor Ihrem Erfolg zu überwinden, indem es Gewissheit inmitten von Ungewissheit schafft. Es beginnt mit dem Visualisieren der Zukunft, die Sie haben wollen, und endet mit dem Gestalten der Zukunft, die Sie sich vorstellten. Den ganzen Weg entlang werden Sie daran arbeiten, die genetische Verschaltung zu überwinden, die bis jetzt gegen Sie gewirkt hat – da sie Sie veranlasste, das Schlimmste zu erwarten und die Möglichkeit des Besten zu bezweifeln. Indem Sie Ihre negative Einstellung überwinden und einen realistischen Aktionsplan erstellen, werden Sie in der Lage sein, sich Ihrer Angst vor dem Unbekannten zu stellen, und letztendlich mit Ihrem Leben vorwärtskommen.

Um Ihnen besser verstehen zu helfen, wie das alles funktioniert, möchte ich Ihnen eine persönliche Geschichte über die Angst vor dem Unbekannten erzählen.

Die Angst vor einer ungewissen Zukunft

Vor mehreren Jahren war ich mit dem Auto unterwegs von New York City zu meiner Heimatstadt in Connecticut, um Mama und Papa zu einem entspannenden Wochenende zu besuchen. Wie ich es immer mache, wenn ich fahre, hörte ich Musik und genoss die offene Strecke. Ich fuhr gerade unweit von meinem Fahrtziel von der Schnellstraße ab, als mein Telefon klingelte. Ich drückte den Knopf der Freisprechanlage und hörte, dass es Mama war, die anrief. Ihre Stimme klang nicht wie sonst. Sie klang gepresst.

»Jonathan, es sieht nicht gut aus. In dem Befund heißt es, dass Läsionen an Papas Gehirn sind.«

»Was meinst du damit?«, fragte ich, in der Hoffnung, dass ich mich verhört hatte.

Ich wusste, dass Papa seit ein paar Tagen an seltsamen Symptomen litt. Es war losgegangen, nachdem er eine Zahnbehandlung gehabt hatte. Er hatte Kribbelempfindungen und ein Taubheitsgefühl auf seiner linken Gesichtsseite. Er hatte gedacht, die Zahnbehandlung hätte irgendeinen Nervenschaden angerichtet, aber der Zahnarzt hatte erklärt, die Zahnbehandlung könne keine derartige Empfindung ausgelöst haben.

An jenem Freitag, während ich die erste meiner zwei Fahrtstunden von New York City nach Connecticut fuhr, hatte mein Papa im Sprechzimmer des Arztes die Ergebnisse einer kürzlich erfolgten MRT (Magnetresonanztomografie) erfahren.

»Der Arzt sagte ihm, dass er Läsionen hat, die einer metastasenbildenden Erkrankung entsprechen«, sagte Mama. »Als Papa den Arzt fragte, was das bedeute, sagte uns der Arzt: ›Es ist nicht gut.‹ Sie wollen noch einige Untersuchungen machen. Wir müssen die Ergebnisse abwarten, aber es schaut nicht gut aus, Jonathan, es schaut nicht gut aus.«

Ich merkte ihr an, dass sie versuchte, stark zu sein und sich meinetwegen zusammenzureißen. Ich war schockiert, tieftraurig, und ich hatte eine Million Fragen, die mir durch den Kopf

41

gingen. *Was bedeutet das? Welche Behandlungsmöglichkeiten gibt es? Wie kann das sein?*

Ich sagte Mama, dass ich bloß ein paar Meilen von zu Hause entfernt sei. »Ich bin bald da«, sagte ich. Nervös fuhr ich so schnell, wie ich konnte, mit meinen Gedanken bereits an meinem Fahrtziel.

Ich ging durch die Tür und umarmte meine Mutter. Mein Papa, immer so hingebungsvoll und arbeitsam, war bereits wieder zur Arbeit gegangen. Später, als er zu Hause ankam, machte Papa Spaghetti für uns alle. Irgendwann an jenem Abend gingen Mama und ich ins Internet, um zu versuchen, noch mehr darüber herauszubekommen, was dieser Befund bedeutete. Das Internet schürte nur unsere Angst und Beklommenheit. *Konnte er wirklich ein solch fortgeschrittenes Krebsstadium haben, dass der Tumor in sein Gehirn metastasiert hatte?* Je mehr wir das Internet durchsuchten, desto niedergedrückter fühlten wir uns, und desto besorgniserregender schien die Prognose zu sein.

Das Wochenende erwies sich als eines der längsten Wochenenden meines Lebens, des Lebens meiner Eltern und des Lebens meiner Geschwister. Das Bild meiner sich umarmenden und weinenden Eltern ist so eindringlich. Sie waren seit achtunddreißig Jahren verheiratet und seit mehr als vierzig zusammen. Sie waren unzertrennlich. Sie waren wirklich der Fels unserer Familie.

Das kann auf gar keinen Fall passieren, dachte ich.

Eine Stadt weiter, empfand meine Schwester Susan eine ähnliche Fassungslosigkeit und Starre. »Wie könnte es Krebs sein, wenn er keine Symptome hat?«, fragte sie zweifelnd. Um sich zu beruhigen, begann sie, sauber zu machen. Sie reinigte das Innere des Kühlschranks und den Toaster, und sie entfernte die Spinnweben aus den Ecken.

In Washington D.C. konnte mein Bruder Matthew es auch nicht glauben.

Zwei quälend lange Tage später war es Zeit für mich, nach New York City zurückzukehren. Ich werde nie vergessen, wie ich meine Eltern umarmte, als ich sie verließ. Die Umarmung dauerte viel länger, als es normalerweise der Fall ist, und sie war viel enger. Es gab Tränen, und damit fuhr ich ab, verängstigt von dem, was noch kommen mochte.

Papa ging in der darauffolgenden Woche wieder zu seinem Arzt. Er unterzog sich einem PET-(Positronen-Emissions-Tomografie-)Scan, der ein viel detaillierteres Bild vom Körperinneren liefert als eine MRT. Während eine MRT ein dreidimensionales Bild vom Körperinneren zeigt, lässt ein PET-Scan zudem auch die molekulare und metabolische Funktion von Zellen erkennen – und ermöglicht Medizinern so zu ermitteln, ob die betreffenden Zellen normal oder abnormal (krebsartig) sind.

An dem Tag, an dem Papa mit dem Arzt zusammentraf, um die Ergebnisse zu besprechen, war ich zurück in New York, bei einer Sitzung mit einem Klienten. So sehr ich es versuchte, konnte ich mich doch nicht auf das konzentrieren, was der Klient mir erzählte, und ich tat nur so, als ob. Zum Glück schien der Klient es gar nicht zu bemerken. Nach diesem Termin ging ich in den Central Park spazieren, einfach immerzu weiter und weiter. So viele Fragen gingen mir durch den Kopf. *Und wenn Papa nun stirbt? Wie wird Mama zurechtkommen? Wie werde ich zurechtkommen? Geschieht das denn wirklich? Ist es wirklich Krebs im Endstadium? Was werden wir alle machen?*

Schließlich war die Untersuchung abgeschlossen, und Papa bekam die Ergebnisse. Erstaunlicherweise ließ der PET-Scan keinen Krebs erkennen. Die Läsionen waren definitiv da, aber sie sahen nicht nach Krebs aus. Sie sahen nach etwas anderem aus. Papas Arzt sagte, es wären noch weitere Untersuchungen erforderlich. Er war sich nicht sicher, ob Papas Läsionen von einem Schlaganfall, Bluthochdruck oder einer neurologischen Störung wie multipler Sklerose (MS) herrührten.

Papa wurde dann zu einem Neurologen geschickt, der sich die Scans und anderen Untersuchungsergebnisse ansah.

Obwohl einige Tests uneindeutig waren, einigten sich die Ärzte am Ende auf multiple Sklerose als Diagnose. Auf merkwürdige Weise ging die Diagnose mit so großer Erleichterung einher! Ich erinnere mich, dass ich dachte: *Zum Glück ist es nicht fortgeschrittener Krebs! Die Läsionen sind* nur *auf die MS zurückzuführen!*

Es ist mehrere Jahre her, und mein Papa ist gesund und nach wie vor aktiv.

Ich erzählte Ihnen die Geschichte von der Fehldiagnose bei meinem Papa, um einen Punkt zu veranschaulichen: Wir fürchten, was wir nicht wissen. Jenes lange Wochenende hatten wir, natürlich, Angst vor Krebs, aber dahinter steckte eine Angst vor dem Unbekannten. Wir wussten nicht, ob Papa okay sein würde oder ob er nicht okay sein würde. Für den Fall, dass Papa nicht okay sein würde, wussten wir nicht, wie wir alle durchhalten würden. Würde ich, beispielsweise, für ihn da sein können und trotzdem imstande sein, meine Therapiepraxis im zwei Fahrstunden entfernten New York zu bewältigen? War ich emotional stark genug, mit anzusehen, wie mein Vater krank wird und womöglich stirbt? War meine Mutter es? Wie würde meine Mama Dinge tun, bei denen sie sich so total darauf verließ, dass Papa sie tat? Würde sie okay sein ohne ihn?

Und selbst der angebliche Krebs war unvorhersehbar, weil wir keine ausreichenden Informationen hatten. Mama und ich hatten versucht, im Internet Informationen zu finden, die uns eine gewisse Vorhersehbarkeit und Kontrolle verschaffen würden. Wir hatten Gewissheit ersehnt. Wir wollten wissen, was für ein Krebs es war, wie er sich wahrscheinlich fortentwickeln würde und was letzten Endes geschehen würde. Wir wollten wissen, was uns erwartete – Gutes oder Schlechtes.

Sobald Papa eine endgültige Diagnose bekam, ließ die Angst nach. Das lag daran, dass die Zukunft jetzt wieder vorhersehbar war. Sicher, Papa hatte MS, aber er wusste jetzt, was ihn erwartete und was er dagegen unternehmen konnte. Er hatte ein Gefühl dafür, wie die MS sich fortentwickeln würde, welche Behandlungen zur Verfügung standen und wohin er von hier aus gehen würde. Die Unbekannten wurden durch bekannte Größen ersetzt.

Genauso ist es bei jedweder Angst.

Hinter deiner Angst liegt deine Kraft

Richten Sie Ihr Augenmerk auf das, worüber Sie Kontrolle haben, nicht auf das, was sich ihr entzieht.

Sie fürchten, was Sie nicht wissen oder kennen

Sie könnten glauben, dass die Angst, mit der Sie im Augenblick zu kämpfen haben – ebenjene Angst, die Sie dazu bewegt hat, dieses Buch zu kaufen und zu lesen –, anders ist als die Angst, die ich an jenem Wochenende verspürte, während ich auf Papas Diagnose wartete, aber sie ist durchaus nicht anders.

Alle Angst – von der Angst, schlecht im Bett zu sein, bis hin zur Angst davor, vor einer Menschenmenge zu sprechen – dreht sich um Ungewissheit. Sie rührt von der Unfähigkeit her, die Zukunft vorauszusagen. Ich vermute mal, Sie könnten vielleicht etwas in dieser Richtung denken: *Wie soll denn eine Angst vor Schlangen sich um Ungewissheit drehen? Ich fürchte mich vor einer Schlange, weil sie mich vielleicht beißen und töten könnte. Das hat nichts Ungewisses an sich.*

Nicht so hastig! Angst vor Schlangen dreht sich ebenso sehr um das Unbekannte wie Angst vor einem drohenden Gesundheitsproblem. Und zwar aus folgendem Grund. Wenn Sie in der Nähe einer Schlange sind, haben Sie viele unbeantwortete Fragen. *Ist sie giftig? Werde ich sterben, falls ich gebissen werde? Falls ich gebissen werde und sie giftig ist: Werde ich Hilfe bekommen können? Wird irgendwer überhaupt wissen, was dann zu tun ist?*

Nun, wenn Sie die für Reptilien und Amphibien im örtlichen Zoo verantwortliche Person wären, könnten Sie vielleicht keine Angst vor Schlangen haben, weil Sie in der Lage wären, derartige Fragen zu beantworten. Sie wüssten, welche Schlangen giftig sind und welche nicht. Sie wüssten, wie man eine Schlange anfasst, sodass sie Sie nicht würde beißen können. Und Sie wüssten, was zu tun ist, für den unwahrscheinlichen Fall, dass Sie tatsächlich gebissen würden. Außerdem wüssten Sie, dass jede(r) in Ihrer Arbeitsumgebung darin geschult wurde, wie man mit Schlangenbissen umgeht. Sie würden sich nicht ängstigen, weil Sie wenig Ungewissheit hätten, wenn überhaupt welche.

Ebendeswegen ängstigen sich die meisten Menschen nicht vor Stechmücken und Bienen. Sicher sind sie Plagegeister, und wir meiden sie, aber sie rufen keine Panikreaktion hervor. Wahrscheinlich sind Sie schon zahlreiche Male von Stechmücken oder Bienen oder beiden gestochen worden. Sie wissen genau, was passieren wird, falls Sie gestochen werden, und Sie wissen auch genau, was man dagegen tut. Sie geben Eis oder Natron oder eine Salbe auf die Stichstelle, und damit ist das für Sie erledigt. Es gibt keine Ungewissheit, und folglich ängstigen Sie sich nicht.

Um Sie noch weiter zu überzeugen, erstellte ich die nachstehende Tabelle. In ihr versuchte ich eine Reihe von Ängsten vorwegzunehmen, von denen Sie vielleicht glauben könnten, sie hätten nichts mit Ungewissheit zu tun.

Angst	Inwiefern sie sich auf Ungewissheit bezieht
Angst vor dem Beenden einer Sackgassenbeziehung	Sie sind sich darüber im Unklaren, ob allein zu sein wirklich besser (oder womöglich schlimmer) ist, als in einer Sackgassenbeziehung zu sein. Sie sind sich darüber im Unklaren, ob Sie das Zeug dazu haben, allein zu sein. Sie sind sich nicht gewiss, dass Sie jemals jemand anderes kennenlernen werden. Und wenn nun diese Sackgassenbeziehung sowieso das bestenfalls Erreichbare ist?

Angst	Inwiefern sie sich auf Ungewissheit bezieht
Angst davor, zu einem Heiratsantrag Ja zu sagen	Sie sind sich nicht gewiss, ob Sie wirklich den Rest Ihres Lebens mit der betreffenden Person leben können. Sie wissen nicht, ob Sie das Zeug dazu haben, lebenslang monogam zu sein. Sie sind sich darüber im Unklaren, ob Sie Ihre Freiheit vermissen werden. Sie fühlen sich verunsichert darüber, was die gemeinsame Zukunft bringt und ob diese Zukunft wirklich besser ist als eine Zukunft alleine.
Angst davor, sich in der Arbeit hervorzutun und die Karriereleiter hochzusteigen	Sie sind sich nicht gewiss, ob Sie das Zeug dazu haben, zur nächsten Ebene aufzusteigen und sich weiterhin hervorzutun. Sie sind sich nicht gewiss, ob mehr Verantwortung Sie wirklich glücklicher machen würde. Was wäre, wenn Sie sie letztendlich hassen? Sie sind sich nicht gewiss, ob es besser ist, in einer langweiligen, aber bequemen Position zu bleiben, als eine besser bezahlte, interessantere Position anzustreben, die zugleich auch herausfordernder ist.
Angst vor öffentlichem Reden	Sie sind sich darüber im Unklaren, wie die Zuhörer auf das reagieren werden, was Sie zu sagen haben. Werden sie Sie durch Zwischenrufe aus dem Konzept bringen? Werden sie hinausgehen? Werden sie einschlafen? Sie sind sich darüber im Unklaren, wie andere Sie sehen werden und was sie von Ihnen halten werden.
Höhenangst	Sie sind sich Ihres Halts nicht sicher und wissen nicht, ob Sie genügend standfest bleiben können, um zu verhindern, dass Sie über einen Rand abstürzen.

Angst	Inwiefern sie sich auf Ungewissheit bezieht
Flugangst	Sie sind sich darüber im Unklaren, ob das Flugzeug wirklich am Himmel bleiben wird. Sie sind sich darüber im Unklaren, was zwischen Punkt A und Punkt B passieren wird. Wird es Verzögerungen geben? Wird es viele Turbulenzen geben? Was wird geschehen, wenn es wirklich böig ist? Werden Sie sich erbrechen? Und falls Sie sich erbrechen: Wie werden andere Passagiere reagieren?
Angst davor, Ihre Partnerin im Bett nicht zufriedenzustellen.	Sie sind sich im Ungewissen über Ihre Beziehung, und ob sie stark genug ist auszuhalten, dass Ihre Partnerin nicht zum Orgasmus kommt. Wird Ihre Partnerin Sie verlassen, wenn Sie im Schlafzimmer kein Rockstar sind?
Angst davor, in ein unternehmerisches Vorhaben zu investieren	Sie wissen nicht, ob es sich gut anlassen wird. Werden Sie pleitegehen? Werden Sie Geld machen? Werden Sie die Hypothek abzahlen können? Oder werden Sie Ihr Haus verlieren?

Selbst ernste Störungen der psychischen Gesundheit drehen sich um Ungewissheit. Die Panikstörung beispielsweise ist gekennzeichnet durch plötzliche Schreckensgefühle, die wiederholt und ohne Vorwarnung zuschlagen. Sie steht in Zusammenhang mit Ungewissheit aufgrund all der Unbekannten: *Wann wird sie zuschlagen? Werde ich bei der Arbeit sein, wenn ich eine Panikattacke habe? Falls ja, was werden meine Arbeitskolleg(inn)en von mir denken? Werde ich gerade Auto fahren, wenn ich eine habe? Falls ja, werde ich den Wagen steuern können? Werde ich allein sein, wenn eine einschlägt? Falls ja, was wäre, wenn niemand in der Nähe ist, der mir hilft?*

Die Zwangsstörung (Obsessive-Compulsive Disorder, OCD) beinhaltet wiederholte, aufdringliche und ungewollte Gedanken oder ebensolche Rituale, die unmöglich zu kontrollieren zu sein scheinen. Inwiefern steht sie in Zusammenhang mit Ungewissheit? Dieses sind die Arten von Gedanken, die jemand mit OCD hat: *Ist die Tür abgeschlossen? Wird es Einbrecher geben? Ist die Tür abgeschlossen?* Oder die Gedanken könnten so lauten: *Habe ich etwas berührt, das verseucht war? Ich muss mir die Hände waschen. Habe ich etwas Toxisches berührt? Dann muss ich mir die Hände waschen.* Diese Gedanken basieren alle auf Ungewissheit.

Ähnlich basieren in der posttraumatischen Belastungsstörung (PTBS) – die mit anhaltenden Beschwerden verbunden ist, welche nach dem Erleben eines traumatischen Ereignisses, wie etwa Krieg, Vergewaltigung, Kindesmissbrauch, einer Naturkatastrophe oder dass man als Geisel genommen wird, auftreten – die angstvollen Gedanken gleichfalls auf Ungewissheit. Jemand mit PTBS könnte irgendetwas von dem Folgenden denken: *Wird das belastende Ereignis wieder geschehen? Werde ich wieder vergewaltigt werden? Werde ich wieder im Krieg landen? Wird der Flashback wieder auftreten? Werde ich das nochmals durchleben müssen?*

Und schließlich, auch wenn Sie mitten in der Nacht mit frei flottierender Angst wach sind, dreht sie sich doch um Ungewissheit. Sie mögen nicht schlafen können, weil Sie sich über Arbeit nicht gewiss sind, mit Gedanken wie: *Wie werde ich tun, was ich tun muss? Werde ich gefeuert werden? Werde ich fertigkriegen, was ich fertigkriegen muss?* Sie könnten sogar sich darüber nicht gewiss sein, wieder einzuschlafen, indem Sie Gedanken denken wie: *Was wird passieren, wenn ich mich die ganze Nacht lang hin und her wälze? Werde ich morgen bei der Arbeit fix und fertig sein? Und was dann, falls ich morgen bei der Arbeit fix und fertig bin?*

Das *Angstfrei*-Programm hilft Ihnen, diese Ungewissheit zu überwinden, indem es Ihnen hilft, Ihre Zukunft zu entwerfen. Zum Durchführen der fünf Übungen in Schritt 1 werden Sie weniger als drei Stunden brauchen, aber ihre Auswirkungen werden von langer Dauer sein. Indem Sie einen (Wunsch-)Traum visualisieren und ihn austesten, werden Sie einen Großteil der Ungewissheit ausräumen können, mit der Veränderung einhergeht.

Das *Angstfrei*-Programm wird Ihnen die Gewissheit geben, die Sie suchen, und diese Gewissheit wird Sie überallhin bringen, wohin Sie wollen. Aber das Programm geht noch weit darüber hinaus. Es hilft Ihnen zudem, die negative Erzählung neu zu schreiben, die in Ihrem Geist, Ihrer Denkweise spielt, ebenjene,

Denken Sie darüber nach

Nehmen Sie sich einen Moment Zeit und denken Sie über Ihre eigenen Ängste nach. Denken Sie darüber nach, inwiefern Sie mit Ungewissheit zusammenhängen könnten. Was wissen Sie nicht von der Zukunft? Was können Sie nicht vorhersagen? Welches sind die Unbekannten, und inwiefern tragen diese Unbekannten zu Ihrer Beklommenheit bei?

die, bis jetzt, daran gearbeitet hat, Ihnen auszureden zu versuchen, Ihr Leben zu verändern.

Sehen wir uns näher an, warum das so wichtig ist.

Negativität erzeugt Angst

Ihr Verstand bevorzugt Vorhersehbarkeit, Gewissheit und Kontrolle. Wenn die Dinge ungewiss sind und Sie nicht wissen, was als Nächstes geschehen wird, versucht Ihr Verstand, sich einen Ausgang auszudenken. Er schreibt selbst seine Erzählung. Es gibt zwei Probleme bei dieser Erzählung. Erstens stimmt sie oftmals nicht. Zweitens ist die Erzählung normalerweise negativ, und es sind diese negativen Gedanken, die zu katastrophischem, schlimmstfall-szenario-fixiertem, niederschmetterndem Denken führen.

Dieses Denken klingt so:

- »Sie wird nie einen Typ wie mich mögen.«
- »Die Leute werden denken, dass ich dumm und langweilig bin.«
- »Die Brücke wird einstürzen.«
- »Ich werde nie groß rauskommen.«
- »Ich werde nie jemanden finden.«
- »Ich werde für immer allein sein.«
- »Der Jet wird abstürzen.«

Erkennen Sie das gemeinsame Thema in jeder dieser Aussagen? Sie sind allesamt negative Vorhersagen. Das ist bekannt als der sogenannte »Negativitätsbias« (wörtlich: »negativer Verzerrungs-effekt«). Wir neigen dazu, negative Ereignisse und Informationen vorrangig vor positiven wahrzunehmen und zu erinnern. Beispielsweise sind für die meisten Menschen unglückliche Momente aus ihrer Kindheit oftmals stärker als glückliche Momente. Dieses Phänomen, unter anderen, hält Leute wie mich im Geschäft! In Ehen erinnern sich gleichfalls viele Menschen in aller Regel mehr und eher an schlechte Zeiten – beispielsweise an abscheuliche Streite, in die sie geraten sind – als an gute Zeiten. Und die meisten Menschen können Dutzende negativer Geschichten über Arbeit herunterrattern, aber nur ein paar positive Geschichten berichten.

TESTEN SIE ES AUS

Stellen Sie sich einen Fußgängerübergang auf einer verkehrsreichen Großstadtstraße vor. Auf der einen Seite des Fußgängerübergangs sehen Sie, wie ein netter junger Mann einer gebrechlichen alten Dame seine Hilfe anbietet. Auf der gegenüberliegenden Straßenseite sehen Sie einen nicht so netten jungen Mann mit seiner Mutter streiten. Welcher Mann erregt Ihre Aufmerksamkeit? Welchen Mann merken Sie sich? Über welchen Mann berichten Sie Ihrer Familie, wenn Sie nach Hause kommen? Welcher Mann bleibt bei Ihnen und geht Ihnen nicht aus dem Kopf? Es ist der undankbare, streitsüchtige Sohn, oder? Das liegt an dem Negativitätsbias.

Der Negativitätsbias beeinflusst nicht nur, an was aus der Vergangenheit wir uns erinnern. Er beeinflusst auch, wie wir die Zukunft sehen. Aufgrund des Negativitätsbias neigen wir dazu, Verhängnis, Trübsal, Chaos und Misserfolg vorherzusagen. Und das führt zu Angst, die uns das Gefühl gibt festzustecken.

Dieser Negativitätsbias ist in unsere Verschaltung einprogrammiert worden. Wir können ihn noch nicht einmal unseren Müttern anlasten. Wir müssen Jahrtausende zurückgehen. Damals *waren* Ergebnisse generell negativ. Viele Babys starben an Krankheit. Den meisten Menschen widerfuhr ein frühzeitiger Tod. Wilde Tiere lauerten hinter den meisten Ecken.

Es war ganz vernünftig, negative Ergebnisse vorherzusagen, weil das damals vor langer Zeit zufällig die wahrscheinlichsten Ergebnisse waren. Vor Jahrtausenden waren Frühmenschen, die wegen eines lauten Geräuschs in Panik gerieten, die Frühmenschen, die auch den nächsten Tag noch erlebten. Der Negativitätsbias führte zum Überleben.

In der heutigen Zeit jedoch ist der Negativitätsbias eine Behinderung, eine, die unsere Angst bis zu dem Punkt verstärkt, wo sie lähmend wird. Bis jetzt sind Sie ein Opfer Ihres Negativitätsbias gewesen. Er beherrscht bislang Ihre Gedanken und Ihre Handlungen. Das *Angstfrei*-Programm wird Ihnen helfen, diesen Ablauf außer Kraft zu setzen. Das Programm bringt Ihnen bei, gewohnheitsmäßiges negatives Denken zu überprüfen und zu ersetzen. Sie werden Ihre negativen Vorhersagen austesten, sich wahrscheinlichere Szenarien einfallen lassen und einen neuen, glücklicheren und realistischeren Ausgang schreiben. Indem Sie so verfahren, werden Sie besser imstande sein, den positiven Ausgang wahr werden zu lassen.

Wie Sie vergangene Missgeschicke überwinden werden

Manchmal entwickelt sich der Negativitätsbias aus einem negativen Vorkommnis aus dem wirklichen Leben, das man als eine *negative Referenzerfahrung* bezeichnet. Beispielsweise hat eine enge Freundin namens Alison Hunderte von Flügen genommen, die alle absolut ohne Zwischenfälle waren. Dann, vor nicht allzu langer Zeit, war sie in einem Flugzeug, bei dem ein Kraftstoffleck auftrat und das daher eine Notlandung machen musste. Das war eine beängstigende Erfahrung. Jetzt denkt sie jedes Mal, wenn sie fliegt, an jene Notlandung! Es war bloß *ein* Flug aus Hunderten, aber das ist der Flug, der in den Sinn kommt.

Ich machte vor vielen Jahren eine ähnliche Erfahrung, nur hatte sie statt eines Flugzeugs einen Pudel zum Gegenstand. Ja, einen Pudel. Als ich sechs Jahre alt war, ging ich einmal mit meinem Papa spazieren. Es war ein zwangloser Spaziergang am Wochenende, und als wir dann schon fast wieder zu Hause waren, tat ich, was die meisten ausgelassenen Sechsjährigen tun: Ich lief meinem Papa voraus und um die Ecke. Ich war in jenem Alter, in dem ich meine Selbstständigkeit erkundete. Das war alles normal und großartig, aber dann, eine oder zwei Minuten später, sah mein Papa, wie er sich erinnert, mich in wilder Hast zu ihm hin zurücklaufen, während ein kleiner Pudel mir nachjagte. Es ist eine ulkige Geschichte, an der mein Papa seine helle Freude hat, besonders heute. Natürlich erzählt er die Geschichte gern ein bisschen anders, indem er flunkernd behauptet, dass ich tatsächlich sechzehn war, als sie sich abspielte. Das alles sorgt für ein herzhaftes Gelächter. Doch diese eine negative Erfahrung beeinflusste mich über viele meiner Entwicklungsjahre hin, indem sie mich veranlasste, mich in der Nähe von Hunden unbehaglich zu fühlen.

Negative Referenzerfahrungen können außerdem von unseren Eltern an uns weitergegeben werden. Beispielsweise bringen viele Eltern ihren Kindern bei, sich vor Fremden und verkehrsreichen Straßen zu fürchten, was eine gute Sache ist. Viele Ängste werden auch durch das Beobachten unserer Eltern von uns erlernt. Meine Freundin Heather beispielsweise hat Höhenangst. Ihre Mutter gleichfalls. Viele Jahre lang war sich Heather nicht sicher, ob sie diese Angst von ihrer Mutter erlernt hatte oder ob sie und ihre Mama einfach nur eine genetisch bedingte Höhenangst teilten. Sie bekam ihre Antwort, als sie eine eigene Tochter hatte, ein Kind, das, anfangs, ziemlich angstfrei zu sein schien.

Am Ende stellte sich auch bei ihrer Tochter Höhenangst ein, und Heather wurde sich darüber klar, dass ihre Tochter auf ihre, Heathers, eigene Ängstlichkeit reagierte. Jedes Mal, wenn ihre Tochter versuchte, eine Leiter hinaufzusteigen, sagte Heather ihr: »Nein, mach das jetzt bitte nicht.« Manchmal, wenn ihre Tochter etwas absolut Annehmbares tat, wie etwa steile Stufen hinauf- und hinunterzugehen, wurde Heather übernervös und keuchte laut, und ihre Tochter reagierte darauf. Das dient jetzt als Auslösereiz, der ihre Tochter ängstlich macht.

Sie mögen oder mögen nicht in der Lage sein, sich an Ihre negative Referenzerfahrung zu erinnern. Vielleicht fand die Referenzerfahrung statt, als Sie noch zu klein waren, um sie sich merken zu können. Oder möglicherweise war die Konditionierung, die Sie ängstlich machte, so subtil, dass Sie sie weder bemerkten noch sich daran erinnerten. Das ist okay. Es ist für Sie nicht so wichtig zu wissen, warum Sie ängstlich sind, wie vielmehr zu wissen, was Sie dagegen unternehmen können. Zu wissen, wohin Sie wollen, ist viel wichtiger, als zu wissen, wo Sie gewesen sind. Viele Menschen sehen sich jahrelang in Therapie feststecken und jahrelang darüber reden, wo sie vor dreißig Jahren waren, und sie kommen nie aus diesem Stadium heraus. Ich halte nichts davon, Sie in der Vergangenheit festgefahren bleiben zu lassen. Ich will, dass Sie lernen, im Jetzt zu leben.

In diesem Buch werden Sie herausfinden, wie man vorwärtskommt. Das *Angstfrei*-Programm zeigt Ihnen, wie man negative Referenzerfahrungen überwindet, indem man die negativen Vorhersagen, zu denen sie führen, austestet und ebendiese negativen Vorhersagen widerlegt. Auf diese Weise werden Sie anderslautende Belege sammeln und schlussendlich die negative Erzählung überschreiben und sie durch eine positive ersetzen.

Denken Sie darüber nach

Bekommen Sie nachgerade ein Gefühl dafür, warum Sie sich ängstigen? Können Sie jetzt zwei und zwei zusammenzählen? Können Sie Ihre Angst auf eine spezielle Referenzerfahrung zurückführen? Können Sie erkennen, wie jene Erfahrung Ihre Angst formte und stärkte?

Warum wir Nervosität verspüren

Außer dass es ihnen hilft, den Negativitätsbias zu überwinden, ist Ihnen das *Angstfrei*-Programm auch dabei behilflich, mit Angstgefühlen fertigzuwerden. Das Programm hilft Ihnen nicht nur, Ihre Nerven zu beruhigen, es wird Ihnen sogar zeigen, wie Sie akute Nervositätssymptome wie etwa rasenden Herzschlag zu Ihrem Vorteil nutzen können.

Entgegen der allgemeinen Auffassung sind nervöse Empfindungen eigentlich ganz nützlich. Sie reichen Jahrtausende zurück bis zu einer Zeit, als das meiste von dem, was Menschen nicht kannten, nicht verstanden oder nicht vorhersagen konnten, sie buchstäblich umkommen lassen konnte. Wenn Frühmenschen beispielsweise angstfrei genug waren, eine nicht vertraute Grasprärie zu betreten, wurden sie letztendlich Beute für ein wildes Tier, das in jenem Gras lauerte. Daher entwickelten Menschen und andere Tiere eine eingebaute Angst vor dem Unbekannten. In einer gefährlichen, unsicheren Welt war es recht hilfreich für Frühmenschen, auf Gefahr rasch und effektiv reagieren zu können. Folglich wurde die »Kampf-oder-Flucht«-Reaktion ins Nervensystem hinein verschaltet. Im Rahmen dieses Buches werde ich von hier ab diese Reaktion als Ihre *Angstreaktion* bezeichnen.

Diese Angstreaktion ist darauf angelegt, Ihnen eine Menge Kraft, Intelligenz und Schnelligkeit zu geben, wenn Sie angegriffen werden. Wenn Frühmenschen in Konfrontation mit gefährlichen, wilden Tieren gerieten, half ihnen ihre Angstreaktion, Reißaus zu nehmen und sich zu verstecken. Außerdem half sie ihnen, die Kraft aufzubringen, die erforderlich war, um einem

Tier ordentlich eins überzubraten. Sie half ihnen sogar, sich, erforderlichenfalls, tot zu stellen.

Wir sehen uns in der heutigen Zeit selten wilden Tieren gegenüber, aber die Angstreaktion bleibt bestehen. Wenn Sie erschrecken, nervös oder gestresst sind, schaltet Ihr Gehirn Ihr sympathisches Nervensystem ein. Dieses löst die Freisetzung von Stresshormonen wie etwa Adrenalin und Noradrenalin aus. Von hier aus ergibt sich eine Kaskade von Reaktionen. Diese umfassen:

- **Erhöhte Energie und Kraft.** Ihre Herzfrequenz und Ihre Atemfrequenz beschleunigen sich in dem Bemühen, Ihre Muskeln mit sauerstoffreicherem Blut zu versorgen. Es pumpt Zucker in Ihren Blutkreislauf, sodass Ihr Gehirn und Ihre Muskeln ihn leicht und schnell verbrennen können, was Ihnen ermöglicht, vor einem Angreifer davonzulaufen oder ihn abzuwehren. Dieser plötzliche Energie- und Kraftanstieg hat, beispielsweise, Müttern ermöglicht, Autos von ihren eingeklemmten Kindern zu heben.

- **Schärfere Sehkraft und schärferes Gehör.** Das ermöglicht Ihnen, besser zu sehen und zu hören, sodass Sie gefährliche Raubtiere leichter ausmachen können.

- **Mehr Durchhaltevermögen.** Während der Angstreaktion schwitzt der Körper. Das dient als ein Vorkühlmechanismus, sodass Sie besser imstande sind zu laufen, ohne dass Sie in Überhitzung geraten.

- **Weniger Schmerz.** Während der Angstreaktion dreht der Körper Ihre Schmerzwahrnehmung herunter. Aus ebendiesem Grund mag ein Schussopfer nicht registrieren, dass er oder sie angeschossen worden ist. Der Schmerz setzt am Ende durchaus ein – und das in großem Stil –, aber nicht, bevor die verletzte Person sich in Sicherheit gebracht hat und die Angstreaktion abgeklungen ist.

Wenn Ihre Angstreaktion angeknipst wird, wird Ihr ganzer Körper mobilisiert, eines, und nur eines, zu tun: überleben.

Hinter deiner Angst liegt deine Kraft

Angesichts akuter Angst blühen die Angstfreien auf, wohingegen die Angstvollen zurückweichen.

Viele Leute halten die Angstreaktion für eine negative Reaktion, und sie wollen sie aus der Welt schaffen. Das *Angstfrei*-Programm wird Ihnen zeigen, wie sich diese Negativität neu überdenken lässt. Ihre Angstreaktion kann tatsächlich eine Stärke werden, eine, die Sie sich zunutze machen und zu Ihrem Vorteil verwenden können. Ist es, beispielsweise, nicht großartig zu erfahren, dass Sie zu weitaus mehr Körperkraft fähig sind, als Ihnen bewusst ist? Wenn Sie unter einem schweren Gegenstand eingeklemmt wären, käme Ihnen diese durch Ihre Angstreaktion erzeugte zusätzliche Kraft sicherlich gelegen. Und wenn Ihnen eine Flutwelle entgegenkäme – ist es nicht gut zu wissen, dass Sie da imstande wären, schneller zu laufen, als Sie je in Ihrem ganzen Leben gelaufen sind? Genauso verhält es sich, wenn irgendjemand Sie verfolgen würde. Sie besäßen die Schnelligkeit, von der sie noch nicht einmal wussten, dass Sie sie besitzen. Ich bin kein Läufer, aber wenn ich von einem Kerl mit einer Kettensäge verfolgt würde, können Sie drauf wetten, dass ich schneller flüchten würde, als ich mir fähig zu sein je auch nur annähernd zutrauen könnte.

Die Angstreaktion kann sich auch in nicht lebensbedrohenden Situationen als nützlich erweisen. Sie können Angst auch in eine Stärke verwandeln, während Sie eine Rede halten oder während einer ersten Verabredung das Gespräch im Fluss halten. Das *Angstfrei*-Programm wird Ihnen zeigen, wie das geht.

Wie der Ansteckungseffekt Angst erzeugt

Es liegt gleichfalls in unserer primitiven, instinktiven Natur, Angst zu verbreiten. Wenn zur Zeit der Frühmenschen Gefahr lauerte, sagte es *eine* Person der nächsten und der nächsten, und dann wurde der ganze Clan benachrichtigt. Das passiert nach wie vor in der Tierwelt. Sobald *ein* Hirsch Gefahr wittert, reckt er sich hoch und wackelt mit dem Schwanz. Andere Hirsche machen es genauso und alarmieren so die ganze Gruppe, dass Gefahr lauert.

Es ist diese, allerdings mit moderner Technologie gekoppelte, instinktive Reaktion, die bewirken kann, dass Angst sich wie ein Virus verbreitet. Mit einem Tastendruck, in einem Sekundenbruchteil, wird die ganze Welt über Informationen in Kenntnis gesetzt. Denken Sie daran, was bei der Schweinegrippe-Epidemie passierte oder als sich die Jahr-2000-Paranoia entfaltete. Denken Sie daran, wie Sie von Terroranschlägen und Ähnlichem mehr erfuhren. Haben Sie schon mal eine beängstigende E-Mail an viele Freunde/Freundinnen versendet? Haben Sie schon mal ein beängstigendes Gerücht weitergeleitet? Dann haben Sie die Angst zu verbreiten geholfen.

Nicht alles von dieser viralen Angst basiert auch auf Realität. Wir bekommen an uns gesendete E-Mails, Texte und andere Botschaften, die uns vor auf Kinositzen gefundenen Injektionsnadeln warnen, davor, dass die in Hähnchenflügel eingespritzten Wachstumshormone bei Frauen Eierstockkrebs verursachen und dass Diebe Frauen in Shoppingcenter-Toiletten ausrauben und sie nackt zurücklassen.

Wird Ihnen beim bloßen Lesen dieser bedrohlichen und bedrückenden Litanei ein bisschen angst? Mir ist angst bei ihrem bloßen Tippen! Das *Angstfrei*-Programm hilft Ihnen, den Ansteckungseffekt auf mehrerlei Weise zu überwinden. Es zeigt Ihnen, wie man sich gegen die schlimmsten Angstquellen immunisieren kann. Wohl am wirksamsten bringt Ihnen das Programm bei, wie man mit Angsthändlern umgeht, jenen Personen in Ihrem Leben, die Angst verbreiten, Ihre negative Einstellung verstärken und versuchen, Sie festgefahren bleiben zu lassen. Sie werden lernen, wie Sie sich vor solchen Personen schützen, sodass Sie Ihre Angst abbauen und Ihr Leben zum Besseren verändern können.

Wie Sie Ihren Angstinstinkt außer Kraft setzen werden

Angst ist zwar instinktiv und genetisch verankert, aber das bedeutet nicht, dass Sie sich ihr nicht stellen können, sie nicht zu schwächen oder sie sogar zu Ihrem Vorteil zu nutzen vermögen. Sie können etwas gegen Ihre Angst unternehmen. Es gibt eine Lösung.

Hinter deiner Angst liegt deine Kraft wird Ihnen beibringen, mehr Gewissheit in einer ungewissen Welt zu schaffen. Dieses Programm hilft Ihnen, Ihre Zukunft zu entwerfen, sodass Sie so viel Gewissheit schaffen können wie möglich.

Außer dem Schaffen von Gewissheit wird Ihnen dieses Programm beibringen, wie Sie sich systematisch Ihrer Angst stellen, sich mit ihr anfreunden und sie als ein Hilfsmittel dazu nutzen, stärker zu werden. Jedes Mal, wenn Sie sich Ihrer Angst stellen, werden Sie jene negativen Referenzerfahrungen und alte Konditionierung überschreiben. Im Wesentlichen werden Sie neue Erinnerungen bilden, die Sie mit dem Selbstvertrauen befeuern, das Sie brauchen, um sich Ihrer Angst kontinuierlich wieder und wieder und wieder zu stellen.

Angstfreiheit ist kein Fehlen von Angst. Es ist vielmehr das Handeln trotz ihr. Das Programm in diesem Buch bringt Ihnen bei, wie man genau das tut.

Verändern Sie Ihr Leben jetzt!

Wir alle leiden unter einem Negativitätsbias, der uns dazu veranlasst, uns vorrangig an negative Ereignisse zu erinnern und negative Ergebnisse vorrangig vor positiven vorherzusagen. Fangen Sie jetzt damit an, Ihren Negativitätsbias infrage zu stellen. Überprüfen Sie jedes Mal Ihr Denken, wenn Sie feststellen, dass Sie negative Vorhersagen machen – wie etwa: *Er steht einfach nicht sonderlich auf mich, meine Mutter wird ausflippen, mein Chef wird diesen Bericht hassen, meine Freunde/Freundinnen ärgern sich schon über mich.*

Fragen Sie sich:

- Gibt es eine andere, genauso plausible Erklärung?

- Ist es genauso möglich, dass alles okay ausgehen wird?

- Warum bin ich mir so sicher, dass die Dinge nicht okay ausgehen werden? Stütze ich eine Zukunftsvorhersage auf ein vergangenes Ereignis?

Führen Sie außerdem eine schriftliche Strichliste darüber, wie oft Ihre negativen Vorhersagen sich bewahrheiten. Ich denke, Sie werden angenehm überrascht sein festzustellen, dass die meisten von ihnen es einfach nicht tun und dass das Positive bei Weitem das Negative überwiegt.

Kapitel 3

Was ängstliche Menschen festgefahren bleiben lässt

Bevor sie mich aufsuchten, steckten viele meiner Klient(inn)en fest. Sie wollten ihr Leben verändern, aber sie konnten augenscheinlich nicht vorankommen. Anfangs dachten sie, es sei ihr Schicksal, ein nicht erfüllendes Leben zu führen. Wie sich jedoch herausstellte, hatten ihre Probleme nichts mit dem Schicksal, sondern vielmehr alles zu tun mit angstauslösenden Bewältigungsstilen, von denen sie in Geiselhaft gehalten wurden.

Im Lauf der Jahre habe ich dreizehn angstvolle Bewältigungsstile identifizieren können, die Menschen festgefahren bleiben lassen und sie davon abhalten, ihre Träume zu verfolgen. Sie werden über sie auf den folgenden Seiten lesen. Interessanterweise greifen Menschen generell zu diesen Taktiken in dem Bemühen, Angst abzubauen oder zu vermeiden, aber diese Taktiken tendieren dazu, nach hinten loszugehen und die jeweilige Angst vielmehr zu intensivieren. Das *Angstfrei*-Programm wird Ihnen helfen, aus diesen angstauslösenden Bewältigungsstilen auszubrechen, sodass Sie endlich vorwärtskommen können und das Leben zu gestalten vermögen, das Sie Ihrer Bestimmung gemäß leben sollten.

Die *Angstfrei*-Lösung

Das *Angstfrei*-Programm hilft Ihnen, diese dreizehn dysfunktionalen Bewältigungsstile zu überwinden, und bietet hochwirksame Strategien für jeden einzelnen Stil an.

Angstvoller Bewältigungsstil	*Angstfrei*-Verordnung
Sich (verbal) auslassen	Definieren Sie, wo Sie hinwollen, statt sich darüber zu beklagen, wo Sie derzeit sind. *(Schritt 1)*
Wirkungslose Therapie	Beginnen Sie ein Programm, das Sie aus fortwährendem (verbalem) Sichauslassen herausholt und Sie ermutigt, sich Ihrer Angst zu stellen und Ihr Leben zu verändern. *(Schritte 1–5)*
Medikamente	Lernen Sie, Ihre Angstreaktion zu kontrollieren und außer Kraft zu setzen. *(Schritt 4)*
Wunschdenken	Erstellen Sie einen Aktionsplan, der Sie von Punkt A (jetzt) zu Punkt B (dem Leben, das Sie wollen) bringt. *(Schritt 5)*
Ihre Angst vermeiden	Stellen Sie sich Ihrer Angst in kleinen, nicht bedrohlichen Dosen, die Ihnen ermöglichen, kontinuierlich Erfolg zu erzielen, Mut aufzubauen und voranzukommen. *(Schritt 5)*
Sich auf Probleme fixieren	Suchen Sie kontinuierlich nach Lösungen. *(Schritt 3)*
Negativität bzw. negative Einstellung	Reframen/Polen Sie negative Gedanken zu motivierenden, positiven Aussagen (um). *(Schritt 3)*

Angstvoller Bewältigungsstil	Angstfrei-Verordnung
Das Unkontrollierbare kontrollieren	Kontrollieren Sie das Kontrollierbare. *(Schritte 2 und 3)*
Bei Misserfolg aufgeben	Reframen/Polen Sie Misserfolg (um) und schaffen Sie kleine Erfolge. *(Schritte 3 und 5)*
Sich mit Angst bequem arrangieren	Überwinden Sie Ihre ko-abhängige Beziehung zu Angst. *(Schritt 2)*
Zu viel darüber nachdenken	Beginnen Sie Ihren Aktionsplan. *(Schritt 5)*
Es den Leuten recht machen	Distanzieren Sie sich von Angsthändlern. *(Vorbereitungsaufgabe #3)*
Societal Brainwashing (Gesellschaftliche Gehirnwäsche)	Machen Sie Ihre Traumliste angstdicht. *(Schritt 1)*

Ängstliche Menschen lassen sich über ihre Probleme aus

Rachel ging schon seit Jahren zu ihrem Therapeuten, aber es stellte sich keine Besserung bei ihr ein. Sie war noch genauso ängstlich und beklommen, wie sie es vor ihrem ersten Termin gewesen war.

Ihre Freundin Linda hingegen hatte auch Angst- und Beklommenheitsprobleme, und ihr war es nach nur ein paar Monaten regelmäßiger Termine bei mir erheblich besser gegangen. Rachel fragte sich, wie Linda ihre Probleme denn so schnell überwunden hatte.

Sind meine Probleme krasser?, fragte sie sich. *Vielleicht bin ich ja verkorkster, als Linda es ist.*

Sie hatte jedoch den Verdacht, dass es einem anderen Grund zuzuschreiben war. Konnte es sein, dass ihre Therapie wirkungslos war?

Rachel beschloss, das herauszufinden. Sie rief an, um mir ein paar Fragen zu stellen. Sie sagte mir, dass sie seit sechs Jahren zu ihrem derzeitigen Therapeuten ginge.

»Wie geht das?«, fragte ich.

»Na ja, es ist gut, sich auszulassen«, erwiderte sie.

»Was haben Sie dadurch gewonnen, dass Sie sich seit sechs Jahren auslassen?«, fragte ich.

»Na ja, mein Zustand hat sich nicht verschlechtert«, sagte sie. »Es ist ein gutes Gefühl, sich auszulassen.«

Oh, der »Es ist gut, sich auszulassen«-Spruch. Ich kann Ihnen nicht sagen, wie viele Male ich diesen Spruch, besonders von zahllosen Klient(inn)en, wie Rachel, beim Beschreiben ihrer alten Therapie gehört habe. Das Problem ist, dass (verbales) Sichauslassen lediglich eine Möglichkeit ist, vorübergehende Erleichterung zu bekommen. Es bringt Klient(inn)en nicht die Strategien bei, die sie brauchen, um zu einer Besserung zu gelangen. Einschlägiges Beispiel: Bevor sie mich aufsuchten, steckten diese Klient(inn)en schon seit Jahren in Therapie fest. Für sie war die Patient-Therapeut-Beziehung eine der Ko-Abhängigkeit: Der Patient war vom Therapeuten abhängig im Hinblick auf emotionale Unterstützung, und der Therapeut war vom Patienten abhängig im Hinblick auf Geld. Die Patient(inn)en hatten ein Bedürfnis, das Gefühl zu haben, dass man ihnen lauschte und sie anhörte. Die Therapeut(inn)en hatten ein Bedürfnis, ihre allgemeinen Unkosten und sogar ihren Sommerurlaub zu bezahlen. Um die Patient(inn)en dazu zu bewegen wiederzukommen, pflegten die Therapeut(inn)en sie vor all den schrecklichen seelischen Konsequenzen zu warnen, die ihnen womöglich widerfahren würden, falls sie mit der Therapie aufhörten.

Endergebnis: Bei den Patient(inn)en trat nie eine Besserung ein.

Ich habe diese Geschichte viel zu viele Male von Klient(inn)en gehört, die über ihre früheren Therapeut(inn)en reden. Es ist frustrierend. Sollten Therapeut(inn)en nicht eigentlich Menschen helfen? Warum Angst einflößen, indem man einer Patientin sagt, dass sie mit der Therapie nicht aufhören darf? Was für eine Tragödie!

Als ich Rachel zum ersten Mal beriet, sagte ich: »Es gibt einen Unterschied zwischen ›sich besser fühlen‹ und tatsächlich eine Besserung erreichen. Ich will, dass Sie eine Besserung erreichen.«

Auch sie wollte eine Besserung erreichen.

Ich erklärte, dass mein methodischer Ansatz anders sei, dass ich nicht einer *dieser* Therapeutentypen sei. Ich nickte nicht einfach nur mit dem Kopf und hörte zu, während Klient(inn)en über ihre Probleme redeten. Vielmehr hülfe ich ihnen, etwas gegen diese Probleme zu unternehmen. Meine Methode sei verbindlich. Sie sei interaktiv. Ich gäbe Hausaufgaben auf und machte meine Klient(inn)en mitverantwortlich für das Ziel, bei ihnen eine Besserung zu erreichen.

Ich schlug Rachel vor, zu einem Termin hereinzukommen, und bat sie, eine Liste ihrer Therapieziele mitzubringen.

69

Bei der ersten Zusammenkunft sagte mir Rachel, sie sei über-arbeitet in ihrer höchst stressigen Anstellung im Verkauf, un-glücklich in ihrer derzeitigen Beziehung, habe kein Selbstver-trauen und Angst vor der Ehe angesichts der Scheidung ihrer El-tern. Nichts davon sah danach aus, als ob es sechs Jahre Therapie erfordern würde. Wir unterhielten uns ein bisschen über ihr Pro-blem des Tages: Sie wusste nicht, wie Sie ihren Freund dazu bringen konnte, sie bei ihrer Arbeit zu besuchen, und wurde des-wegen zunehmend frustrierter und deprimierter.

»Was haben Sie versucht?«, fragte ich.

»Ich sage ihm, er solle mit mir hingehen, weil er mein Lebens-gefährte ist. Jedes Mal sagt er mir, er hat viel zu tun, dass er sei-ne eigenen Verpflichtungen und Veranstaltungen hat, bei denen er da sein muss, und dass er mich nie damit behelligt hat, mit ihm seine Veranstaltungen zu besuchen«, sagte sie.

Ich wusste sofort, was an ihrem Ansatz falsch war. Er war for-dernd, negativ und wenig inspirierend. Warum *sollte* er hinwol-len?

Ich fragte: »Würden Sie seine Veranstaltung besuchen, wenn er Sie auf die Art bäte, wie Sie ihn bitten?«

Ein Ausdruck glitt über ihr Gesicht, der mehr oder minder be-sagte: *Du meine Güte.*

Ich gab ihr Papier und bat sie, alle Gründe aufzuschreiben, weshalb sie wollte, dass ihr Freund mit ihr mitging, außer ein-fach nur: »weil er mein Lebensgefährte ist.« Sie schrieb Dinge wie etwa: »Er ist charmant. Er kommt mit vielen Leuten gut aus. Es gäbe ihm Gelegenheit, meine Kolleg(inn)en kennenzulernen und meinen Job besser zu verstehen. Es würde Spaß machen, wegzugehen und die Arbeitswochenroutine aufzubrechen.«

TESTEN SIE ES AUS

Befragen Sie zehn Ihrer Freunde/Freundinnen. Fragen Sie sie, worum es ihrer Meinung nach bei Therapie eigentlich geht. Ich schätze, dass neun von zehn Personen Ihnen sagen werden, dass Therapeuten Resonanzböden sind und dass es bei der Therapie um das Sichauslassen und Angehörtwerden geht.

Nie hatte sie ihm davon irgendwas gesagt.

Wir trieben dann ein bisschen Rollenspiel, was ihr zu lernen helfen sollte, sich auf eine positive Art an ihn zu wenden. Gegen Ende der Sitzung gab ich ihr Hausaufgaben:

1. Schreiben Sie Ihre Stärken auf.

2. Schreiben Sie auf, wie Sie Ihr Freund Ihrer Meinung nach wahrnimmt.

Ich sagte ihr, ich sei zuversichtlich, dass ich ihr helfen könnte, und fragte sie, ob sie irgendwelche Fragen hätte. Sie hatte ein Lächeln im Gesicht und blickte außerdem etwas perplex drein.

»Ist alles okay?«, fragte ich.

»Ich hab' aus dieser einzigen Sitzung mehr herausbekommen, als ich aus sechs Jahren bei meinem anderen Therapeuten rausbekommen habe«, sagte sie.

»Was hat Sie veranlasst, es mit einem neuen Therapieansatz versuchen zu wollen?«, fragte ich.

»Vor ein paar Wochen fragte ich meinen Therapeuten, ob er irgendeinen Rat hätte. Er antwortete: ›Dann bis nächste Woche.‹

Ebenda wurde mir klar, dass das alles nirgendwohin führte und dass sich das auch nie ändern würde.«

Ihre Geschichte ist, bedauerlicherweise, eine weitverbreitete. Sie ist die Regel, nicht die Ausnahme.

Ängstliche Menschen bleiben in Therapie festgefahren

Ich habe zugehört, als mir Klient(in) um Klient(in) sagten, ich sei ihr fünfter oder achter oder elfter Therapeut. Ich habe Klient(inn)en erlebt, die zwölf Jahre lang zu anderen Therapeut(inn)en gegangen sind und die keine Besserung erreicht haben! Sie berichten mir von Therapeut(inn)en, die bloß mit dem Kopf nicken und wenig bis nichts sagen, die während der Sitzung ständig einen Blick auf die Uhr werfen, die eindösen und die sich mehr darum sorgen, bezahlt zu werden, als darum, die Probleme eines Patienten, einer Patientin zu lösen.

Meine Therapie ist ergebnisorientiert, hat einen Zweck und macht Klient(inn)en mitverantwortlich für die Ziele. Allzu oft jedoch ist Therapie das, was Leute innerhalb ihrer Angst eingeschlossen hält. Sie lässt Probleme fortbestehen, und sie verstärkt negatives Verhalten. Weil die Klient(inn)en nie Anleitungen dazu bekommen, wie man vorankommt, werden sie von der Therapie in Geiselhaft gehalten. Therapeut(inn)en lassen sie endlos über ihre Probleme und Ängste reden, statt sie dazu zu bringen, etwas dagegen zu unternehmen.

Es ist traurig. Jedes Mal, wenn ich Geschichten über Therapeut(inn)en höre, die bei Leuten keine Besserung erreichen, denke ich: *Wow, warum zahlen Leute dafür Geld?* Wenn Ihnen Ihr Frisör andauernd einen schlechten Haarschnitt verpasste, würden Sie dann andauernd wieder hingehen? Wenn ein Restaurant Ihnen Essen servierte, das nicht gut schmecken und Ihren Hunger nicht stillen würde, nähmen Sie da noch mal eine Reservierung vor? Sie würden nicht weiterhin zu einem Fitnesstrainer, einer Fitnesstrainerin gehen, wenn Sie nicht in Form kämen, oder?

Nein, ich bin mir sicher, Sie würden es nicht.

Und doch gehen Leute immer wieder zurück zu Therapeut(inn)en, die nicht helfen. Sie tun das nicht, weil sie gern festgefahren bleiben. Sie tun das, weil sie es nicht besser wissen. Sie denken, dass sie zu verkorkst sind, um eine Besserung zu erreichen. Sie realisieren nicht, dass es einen besseren methodischen Ansatz gibt. Sie nehmen als gegeben an, dass alle Therapeuten eigentlich als Resonanzböden fungieren sollen. Folglich gehen sie Woche um Woche wieder hin, obwohl sie nicht autarker werden und obwohl sie keine Fertigkeiten erlernen, die ihnen helfen, mit ihrem Leben klarzukommen. Probleme werden aufrechterhalten. Das ist, zum Teil, meine Motivation zum Verfassen dieses Buchs. Ich will, dass die Leute eine Besserung erreichen und nicht Zeit und Geld an Therapie verschwenden, die nicht funktioniert.

Wenn Sie zum falschen Therapeuten gehen, können Sie letztendlich eher mehr abhängig werden als weniger. Der Therapeut könnte womöglich die einzige Person in Ihrem Leben sein, die Ihnen zuhört und Aufmerksamkeit schenkt. Ihr Therapeut könnte womöglich die einzige Person sein, der gegenüber Sie sich auslassen können. Das gibt Ihnen das Gefühl, jemand Besonderes zu sein, folglich fühlen Sie sich gut, wenn Sie nach der Sitzung weggehen. Aber seien Sie sich darüber im Klaren, dass es einen Unterschied gibt zwischen »sich gut fühlen« und »eine Besserung erreichen«, und dieser Unterschied ist das, was zwischen Ihnen und dem Erfolg steht.

Ihr Therapeut hört zu, was Sie bestätigt, aber diese Bestätigung erfordert hohe Kosten! Rechnen wir das aus. Wenn Sie Ihre Therapie aus der eigenen Tasche zahlen, dann kostet eine einzelne Sitzung durchschnittlich etwa 100 Euro. Multiplizieren Sie das mit 52 Wochen und dann mit 5 Jahren, und Sie haben 26 000 Euro ausgegeben. Damit hätten Sie selbst und ein Gast erster Klasse nach Paris, Frankreich, fliegen und eine Woche lang im Four Seasons George V, einem der teuersten Hotels der Welt, übernachten können.

Angenommen, Sie sind versichert und blechen nur eine Eigenbeteiligung von 20 Euro, so fordert die wirkungslose Therapie immer noch einen hohen Preis. Das macht 20 Euro x 52 Wochen x 5 Jahre = 5200 Euro. Denken Sie nur mal an das, wofür sonst Sie dieses Geld hätten ausgeben können!

Das ist eine Menge Zeit und eine Menge Geld für eine Dienstleistung, die keine Besserung bei Ihnen bewirkt. Sie könnten – für viel weniger Geld – die gleiche Bestätigung bekommen, indem Sie Ihre Probleme Ihrem Hund oder auch nur einem Pet Rock* erzählen.

* Wörtl. »Kuscheltier/Haustier-Stein/Fels« – rundliche, mit einem glupschenden Augenpaar versehene, etwa handteller- bis tennisballgroße Kieselsteine, eine Art minimalistischer Haustier- bzw. Kuscheltier-Ersatz. Die Pet Rocks wurden 1975 von dem Werbemanager Gary Dahl in Los Gatos, Kalifornien, konzipiert/lanciert und, wie Haustiere in Pappschachteln mit Luftlöchern verstaut, mit großem Erfolg auf den Markt gebracht. (Die ersten Pet Rocks waren graue, in einem Baumarkt erworbene Kieselsteine.) Innerhalb weniger Monate wurden 1 Million davon verkauft und Dahl dadurch zum Millionär.

Ich bin nicht gegen Therapie. Schließlich praktiziere ich sie ja. Aber es gibt wahrscheinlich mehr schlechte Therapeut(inn)en als gute. Ängstliche Menschen bleiben in schlechter Therapie festgefahren. Angstfreie Menschen wechseln den Therapeuten, falls die Therapie nicht funktioniert.

Falls Sie in Therapie sind oder vorhaben, Therapie als einen Zusatz zu diesem Buch einzusetzen, wollen Sie nicht weiterhin einen Therapeuten wieder aufsuchen, der lediglich zuhört und Ihnen nie sagt, was Sie tun sollen, und wollen Sie nicht weiterhin einen Therapeuten wieder aufsuchen, der Ihnen andauernd Fragen nach dem Zeitabschnitt Ihrer Sauberkeitserziehung stellt. Interviewen Sie eine Reihe von Therapeut(inn)en, um einen Eindruck von ihren Überzeugungen und ihrem methodischen Ansatz zu bekommen. Stellen Sie ihnen Fragen wie: »Wie können Sie mir helfen?« und: »Welche Strategien werden Sie verwenden, um mir meine Angst überwinden zu helfen?«

Benutzen Sie beim Suchen nach einem Therapeuten diese Ratschläge:

- **Verwenden Sie die Speed-Dating-Methode.** Treffen Sie sich mit vielen, interviewen Sie sie über ihren Stil und ihre Überzeugungen und entscheiden Sie sich für einen/eine, der/die gut zu Ihnen zu passen scheint.

- **Suchen Sie nach jemandem, der/die ergebnisorientiert ist.** Fragen Sie: »Wie beabsichtigen Sie, mir zu helfen?« Sie könnten zudem auch fragen: »Wie lange bleibt bei Ihnen ein(e) Klient(in) durchschnittlich in Therapie?« und: »Welche Hilfsmittel beabsichtigen Sie mir beizubringen, um mir zu helfen, zurechtzukommen?«

- **Identifizieren Sie Ihre Ziele.** Sagen Sie potenziellen Therapeut(inn)en, was Sie aus Therapie herauszuholen erwarten. Seien Sie in diesem Zusammenhang präzise: Schlagen Sie vor, der Therapeut solle eine Möglichkeit finden, Ihre Fortschritte nachzuverfolgen, und setzen Sie einen Zeitpunkt fest, für den Sie beide erwarten können, dass dann Ergebnisse bei Ihnen festzustellen sind.

Ängstliche Menschen suchen nach einer Wunderpille

Die Vorstellung, vor anderen Leuten zu reden, verursacht bei vielen Menschen große Beängstigung. Manche Menschen vermeiden es einfach, eine Strategie, welche die Angst nur verstärkt. Mehr und mehr bekomme ich jedoch von Leuten etwa Folgendes zu hören: »Oh, ich habe kein Problem mit dem Reden in der Öffentlichkeit. Ich werfe einfach vorher ein Xanax ein, und mir geht's bestens.«

Ein Xanax?

Xanax (Alprazolam), Ativan (Lorazepam) und Klonopin (Clonazepam) sind Medikamente*, die zur Behandlung von Beängstigung/Beklommenheit und Panikattacken verwendet werden. Sie wirken, indem sie das Gehirn beruhigen, aber häufige Nebenwirkungen beinhalten: Schläfrigkeit, Benommenheit, Abgeschlagenheit und die Schwierigkeit, sich zu konzentrieren. Wollen Sie

---

* Handelsnamen im deutschsprachigen Raum: Tafil (für Xanax), Tavor (für Ativan) und Riovotril bzw. Clonex (für Klonopin).

sich wirklich so fühlen, kurz bevor Sie eine Rede halten? Also ich würde mich keinesfalls so fühlen wollen! Ich persönlich würde mich klar, energiegeladen und fokussiert fühlen wollen.

Wir leben in einer Gesellschaft, die von Quick-Fixes, schnellen (Schein-)Lösungen, besessen ist. Wenn wir an Gewicht zulegen, wollen wir eine Wunderpille, einen Shake oder eine Fettabsaugung, die uns helfen sollen, wieder dünn zu werden. Statt im Lauf der Jahre Geld anzusparen, spielen wir Lotto. Statt mehr zu schlafen, greifen wir nach Koffein.

Zumindest teilweise aufgrund der Werbung durchdringt die Vorstellung von Quick-Fixes unser Denken. Sie können nicht den Fernseher spätabends einschalten und nicht mit einem Infomercial für ein Produkt konfrontiert werden, das das Fett schrumpfen lassen, die Jahre aus Ihrem Gesicht entfernen oder Ihnen helfen soll, Sie von heute auf morgen reich zu machen.

Trotzdem, wie mein Papa immer sagt: »Wenn es zu gut klingt, um wahr zu sein, ist es das wohl auch.« Die gezielte Einnahme von Anti-Angst-Medikamenten (Anxiolytika) zur Überwindung von Angst ist zu gut, um wahr zu sein. Pillen mögen Sie gefühllos machen, aber sie liefern keine Einsicht und keine Hilfsmittel, Ihnen Ihre Probleme lösen zu helfen.

Besorgniserregender ist, dass sie Ihre Probleme sogar noch verschlimmern könnten. Was, zum Beispiel, wäre, wenn Sie öffentlich reden müssten und Sie nicht die Pille hätten, auf die sich zu verlassen Sie gelernt haben? Sagen wir, Sie wären auf einer Versammlung, und Ihr Chef forderte Sie dazu auf. Oder sagen wir, Sie wären auf einer Tagung, und man bäte Sie plötzlich, für einen Referenten, der nicht erschienen ist, einzuspringen. Wie kämen Sie zurecht? Würden Sie psychisch zusammenbrechen?

Oder würden Sie die Gelegenheit ausschlagen, bloß weil Sie keine Pille hätten, die Ihnen hülfe, sie durchzustehen?

Ich habe die gleiche Frage zu so ziemlich jedweder Angst, die Ihrer Meinung nach Medikamente lindern helfen könnten. Ich kenne beispielsweise viele Leute, die vor einem Date eine Pille einwerfen. Aber was geschieht, wenn Sie bei einem gesellschaftlichen Ereignis jemand kennenlernen? Was werden Sie ohne Ihre Anti-Angst-Pille machen? Wird sich Ihnen die Kehle zusammenschnüren? Werden Sie es schweißnass irgendwie hinter sich bringen? Oder werden Sie davonlaufen und sich verstecken?

Ebenso kenne ich ein paar Leute, die Pillen einnehmen, um eine Flugangst zu überwinden. Zunächst könnten Sie vielleicht denken: *Wo liegt das Problem?* Schließlich ist es ja nicht so, als ob die meisten Leute tagtäglich fliegen. Warum sich nicht auf eine Pille verlassen, um sich durch eine Erfahrung durchzubringen, der man sich nur ein- oder zweimal im Jahr stellen muss? Aus folgenden Gründen: Was passiert, falls Ihr Flug verzögert wird und erst startet, wenn die Wirkung Ihrer Pille nachgelassen hat? Ebendies passierte einer Bekannten von mir. Ihr Gatte beförderte sie in jenes Flugzeug, während sie weinte, schrie und um sich stieß. Hier noch eine weitere Situation: Was passiert, wenn das Flugzeug eine Notlandung machen muss? Oder was geschieht, wenn ein anderer Passagier sich in einer Krise befindet? Werden Sie nicht unter diesen Umständen rasch reagieren können wollen? Wären Sie wirklich in der Lage, nicht den Kopf zu verlieren, wenn Sie unter dem Einfluss eines Tranquilizers sind?

Anxiolytika lösen nicht Ihre Probleme, und sie bringen Ihnen nicht bei, sich der Angst zu stellen und sie zu überwinden. Sie geben Ihnen keine Einsichten in das, was mit Ihrem Leben nicht stimmt. Und schlimmer noch: Sie machen süchtig und bringen häufig Nebenwirkungen mit sich, die Ihre Angst verstärken. Werden Sie beispielsweise während einer ersten Verabredung wirklich ein(e) gute(r) Gesprächspartner(in) sein, wenn Sie aufgrund eines Anxiolytikums wie betäubt sind?

Meine neuen Klient(inn)en, die sich, bevor sie mich aufsuchten, auf Xanax und andere Anxiolytika verließen, haben geklagt, dass sie nicht über die erste Verabredung hinauskommen können. Sie haben mir gesagt, sie seien nicht begehrenswert und verabredungsuntauglich. In jedem Fall haben wir jedoch festgestellt, dass sie keineswegs nicht begehrenswert sind. Unerwünscht, abtörnend war vielmehr ihre Bewältigungsstrategie. Sobald sie den Mut fanden, die Anxiolytika wegzuschmeißen, hörten sie auf, sich wie langweilige, leblose Nulpen zu benehmen, und fingen an, sich ihrem wahren Ich gemäß zu verhalten. Verabredung eins verwandelte sich alsbald in Verabredung zwei und dann Verabredung drei und so weiter.

Ebenso sorgen Sie, wenn Sie eine Pille einwerfen, bevor Sie eine Rede halten, dafür, dass Sie eine mittelmäßige Rede halten werden. Die Zuhörer werden entsprechend reagieren und dadurch Ihre Angst verstärken. Wenn Sie hingegen lernten, eine Rede zu halten, ohne sich auf Medikamente zu verlassen, wären Sie imstande, dies voller Energie und mit einem klaren Kopf zu tun. Die Wahrscheinlichkeit, dass Sie die Zuhörer wirklich fesseln werden, ist viel höher. Demzufolge werden die Zuhörer reagieren: Sie werden aufmerksam lauschen, Fragen stellen, lachen, klatschen und Ihnen danken. Dies alles wird Sie denken lassen: *Ich weiß nicht, warum ich solche Angst davor hatte, das zu*

Denken Sie darüber nach

Was, glauben Sie, würde passieren, wenn Sie zu Ihrem Hausarzt gingen und klagten, dass Sie sich traurig fühlen, dass Sie Schwierigkeiten haben, morgens aus dem Bett zu kommen, dass Sie unter großem Stress stehen und dass Sie sich nicht wie Sie selbst fühlen? Wie lange, glauben Sie, würde es dauern, bis Ihr Arzt eine medikamentöse Behandlung vorschlägt? Ich wette, dass Sie mit einem Rezept rausspazieren würden.

tun. Das ist nicht so schlimm. All dies ist dringend benötigte positive Stärkung.

Leider sind Mediziner viel zu schnell bei der Hand, diese Pillen zu verschreiben, und die Leute sind viel zu schnell bei der Hand, um sie zu bitten. Jede Woche kommt jemand Neues zu mir und sagt: »Ich ging zu meinem Hausarzt. Ich sagte ihm, dass ich Angstgefühle hätte. Innerhalb von fünf Minuten stellte er mir ein Rezept aus.«

Das ist unsere Gesellschaft. Ich frage Mediziner oft: »Wie würden Sie das Problem denn behandeln, wenn Sie keinen Rezeptblock hätten?« Sie sehen verblüfft drein. »Wenn alles, was Sie haben, ein Hammer ist, schaut alles, was Sie sehen, nach einem Nagel aus. Wenn alles, was Sie haben, ein Rezeptblock ist, braucht jeder Patient, den Sie empfangen, eine Pille.«

Immer wenn ich einen Klienten, eine Klientin habe, der/die mehrere Medikamente einnimmt, ist es eines meiner Hauptziele, diesem Patienten, dieser Patientin zu helfen, sich die Pillen abzugewöhnen. Meistens habe ich Erfolg, sofern der oder die Betreffende motiviert und bereit ist, hart zu arbeiten.

Offensichtlich gibt es manche Fälle, in denen Leute wirklich diese Medikamente brauchen. Für die große Mehrheit aller Fälle trifft das jedoch nicht zu. Meistens hat ein Arzt diese schweren Medikamente verschrieben, um das psychische Äquivalent eines leichten Schnupfens zu behandeln. Das ist wie das Verabreichen von Morphin bei einer Papierschnittwunde. Es ist unnötig und unter Umständen sogar schädlich.

Falls Sie zurzeit Medikamente einnehmen, so hören Sie damit nicht auf, ohne mit Ihrem Arzt zu sprechen. Es sollte Ihnen nur klar sein, dass sie nicht unbedingt die Lösung sind. Um Ihre Angst wirklich überwinden zu können, müssen Sie offen dafür sein, neue Wege zu erlernen.

Denken Sie darüber nach

Falls Sie Anxiolytika einnehmen, um mit einer beängstigenden Situation klarzukommen, so denken Sie darüber nach, wie Sie sich der betreffenden Angst stellen würden, wenn Anxiolytika keine Option wären. Was würden Sie tun? Wenn Sie einen Freund, eine Freundin hätten, der/die Medikamente einnähme, um mit einer speziellen Angst klarzukommen: Welchen Rat zur Bewältigung dieser Angst ohne Zuhilfenahme von Medikamenten würden Sie Ihrer Freundin, Ihrem Freund geben?

Ängstliche Menschen wünschen sich, dass die Dinge besser wären

In dem Megabestseller *The Secret* schreibt Rhonda Byrne über das, was sie als *das Gesetz der Anziehung* bezeichnet. Diesem Gesetz zufolge können Sie gute oder schlechte Ergebnisse anziehen, auf sich ziehen. Sie können jedes Beliebige, das Sie begehren, »manifestieren«, sofern Sie definitiv wissen, was Sie haben wollen, und darüber sorgfältig genug nachdenken. Rhonda Byrnes *The Secret* zufolge brauchen Sie einfach nur zu visualisieren, was Sie haben wollen, darum zu bitten, zu glauben, dass Sie es bereits besitzen, und sich so zu verhalten, als ob es in Ihrem Leben bereits da wäre.

Wenn Sie beispielsweise reich sein wollen, würden Sie sich ausmalen, wie es wohl wäre, reich zu sein. Sie würden das Universum bitten, Sie reich zu machen. Sie würden einen imitierten Eine-Million-Dollar-Schein einrahmen, ihn an die Wand hängen und ihn tagtäglich anstarren. Und Sie würden Dinge tun, die reiche Leute tun. Beispielsweise würden Sie Designerhandtaschen kaufen. Bald würde Geld auf Ihr Bankkonto fließen.

Es ist verlockend, glauben zu wollen, dass es so leicht und so stressfrei sein könnte zu bekommen, was man will. Glauben Sie das auch nicht eine Sekunde lang! Veränderung erfordert Begehren, aber sie erfordert auch eine Strategie, harte Arbeit und Beharrlichkeit.

Als ich ein Kind war, pflegte ich meinen Kopf in meinem Kissen zu vergraben, meine Augen zu schließen und mir vorzustellen, dass ich Superman oder Luke Skywalker aus *Star Wars* war. Wenn ich meine Augen zupresste, war ich immer ein Held. In

Hinter deiner Angst liegt deine Kraft

Angstfreie Menschen wünschen sich nicht Veränderung.
Sie bewirken, dass Veränderung geschieht.

diesen Fantasien flog ich zur Errettung von Lois Lane* in meinem damaligen Leben. Das ging immer weiter und weiter, und es funktionierte – solange ich meinen Kopf in jenem Kissen vergraben und die Augen zugepresst hielt.

Sobald ich die Augen öffnete und mich dem realen Leben gegenübersah, war ich so kümmerlich, wie ich immer gewesen war. Das Wünschen, ein Held zu sein, machte mich nicht zu einem.

Dieses magische Denken gab mir ein Wohlgefühl und ein ungebärdiges, wenn nicht gar wahnhaftes Selbstempfinden. Aber letzten Endes, ganz egal, wie viel Zeit ich mit in jenem Kissen vergrabenen Gesicht zubrachte, flog ich nie und rettete auch nie die Jungfer in Bedrängnis.

In ähnlicher Weise habe ich jahrelang davon geträumt, große hervortretende Bizepse zu haben. Ich habe mir diese Bizepse *jahrelang* vorgestellt. Bis heute sind sie nach wie vor spindeldünn. Wünschte ich sie mir nicht inständig genug? Das glaube ich weniger. Ich schätze, dass ich, wenn ich Zeit erübrigen, einen Trainer zurate ziehen und mich ans Gewichtestemmen machen wür-

---

* Die Comic-Figur Lois Lane, eine Zeitungsreporterin, die immer wieder mal in Bedrängnis-Situationen gerät, aus denen sie dann von Superman gerettet werden muss, ist dessen Hauptangebetete in der *Superman*-Comicserie, die bei DC-Comics, New York City, seit Mitte der 1930er-Jahre erschien.

de, meinen Bizepsen schon ein wenig Umrissschärfe draufpacken würde. Sie können Ihre Bizepse nicht größer wünschen. Sie machen Ihre Bizepse größer. Genauso verhält es sich mit allem anderen, das Sie im Leben haben wollen. *The Secret* hält Sie dazu an, eine Vision zu haben, und das ist wichtig. Sie brauchen eine Vision. Aber Sie brauchen auch eine Strategie und einen Aktionsplan – zwei wichtige Zutaten für Erfolg, die *The Secret* nicht vorsieht.

TESTEN SIE ES AUS

Nun sage ich Ihnen hier nicht, dass Sie mit allen Formen von Wunschdenken aufhören müssen, aber ich sage Ihnen, dass Sie vielleicht zusätzliche Optionen in Betracht ziehen sollten. Falls Sie ein Fan des Gesetzes der Anziehung sind, möchte ich, dass Sie sehr eindringlich über diese Fragen nachdenken:

1. Wie wirkt sich Wunschdenken für Sie aus; wie funktioniert es für Sie?

2. Hat Wunschdenken jemals, ohne irgendeine Anstrengung Ihrerseits, einen Traum von Ihnen magischerweise wahr werden lassen?

Ich schätze, das hat es nicht. Wenn es das hätte, würden Sie sich noch immer auf jene Techniken verlassen und nicht dieses Buch in den Händen halten.

Sprechen wir, um Ihnen zu helfen, den Unterschied zu sehen, über meine Träume für dieses Buch. Nun, wie alle Autoren möchte ich wirklich, dass die Massen dieses Buch lieben. Ich träume davon, Millionen zu erreichen und ihnen zu helfen und das Buch auf der Bestsellerliste der *New York Times* landen zu sehen. Rhonda Byrnes *The Secret* zufolge muss ich lediglich darum bitten und daran glauben, und ich werde es bekommen. Wissen Sie, eine Mikrosekunde lang fiel ich darauf herein. Dann machte ich mir klar, dass ein gewaltiger Unterschied besteht zwischen Wünschen, Fantasieren und magischem Denken einerseits und kluger, harter, von einer Strategie geleiteter Arbeit andererseits. Hätte ich nur das Erstere getan, so würden Sie nicht dieses Buch eben jetzt lesen.

Was ich effektiv tat, war Folgendes: Ich hatte einen Plan mit speziellen, auf dieses Endziel hin zu machenden Schritten. Das fing natürlich mit gesunder Visualisierung an. Ich visualisierte die für das Erreichen meines Ziels zu machenden konkreten Schritte, statt einfach nur das Endergebnis zu visualisieren. Ich sah mich, beispielsweise, einen eingängigen Standpunkt herausarbeiten, mit einem/einer sachkundigen Schriftsteller(in) zusammenarbeiten, mich mit klugen Leuten umgeben, die mich würden anleiten können, das Exposé verkaufen, den Rest des Buchs schreiben und dann einen Marketingplan präsentieren. Im *Angstfrei*-Programm werden Sie eine ähnliche Visualisierung vollziehen und einen Aktionsplan entwerfen, sodass Sie sich Ihrer Angst stellen und Ihre Ziele erreichen können.

Wunschdenken ist normalerweise eine Nebenerscheinung einer Angst. Leute verfallen auf Wunschdenken nicht, weil es funktioniert. Sie verfallen auf Wunschdenken, weil es ihnen er-

TESTEN SIE ES AUS

Wenn Sie auf der Universität wären – welche Methode würde Ihnen Ihrer Meinung nach wahrscheinlicher helfen, einen perfekten Notendurchschnitt von 1,0, also glatt die Höchstnote, zu erreichen?

1. Ein Blatt Papier anstarren, auf dem die Zahl 1,0 in großen Blockbuchstaben geschrieben stünde.

2. Gewissenhaft die Lehrveranstaltungen besuchen, den Stoff lernen und sich je nach Bedarf während der Sprechzeiten mit dem Professor, der Professorin treffen.

Es ist die zweite, nicht wahr? Das trifft im Prinzip auf jedes Lebensziel beziehungsweise jeden Wunschtraum zu, das/den Sie sich auch nur irgend ausdenken können. Handeln ist gleich Erfolg.

möglicht, es zu vermeiden, sich mit ihrer Angst auseinanderzusetzen. Wunschdenken ermöglicht Ihnen, Unbehagen, Stress, Veränderung, Beängstigung und Druck zu vermeiden. Es ist viel leichter und weniger stressig, einen imitierten Scheck für eine Million Dollar anzustarren, als Ihren Chef, Ihre Chefin um eine Gehaltserhöhung zu bitten oder hart zu arbeiten. Aber welche Methode hat wahrscheinlicher zur Folge, dass mehr Geld auf Ihr Bankkonto fließt? Die stressigere.

Leute verfallen auf Beten, Wunschdenken und magisches Denken, wenn sie Angst vor schlechten Ergebnissen haben. Beispielsweise meiden sie aus Angst den Arzt, und beten stattdessen um gute Gesundheit. Aus Angst weigern sie sich, ihre Kreditkartenrechnungen zu öffnen, und sie wünschen sich Reichtum stattdessen. Sie sprechen Personen nicht an, mit denen sie sich gern verabreden würden, aber sie versuchen, ihren perfekten Partner

Denken Sie darüber nach

Visualisieren Sie sämtliche Schritte, die Sie Ihrer Meinung nach wohl würden machen müssen, um zu Ihrem Ziel zu gelangen. Schließen Sie die Augen und sehen Sie, was Sie als Erstes, Zweites und Drittes tun werden. Sollten Sie, beispielsweise, ein souveränerer öffentlicher Redner (bzw. eine souveränere öffentliche Rednerin) werden wollen, so visualisieren Sie sich beim Lernen, wie Sie Ihren Stoff darbieten, beim vorausgehenden Proben, Üben, beim Warten darauf, die Bühne zu betreten, und dann beim Halten der tatsächlichen Rede. Sehen Sie sich nicht bloß das Ende an: die Zuhörer, die eine Standing Ovation darbringen. Achten Sie darauf, dass Sie auch den Anfang und die Mitte sehen.

Denken Sie außerdem über Möglichkeiten nach, wie Sie das, was Sie haben wollen, wahr werden lassen können. Wie können Sie Ihre Träume zu einer Wirklichkeit machen? Welches sind die Ängste, die Sie dazu veranlassen, sich Erfolg und Lebensglück zu wünschen, statt tatsächlich danach zu streben?

mental zu manifestieren, indem sie ihn sich wünschen, einen Schrank für ihn säuberlich ausräumen und ihn sich vorstellen. Sie ängstigen sich, dass sie keinen Erfolg haben werden, daher verfallen sie darauf zu wünschen, sie würden jenes Buch schreiben, anstatt tatsächlich eines zu schreiben.

Natürlich ist es angesichts von Angst leichter, über Fantastereien als über die Realität nachzudenken.

Ängstliche Menschen meiden, was ihnen Angst macht

Das ist wahrscheinlich die weitverbreitetste Art, wie Menschen mit Angst umgehen, und sie scheint intuitiv gesehen durchaus sinnvoll zu sein. Warum sollten Sie sich denn schließlich auf etwas zubewegen, das schmerzhaft oder bedrohlich ist? Sie würden beispielsweise nicht von einer Brücke springen, ganz gleich, wie oft ich Ihnen zuspräche: »Ach, tun Sie's einfach, alles wird bestens sein!« Sie würden sich auch nicht anzünden. In diesen Situationen würde Ihre Angst Sie *aus einem guten Grund* stoppen. Sie würde Sie davon abhalten, in einer Situation auf Leben und Tod den sicheren Tod zu wählen.

Das Problem ist jedoch, dass es bei den meisten Ängsten nicht um Leben oder Tod geht. Beispielsweise kenne ich niemanden, der daran gestorben ist, dass er eine Rede hielt, dass er sich aufs Tanzparkett zwang oder dass er eine Frau ansprach und sie um eine Verabredung bat.

Solche Situationen bringen uns nicht um. Die Beängstigung, insbesondere, wenn sie sich zu einer Panikattacke entwickeln würde, könnte eventuell bewirken, dass Sie sich so fühlen, als ob Sie stürben, aber auch an einer Panikattacke ist noch nie jemand gestorben. Schlussendlich verschwindet die Panik.

Weil Angst sich so beängstigend anfühlt, laufen viele Menschen in die andere Richtung, während sie sich Dinge sagen wie: *Ich kann nicht vor einer Zuhörermenge sprechen,* und *Ich kann nicht tanzen* und *Ich kann nicht um eine Gehaltserhöhung bitten.*

In Wirklichkeit jedoch können Sie es. In den allermeisten Situationen basiert die Angst nicht in der Realität. Sie spielt sich komplett in Ihrem Kopf ab, und sie ist nicht so beängstigend, wie sie anfangs scheinen mag.

Hinter deiner Angst liegt deine Kraft

Sie können nervös und trotzdem okay sein. Es ist beängstigender, sich vor der Angst zu verstecken, ihr auszuweichen, als sich ihr zu stellen und mit ihr umzugehen.

Sie könnten womöglich behaupten, dass Sie sich diesen Ängsten nicht stellen müssen, dass es Ihnen nicht schadet, wenn Sie ihnen aus dem Weg gehen. Das Problem bei dieser Ansicht ist zweifach. Erstens ist es wahrscheinlich schwierig, Ihrer Angst völlig aus dem Weg zu gehen. Sicher, wenn Sie eine Angst vor Schlangen haben, mag es Ihnen möglich sein, durch den größten Teil Ihres Lebens durchzukommen, ohne ihnen gegenüberzutreten. Aber bei vielen anderen Ängsten verhält es sich völlig anders. Ich zum Beispiel habe eine Tanzangst. Ich stellte mich ihr nicht, weil ich nicht glaubte, dass ich das müsste. Es ist ja nicht so, als ob ich mich jeden Tag auf einem Tanzparkett wiederfände. Dann, vor Kurzem, nahm ich an der Hochzeit meiner Kusine teil. Sie forderte mich zum Tanzen auf. Mir wurde so angst, dass ich ihr einen Korb gab. Die Braut forderte mich auf, mit ihr zu tanzen, und ich weigerte mich! Was für ein Mensch bin ich? Tage später wünschte ich, ich hätte mich dieser Angst gestellt.

Zweitens, je länger Sie vermeiden, sich Ihrer Angst zu stellen, desto größer wird sie. Indem Sie ihr ausweichen, sagen Sie sich zugleich: *Das ist beängstigend.* Die Vermeidung und der Self-Talk* verfestigen die Angst an sich und lassen sie stärker und noch hinderlicher, lähmender werden.

Denken Sie darüber nach

Denken Sie über alles nach, was Sie sich aufgrund dessen, was Sie meiden, entgehen lassen. Wie viel reicher könnte Ihr Leben werden, wenn Sie nicht das Bedürfnis verspürten, sich vor Ihrer Angst zu verstecken? Was würden Sie tun können? Angenommen, Sie wären nicht ängstlich – wie würde sich Ihr Leben gestalten?

---

* Der Begriff setzt sich auch im deutschsprachigen Raum durch. Self-Talk (oder: Self Talk), wörtlich: »Selbst-Gespräch«, bezeichnet die eigene gedankliche, oder auch explizit verbale Kommunikation mit einem selbst und über einen selbst, welche die von uns an uns selbst gesendeten, uns selbst betreffenden Botschaften umfasst; hier die Botschaft: *Das ist beängstigend.*

Ängstliche Menschen sehen Probleme

Vor vielen Jahren, als ich noch Student im Aufbaustudium war, wohnte ich in der Bronx. Ich nahm regelmäßig die U-Bahn nach Manhattan und zurück, und zwar normalerweise spätabends. Die Bahn beförderte mich durch einige Stadtteile von New York City, die zu denen mit der höchsten Verbrechensrate zählten. Mein Vermieter hatte mir gesagt, ich solle abends nicht die Bahn nehmen, wegen vielerlei Kriminalitätsproblemen. Infolgedessen verspürte ich große Angst. Ich sorgte mich, vielleicht zu Recht, dass jemand versuchen könnte, mich auszurauben.

Ich konnte die Fahrt nicht umgehen. Ich musste nach Manhattan und zurück, und ich hatte nicht die Mittel, in eine andere Wohngegend umzuziehen oder ein Taxi zu nehmen. Daher dachte ich über Möglichkeiten nach, mich unantastbar erscheinen zu lassen. Ich wollte die Sorte Fahrgast werden, mit der sich niemand anlegen wollte. Ich bin hochgewachsen und schlaksig, folglich schied physische Einschüchterung aus. Ich wusste, dass ich nie und nimmer jemanden dazu bringen konnte zu denken: *Der Kerl könnte mir womöglich in den Arsch treten.*

Welches sind deine Stärken?, fragte ich mich. Ich dachte darüber nach, wie ich mich an der Hochschule anstellte, bei meiner Ausbildung zum Psychotherapeuten, speziell bei meinem eingehenden Studium psychischer Erkrankungen. Ich wusste eine Menge über dieses Thema, aber die meisten Leute wussten wenig. Ich wusste, dass Leute Angst vor dem hatten, was sie nicht kannten, und dass psychische Erkrankungen häufig nicht verstanden wurden. Obwohl die psychisch Kranken häufig ziemlich harmlos sind, finden viele Leute sie aufgrund dessen, was sie nicht kennen und nicht verstehen, ziemlich beängstigend. Beim Ersinnen meiner Strategie baute ich genau auf diese Ungewissheit.

Was tun die meisten Leute, wenn sie jemandem begegnen, der psychisch krank zu sein scheint?, fragte ich mich. *Was tun sie, wenn sie eine Person sehen, die Selbstgespräche führt?*

Sie halten Abstand, nicht wahr? Keiner legt sich mit so einem Kerl an!

Beim Warten auf dem U-Bahnsteig ging ich deshalb auf und ab, schüttelte den Kopf, führte Selbstgespräche und imitierte, so gut ich konnte, jemanden, der Stimmen hörte und Gegenstände und Personen sah, die nicht wirklich da waren.

Es funktionierte. Niemand näherte sich mir je! Um genau zu sein: Die Leute *mieden* mich. Sie ängstigten sich tatsächlich vor mir. Stellen Sie sich das vor.

Nun, das mag ja nicht die Strategie sein, die Sie für eine derartige Situation wählen würden. Dennoch, für mich war sie in Ordnung, und sie ist ein Beispiel für lösungsorientiertes Denken. Ich hätte mir sagen können: *Ich bin ein schwächlicher Kerl. Ich*

Denken Sie darüber nach

Sehen Sie Ihre Angst als ein unüberwindliches Problem an? Könnten Sie Ihre Angst dazu nutzen, sich stattdessen eine Lösung einfallen zu lassen? Denken Sie anders. Seien Sie kreativ. Ändern Sie Ihr Denken, sodass Sie Lösungen sehen können, wo Sie vormals nur Probleme sahen.

bin ein leichtes Ziel. Ich muss umziehen. Ich hätte jenes Problem in den Mittelpunkt stellen und es mich handlungsunfähig machen lassen können.

Stattdessen stellte ich mögliche Lösungen in den Mittelpunkt. Sie werden in diesem Buch lernen, das Gleiche zu tun.

Ängstliche Menschen stellen das Negative in den Mittelpunkt

Wie ich schon erwähnte, dreht sich Angst um das Unbekannte. Sie dreht sich um Ungewissheit. Unser Verstand hat nicht alle Antworten, daher versucht er, die leeren Stellen durch eine plausible Geschichte auszufüllen darüber, was eventuell geschehen könnte. Bei Menschen, die von Angst in Geiselhaft gehalten werden, ist diese Geschichte normalerweise negativ. Wenn beispielsweise eine Frau von einem Typ, mit dem sie geht, ein paar Tage lang nichts hört, wird sie denken: *Er muss verheiratet sein* oder: *Er mag mich nicht.* Ihre innere Ungewissheit befördert sie geradewegs zum Schlimmstfall-Szenario.

Wie Sie gelernt haben, ist das auf unseren *Negativitätsbias* zurückzuführen. Negative Information hat eine größere Auswirkung auf das Gehirn als positive Information, und sie wird auch viel schneller verarbeitet.

Also, was bedeutet das denn nun alles, wenn es darum geht, angstfrei zu sein? Können Sie Ihren Negativitätsbias überwinden? Ja, und das ist genau das, was zu tun sich angstfreie Menschen selbst beigebracht haben. Wenn sie bemerken, dass sie gerade ein negatives Ergebnis vorhersagen, fragen sie sich: *Ist das*

TESTEN SIE ES AUS

Bringen Sie mehrere Abbildungen von Gesichtern auf Papier oder einen Computerbildschirm. Machen Sie lächelnde Gesichter, wütende Gesichter, traurige Gesichter und so fort. Zeigen Sie diese Abbildungen, alle auf einmal, verschiedenen Personen. Sie werden feststellen, dass diese die wütenden (negativen) Gesichter vor den frohen oder positiven Gesichtern wahrnehmen.

eine zutreffende Vorhersage? Gibt es noch eine andere mögliche Erklärung? Woher weiß ich, dass das wirklich passiert?

Es ist okay, negativ zu denken. Es ist normal, natürlich und in uns einprogrammiert. Ich möchte diesbezüglich nur, dass Sie sich dessen bewusst sind, es bewusst wahrnehmen. Wenn Sie bemerken, dass Ihr Denken sich zum Negativen hingewendet hat, sollten Sie versuchen, weder dabei zu verweilen noch sich darauf zu fixieren. Erkennen Sie es einfach an, und schauen Sie dann, ob Sie Ihr Denken zum Positiven drängen können. Beispielswei-

Hinter deiner Angst liegt deine Kraft

Angstfreie Menschen treten ihrem negativen Denken entgegen. Wenn sie gedanklich ein Schlimmstfall-Szenario hochziehen, fragen sie sich selbst: *Wo ist der Beweis?*

se könnte der innere Dialog einer ängstlichen Person, die im Stau steckt, etwa so lauten: *Ich fass' es nicht, dass ich im Stau stecke. Das ist schrecklich. Ich werde zu spät kommen, und alle werden auf mich sauer sein. Mensch, hoffentlich werd' ich nicht gefeuert. Und was, wenn ich gefeuert werde? Was mach' ich dann?*

Eine angstfreie Person hingegen hätte einen wesentlich anderen inneren Dialog. Er würde etwa so lauten: *Ja, es ist saublöd, dass ich im Stau stecke und dass ich zu spät zur Arbeit kommen werde. Ich hasse es, zu spät zu kommen, aber ich kann das Büro kontaktieren und ihnen Bescheid geben.*

Sehen wir uns, zum näheren Verständnis, wie Sie Ihre Gedanken vom Negativen zum Positiven hin verändern können, ein Beispiel von einer Klientin an, die ich einmal beriet. Kristen hatte Angst davor, bei Geschäftsversammlungen den Mund aufzumachen. Jedes Mal, wenn sie aufgerufen wurde zu sprechen, zitterte ihre Stimme, und ihr Gesicht errötete. Mein Erstgespräch mit Kristen verlief wie folgt.

Ich: »Was geht Ihnen durch den Kopf, wenn sie Sie aufrufen?«

Kristen: »Ich hab' nichts Schlaues zu sagen. Sie werden mich beurteilen.«

Ich: »Warum, glauben Sie, fordern sie Sie auf, auf den Versammlungen zu sprechen?«

Kristen: »Ich weiß es nicht ... vielleicht wollen sie hören, was ich zu sagen habe.«

Ich: »Warum könnten sie Sie sonst noch auffordern?«

Kristen: »Vielleicht wollen sie meine Meinung hören. Vielleicht wollen sie meine Ideen kennenlernen.«

Ich: »Das ist nicht die siebte Klasse, wo die Lehrerin versucht, Sie zu benoten. Das ist Arbeit. Ich glaube, Sie haben recht. Ich glaube, sie wollen wirklich einfach hören, was Sie zu sagen haben. Sie wollen wissen, was für Ideen Sie haben, und sie schätzen, was Sie zu sagen haben. Sie benoten Sie nicht.«

Kristen: »Sie haben wahrscheinlich recht.«

Ich äußerte die Ansicht, dass sich die Versammlungen eigentlich überhaupt nicht um sie drehten. Sie drehten sich vielmehr um Information. »Sie beurteilen Sie nicht, wenn Sie reden«, sagte ich. »Sie hören einfach nur zu.«

Ich sagte ihr, sie solle sich jedes Mal, wenn sie sich bei dem Gedanken ertappe: Sie werden mich beurteilen, immer und immer wieder das Folgende sagen: *Sie haben mich aufgefordert zu reden, weil ich etwas beizutragen habe. Sie lieben, was ich zu sagen habe. Sie schätzen meine Meinung.*

Das bezeichnet man als »Reframing«*. Das *Angstfrei*-Programm hält Sie dazu an, das Reframing ausgiebig und bei beliebig vielen negativen Gedanken, die Sie haben mögen, anzuwenden. Sie wollen das Negative nicht ignorieren. Es ist nicht ohne Grund da, und indem Sie versuchen, es zu ignorieren, könnten Sie damit vielmehr Ihre Angst verstärken. Erkennen Sie also das Negative an. Das befriedigt den Teil Ihres Gehirns, der das Risi-

---

* *Reframing* (»Neurahmung«) – dt.: *Umdeutung*, seltener auch: *Neurahmung* bzw. *Referenztransformation*; gebräuchlicher ist mittlerweile aber auch im deutschsprachigen Raum das englische *Reframing* – bezeichnet eine ursprünglich aus der Systemischen Familientherapie stammende Technik, die vor allem in der sogenannten Neurolinguistischen Programmierung (NLP) eine zentrale Rolle spielt. Das zugehörige Verb ist *to reframe* bzw. *reframen*. Das einzelne jeweilige Resultat/Produkt des Reframings bezeichnet man als *Reframe* (bzw. gleichfalls als *Umdeutung*).

Denken Sie darüber nach

Sehen Sie sich die folgenden Gedanken an. Welche, glauben Sie, würden bei Ihnen ein Angstgefühl auslösen? Welche würden Ihnen helfen, sich angstfreier zu fühlen? Ich habe einige Umdeutungen (Reframes) für Sie eingetragen. Schauen Sie, ob Sie sich für die letzten fünf negativen Gedanken Ihre eigenen Umdeutungen ausdenken können.

Negative Gedanken	Positive Gedanken
Sie werden mich beurteilen.	Sie wollen hören, was ich zu sagen habe.
O nein! Ich werde nervös. Das ist nicht gut.	Gut, ich fühle mich aufgeregt. Ich werde das nutzen können. Das ist motivierend.
Ich bin außerhalb meiner Komfortzone. Was ist, wenn es mir die Kehle zuschnürt?	Das ist so eine tolle Gelegenheit. Ich kann's kaum erwarten, mein Letztes zu geben.
Ich bin ein Weichei.	Ich bin sensibel.
Dating ist ätzend.	Dating ist ein Abenteuer.
Sie wird nie einen Typ wie mich mögen.	
Die Leute werden denken, dass ich doof und langweilig bin.	
Diese Brücke wird einstürzen.	
Ich werde nie gut ankommen.	
Ich werde mich blamieren.	

ko feststellen muss, sollten Sie sich wahrhaftig in einer Situation auf Leben und Tod befinden und sollte Flucht wirklich notwendig sein.

Ängstliche Menschen fahren vom Beifahrersitz aus

Sind Sie schon mal Beifahrer in einem Auto mit einem unerfahrenen Fahrer gewesen? Dann kennen Sie das Gefühl des Kontrollverlusts, das einen abrupt überkommt, wenn ein Fahrer beim Sichnähern einer roten Ampel oder eines Hindernisses nicht schnell genug bremst. Womöglich haben Sie sogar mehrmals auf der Beifahrerseite des Autos vergeblich die imaginäre Bremse durchgetreten.

Ängstliche Menschen leben ihr Leben, als ob sie Beifahrer in einem außer Kontrolle geratenen Auto wären. Statt etwas zu tun, um die Situation zu kontrollieren – durch das Wechseln auf den Fahrersitz –, steuern sie den Wagen als Beifahrer. Sie versuchen zu kontrollieren, was außerhalb ihrer Kontrolle liegt, und eben nicht das, was tatsächlich innerhalb dieser liegt. Beispielsweise machen sie sich Sorgen wegen der Wirtschaft und ob die neueste Regierungslösung greifen wird – und das, obwohl sie wenig Kontrolle, wenn überhaupt welche, über eine derartige Sachlage haben.

Infolgedessen fühlen sie sich in eine Opferrolle gedrängt.

Angstfreie Menschen tun das Gegenteil. Wenn sie sich mitten in etwas befinden, das anfangs nach einer unkontrollierbaren Situation aussieht, verlagern sie den Ort der Kontrolle von dem, was sie nicht ändern können, zu dem, was sie ändern können.

Denken Sie darüber nach

Welcher Bereich Ihres Lebens liegt Ihrem Empfinden nach außerhalb Ihrer Kontrolle? Welches sind einige Möglichkeiten, wie Sie über jenen Bereich Ihres Lebens mehr Kontrolle ausüben könnten? Was können Sie kontrollieren? Was nicht? Verwenden Sie für Einfälle die nachstehende Tabelle.

Was Sie *nicht* kontrollieren können	Was Sie kontrollieren können
Ob sie einwilligen wird, mit Ihnen zu Abend zu essen.	Was Sie anhaben, was Sie sagen und wie Sie es sagen, wenn Sie die Bitte vorbringen.
Ob Sie befördert werden.	Wie gut Sie Ihre Arbeit verrichten, sodass Ihre Abteilungsleiter(innen) Sie als beförderungswürdig ansehen.
Ob Sie an einem Herzinfarkt sterben werden.	Die Lebensmittel, die Sie konsumieren, wie viel und wie oft Sie sich Bewegung verschaffen und wie viel Stress in Ihrem Leben ist.
Ob der Stau, in dem Sie stecken, sich rechtzeitig auflösen wird, dass Sie noch zu Ihrem Termin hinkommen.	Ob Sie Verkehrsnachrichten im Radio hören, ob Sie im Büro anrufen, um zu sagen, dass Sie im Stau stecken, was Sie tun, um sich zu zerstreuen, während Sie feststecken.

Wenn beispielsweise Ihre Firma Personal abbaut und Sie Angst davor haben, Ihren Arbeitsplatz zu verlieren, dürften Sie wohl nicht in der Lage sein zu kontrollieren, wie viele Stellen gestrichen werden und ob die Ihre eine davon ist. Aber Sie können einige Maßnahmen ergreifen, um Sie und Ihre Stelle weniger entbehrlich zu machen. Sie können beispielsweise Ihr Verhältnis zu Ihrem Abteilungsleiter (bzw. Ihrer Abteilungsleiterin) sowie Ihre Arbeitsleistung kontrollieren, und ob Sie außerhalb der Arbeit ständiger Weiterbildung nachgehen, um Ihre Fertigkeiten und Ihre Marktfähigkeit zu verbessern.

Falls Sie bereits Ihren Arbeitsplatz verloren haben, dürften Sie wohl außerstande sein zu kontrollieren, wie schnell es Ihnen gelingen wird, einen neuen zu finden. Aber Sie können Ihr Tagesprogramm kontrollieren und eine Struktur aufrechterhalten. Beispielsweise können Sie nach wie vor jeden Tag zur gleichen Zeit aufstehen, duschen und sich anziehen und an einer Routine festhalten. Sie können darauf achten, dass Sie die Stellenausschreibungen lesen und sich um so viele Stellen bewerben wie möglich. Sie können sich mit Kolleg(inn)en in Ihrem Interessenbereich vernetzen. Sie können neue Fertigkeiten erlernen, die Sie vermittelbarer machen werden. Sie können diese seltene Gelegenheit auch dazu nutzen, bei Ihnen zu Hause all jene Dinge zu erledigen, um die sich zu kümmern Ihnen bisher immer die Zeit fehlte.

Ängstliche Menschen machen bei Misserfolg oder Versagen halt

Vorhin berichtete ich Ihnen bereits über David und darüber, dass er Angst davor hatte, mit Frauen zu reden, die er attraktiv fand. Kurz bevor er eine Frau ansprach, dachte er an das letzte Mal, als er einen Korb bekommen hatte. Das ließ ihn glauben: *Sie wird mich einfach abweisen.*

Sein Problem bestand darin, dass er auf diese eine vergangene Abweisung fixiert war. Erinnern Sie sich an den Negativitätsbias, den ich früher erwähnte? Also, das hier ist ein Musterbeispiel. Er hatte wahrscheinlich vor jener einen Abweisung eine Menge positiver Erfahrungen mit Frauen gemacht, aber sein Negativitätsbias veranlasste ihn, diese eine Abweisung in den Mittelpunkt zu stellen. Die Abweisung wurde zu einer negativen Referenzerfahrung für ihn, die ihn veranlasste zu befürchten, dass dasselbe negative Ergebnis erneut erfolgen würde.

Seine Geschichte ist eine alltägliche. Ich habe sie von Leuten gehört, die Angst davor haben, bestimmte Karrieren zu verfolgen, nachdem sie gefeuert worden sind. Viele Erwachsene fürchten sich, auf Schnellstraßen zu fahren, nachdem sie einen Unfall hatten. Viele Leute bekamen nach den Terroranschlägen vom 11. September 2001 Angst vorm Fliegen. Manche Menschen fürchten sich zu tanzen, wegen *einer* schlechten Erfahrung, die sie vor langer Zeit in der siebten Klasse machten, als Schulkamerad(inn)en sich über ihre täppischen Tanzbewegungen lustig machten.

Die eine schlechte Referenzerfahrung wird auf alle neuen Erfahrungen übertragen und verursacht damit eine durchdringen-

TESTEN SIE ES AUS

Die aus einem Negativitätsbias resultierende Angst tendiert dazu, sich einer selbsterfüllenden Prophezeiung gemäß auszuwirken, weil sie Ihr Mienenspiel, Ihren Tonfall und Ihre Körpersprache beeinflusst. Sie können das selbst sehen. Verbringen Sie eine Stunde damit, die Leute anzulächeln, zu plaudern und überhaupt freundlich, happy und zugänglich zu wirken. Verbringen Sie eine weitere Stunde damit, die Stirn in Falten zu legen, traurig dreinzublicken und überhaupt den Leuten aus dem Weg zu gehen. Beobachten Sie, wie andere in Ihrer unmittelbaren Umgebung reagieren.

de Angst, die jahrelang andauern kann, wenn man ihr nicht mit wirksamen Strategien die Stirn bietet.

Wenn Sie weiterhin eine vergangene negative Erfahrung in den Mittelpunkt stellen, werden Sie nicht vorankommen können. Die einzige Möglichkeit voranzukommen besteht darin, die negative Referenzerfahrung durch positive, aufeinanderfolgende Erfolge zu ersetzen. Das ist genau das, was das *Angstfrei*-Programm tut. Indem es Ihnen hilft, aus der Vergangenheit zu lernen, ermöglicht Ihnen das Programm, jetzt und in der Zukunft viele Erfolge hervorzubringen, sodass Sie von Ihrer Versagensangst nicht länger mehr in Geiselhaft gehalten werden.

Für David bedeutete dies, dass er damit aufhören musste, Abweisung zu personalisieren. Hierzu forderte ich ihn auf zu glauben: *Ich bin stärker als gerade mal* eine *Abweisung. Eine Abwei-*

sung bedeutet nicht, dass ich schlecht, nicht liebenswert oder hässlich bin oder dass ich nie Liebe finden werde. Sie bedeutet lediglich, dass eine Person nicht zu mir passte.

Ich veranlasste ihn auch, seine Überzeugungen zu ändern. Nicht jede Frau auf der Welt werde auf ihn abfahren, und das sei okay. Ich veranlasste ihn, seinen negativen Self-Talk durch positive Aussagen zu ersetzen wie: *Ich bin ein gut aussehender karriereorientierter Berufstätiger mit qualifizierter Ausbildung.*

Und schließlich hielt ich ihn dazu an, Gelegenheiten für kleine Erfolge zu schaffen. Er fing damit an, dass er eine Frau ansprach, die er nicht attraktiv fand – jemand, irgendeine, mit der er normalerweise nie gehen würde. Ich forderte ihn auf, auf sie zuzugehen und ein Gespräch zu führen. Nichts weiter. Sobald er das fertigbrachte, hatte er *einen* Erfolg. Also bauten wir weitere ein. Am Ende war er in der Lage, eine Frau anzusprechen, für die er sich interessierte, und sie um eine Verabredung zu bitten! Frauen reagierten wohlwollend. Er hatte die positive Verstärkung, die er brauchte, um voranzukommen.

Denken Sie darüber nach

Gibt es eine negative Referenzerfahrung, die Sie ängstlich bleiben lässt? Welches sind einige kleine positive Schritte, die Sie machen könnten, um jene negative Erfahrung zu überwinden? Wie können Sie positive Erfolge schaffen, die zu beweisen helfen werden, dass Sie weniger zu befürchten haben, als Sie anfangs glauben mögen?

Ängstliche Menschen werden vom Vertrauten beschwichtigt

Falls Sie schon einmal eine Freundin hatten, die in einer schrecklich zerrütteten Beziehung ausgeharrt hat, dann haben Sie wohl sicher gedacht: *Warum verlässt sie ihn nicht?* Vielleicht haben Sie eine Freundin gehabt, die sich in einer Arbeitssituation ebenso verhalten hat. Diese Freundin beklagt sich ständig über ihren Chef, ihre Mitarbeiter(innen) und sogar die täglichen Aufgaben. Der ausgeübte Beruf hat nichts Versöhnendes an sich, und doch harrt sie aus.

Warum steigen sie nicht aus?

Angst.

Menschen fürchten von Natur aus Veränderung. Sobald Sie es sich in irgendeiner Situation gemütlich eingerichtet haben, werden Sie anfangen, es innerlich weniger bedrohlich zu finden, den Status quo aufrechtzuerhalten, als, alternativ dazu, die Grenzen zu sprengen – obwohl das Sprengen der Grenzen genau das ist, was Sie dringend tun müssen.

Die meisten von uns fürchten bis zu einem gewissen Grad Veränderung und unternehmen Schritte, sie zu vermeiden. Je mehr Sie sich jedoch nicht vom Fleck rühren, desto mehr wird Ihre Angst vor Veränderung zunehmen, und desto schwerer wird es für Sie werden voranzukommen. Umgekehrt: Je mehr Sie sich vorwärtsschubsen, desto leichter wird es für Sie werden, künftig Veränderung mit offenen Armen zu begrüßen.

Ja, kurzfristig gesehen, ist Veränderung stressig. Es wird nicht leicht sein, eine Stelle mit regelmäßigem Gehalt aufzugeben, aus einer Beziehung auszusteigen, in der Sie schon jahrelang sind, oder die Wohngegend zu verlassen, die Sie kennen, aber nicht lieben. Das Unvertraute wird sich beängstigend anfühlen. Aber der Gewinn ist riesig. Den Mut finden, den kurzfristigen Veränderungsstress hinzunehmen – das befreit Sie davon, das langfristige Elend des Festgefahrenbleibens ertragen zu müssen.

Hinter deiner Angst liegt deine Kraft

Haben Sie es sich gemütlich in einer ungemütlichen Lebenslage eingerichtet? Wenn ja, so ist es Zeit zu handeln.

Außer der Angst gibt es wohl mindestens *einen* weiteren Faktor, der Sie zurückhält. Ungeachtet dessen, wie schlimm eine Situation ist, in der Sie sich befinden, profitieren Sie wahrscheinlich irgendwie von ihr. Beispielsweise harren Leute in nicht erfüllenden Berufen aus, weil sie die Routine kennen, mit dem Gehalt zufrieden sind und das System bis zu einem gewissen Grad zu bedienen verstehen. Wenn Sie den Job aufgeben, müssen Sie sich anderswo noch einmal ganz von vorn einarbeiten, und dieser Gedanke ist für viele Menschen beängstigend.

Ferner harren Leute in Beziehungen aus, weil ihnen das ermöglicht, die Partnersuche zu vermeiden. Sie brauchen sich nicht darum zu kümmern, sich mit sämtlichen anderen Saftsäcken, die sie nicht kennen, zu treffen und mit ihnen umzugehen, und sie brauchen sich nicht möglichen Zurückweisungen zu öffnen. Sie können einfach mit dem einen bereits in ihrem Leben befindlichen Saftsack umgehen.

Denken Sie darüber nach

Welche Arten von Veränderung könnten denn Sie in Ihrem Leben womöglich vermeiden? Warum vermeiden Sie die betreffende(n) Veränderung(en)? Inwiefern profitieren Sie davon, dass Sie festgefahren bleiben? Was gewinnen Sie, indem Sie Ihrer Angst nachgeben? Was lassen Sie sich entgehen, indem Sie kein Risiko eingehen?

Ängstliche Menschen denken zu viel

Ich kenne eine *New-York-Times*-Bestsellerautorin, die wirklich gut ist in dem, was sie macht. Sie hat nachweisbare Erfolge, einschließlich mehrerer Medienauftritte. Sie ist sogar in der NBC-*Today*-Show gewesen. Trotzdem gab es da diese eine Show, in die sie wirklich reinwollte. Es war die *Daily Show with Jon Stewart* (vom Kabelsender Comedy Central). In ihrer Denkweise war das die ultimative Show für eine Präsenz, und sie hielt sie für viel mehr, als sie war.

Ich fragte sie, was es für sie bedeute, in der Show aufzutreten. Sie antwortete mit diesen Aussagen: *Es wäre die größte Errungenschaft meines Lebens. Ich muss so auskommen. Was bringt's, es zu versuchen? Sie werden nie Ja sagen.*

In ihrer Denkweise hatte sie diesen Auftritt in etwas Gigantisches verwandelt und sich damit enormen Druck aufgebürdet. Ihre Art, mit dieser Flut von Emotionen umzugehen, bestand darin, hinauszuzögern und zu vermeiden, was, wie sie glaubte, ein negatives Ergebnis sein würde. Anstatt etwas zu tun, was tatsächlich dazu führen würde, möglicherweise in die Show zu kommen, tat sie nichts.

»Ich glaube, Sie halten das für größer, als es eigentlich ist«, meinte ich. »Warum bewerben Sie sich nicht einfach für die Show? Was könnte denn schlimmstenfalls passieren?«

»Sie könnten mich abweisen«, sagte sie.

Ich stupste sie sacht. Monatelang fragte ich sie, ob sie sich für die Daily Show beworben hätte. Ich machte sogar die Telefonnummer von einem der Produzenten der Show ausfindig und schickte sie ihr. Aber ihre Geschichte blieb sich gleich. Meine Bekannte trug mir eine Ausrede nach der anderen vor, bezüglich ihrer noch nicht erfolgten Bewerbung für die Show. Diese reichten von: »Es ist nicht der richtige Zeitpunkt« bis: »Ich habe eine Publicity-Managerin, die das eigentlich für mich machen soll.«

Endlich, nach Monaten des Ausredenfindens und Aufschiebens, sandte meine Freundin ihr Angebot ein. Danach mailte sie mir: »Das war viel leichter, als ich je erwartete.« Sie schaffte es (bis jetzt) nicht in die Show, aber sie erteilte sich selbst eine wichtige Lektion: Aufschieberei bringt Angst nicht zum Verschwinden.

Ihre Bewältigungsstrategie ist eine bei den Ängstlichen weit verbreitete. Viele Leute schreiten nie zur Tat. Sie starren das Telefon an, aber sie greifen nie zum Hörer und wählen. Sie schreiben die E-Mail, aber sie senden sie nicht ab. Sie wollen etwas. Sie schaffen alle nötigen Voraussetzungen. Dann bringen sie es offenbar einfach nicht fertig, den nächsten Schritt zu machen und zu springen. Sie denken an sämtliche Gründe, warum sie es nicht tun sollten, statt an sämtliche Gründe, die unbedingt dafür sprechen. Sie denken an sämtliche Gründe, weshalb jemand sie abweisen und Nein sagen wird, statt an sämtliche Gründe, weshalb jemand Ja sagen könnte. Sie sagen andauernd: »Noch nicht«, anstatt zu sagen: »Wir machen das jetzt!«

Das ist eine Form von Verzögerung, und sie ist zurückzuführen auf einen natürlichen Trieb, sich selbst zu erhalten. Aber es gibt zudem auch so etwas wie Zu-viel-denken und Zu-viel-analysieren. Falls Sie zögern und darauf warten, dass der geeignete Moment eintrifft, denken Sie wahrscheinlich übermäßig viel. Wenn Sie andauernd denken und nie tun, werden Sie Ihr Ziel nie erreichen. Hätte beispielsweise ich gezaudert, herumgezögert, dann hätte ich nicht angefangen, eine Ratgeberkolumne zu schreiben, wäre nicht im Fernsehen erschienen, noch hätte ich jemals dieses Buch geschrieben.

Hinter deiner Angst liegt deine Kraft

Je länger Sie zögern, desto schwieriger wird es werden zu handeln. Denken Sie nicht. Tun Sie einfach.

Das Problem bei Verzögerung ist, dass sie faktisch die Ängstlichkeit verstärkt. Jedes Mal, wenn Sie es aufschieben, etwas Bestimmtes zu tun, sind Sie in der Lage, die temporäre ängstliche Beklemmung davor, es zu tun, zu vermeiden. Dadurch fühlen Sie sich besser, was die Vorstellung verfestigt, dass mehr zu denken und weniger zu tun durchaus sinnvoll ist. Das ist es nicht. Je länger Sie denken, desto weniger wahrscheinlich ist es, dass Sie je irgendwelche von diesen vielen Gedanken in die Tat umsetzen werden.

Angesichts von Herausforderungen, seien sie real oder nur eingebildet, geben die Angstfreien nicht auf. Sie wissen, dass es beängstigend ist und wehtut, sich der eigenen Angst zu stellen. Aber sie wissen zudem auch, dass diese schmerzhafte Pein temporär ist. Sobald sie darüber hinauskommen, werden sie sich kraftvoller fühlen. Sie leben nach einem Motto, das ich geprägt habe und oft zu meinen Klient(inn)en sage: »Denken Sie nicht. Tun Sie einfach!«

Denken Sie darüber nach

Schreiten Sie leicht zur Tat? Oder neigen Sie dazu, sich psychologisch fertigzumachen, indem Sie sich sämtliche Gründe vorsagen, weshalb Sie sich nicht vorwärtsbewegen sollten? Denken Sie an sämtliche Gründe, weshalb Sie etwas tun sollten, weshalb Sie etwas tun wollen und weshalb Sie etwas tun werden. Hören Sie auf, an all jene Gründe zu denken, weshalb Sie es nicht tun sollten. Denken Sie über sämtliche Gründe nach, weshalb Sie es sollten. Tun Sie es dann.

Ängstliche Menschen können zu nett sein

Carol suchte mich wegen Stress und leichter Depression auf. Sie war neununddreißig, verheiratet, Mutter zweier Kinder und hatte einen akademischen Beruf, der mit Verträgen für ein größeres Unternehmen zu tun hatte. Sie suchte mich auf Drängen ihrer Schwester hin auf, die bemerkte, dass sie total gestresst war. Carol war wortgewandt, vorsichtig damit, wie sie mit mir interagierte, sehr korrekt, liebenswürdig und respektvoll.

Ich bat sie, die etwaige Versicherungsdeckung für ihre Therapie zu prüfen, und das machte sie unverzüglich. Sie verbrachte schließlich in der Versicherungssache viel Zeit am Telefon, und sie tat dies trotz ihres überfüllten Terminplans. Sie fand alles heraus, was abzuklären ich sie gebeten hatte. Selten bekommen Klient(inn)en das gut hin, aber sie kriegte es auf die Reihe. Ich war erfreut deswegen. Als ich sie jedoch näher kennenlernte, begann ein Thema, zum Vorschein zu kommen.

Carol war bereit, alles und jedes stehen und liegen zu lassen, um anderen zu helfen. Sie war ein *People Pleaser* (wörtlich verstanden also »jemand, der es den Leuten – allen – recht machen, sie zufriedenstellen will«). People Pleaser gehen weit über die normale Pflichterfüllung hinaus, und das tun sie beständig. Verstürbe eine geliebte Person, während der Fertigstellungstermin einer Arbeit drohend näher rückt, würden sie nicht an der Beerdigung teilnehmen, um den Termin einzuhalten. Oder sie werden versuchen, beides zu tun – auf Kosten ihrer eigenen Ruhe, ihres eigenen inneren Friedens und eigenen Wohlbefindens. Sie stellen alles und jeden sich selbst und ihren eigenen Bedürfnissen voran.

Ich stellte fest, dass Carol der Typ Mensch war, den ich gern zur Leitung meines Büros einstellen würde. People Pleaser wie Carol sind Star-Arbeitnehmer. Sie sind bereit, alles für die Firma zu tun, alles, um jemanden glücklich zu machen, und alles, um jedwedem in Not Befindlichen zu helfen.

Aber solche Menschen sollten nicht ausgebeutet werden. Und Güte ist zwar eine schöne Eigenschaft, aber sie sollte nicht auf Kosten von jemandes Bedürfnissen und persönlichem Glück gehen. Carol war so überlastet, dass sie wenig Zeit, wenn überhaupt welche, für sich selbst hatte.

Ich bat Carol, eine Woche lang zwei Dinge weiterzuverfolgen und aufzuschreiben:

1. Ihre Bedürfnisse
2. Wie sie ihre Zeit verbrachte

Das Resultat war bemerkenswert. Sie hatte eine Menge Bedürfnisse, aber sie erfüllte sie kaum je. Sie las sehr gerne, tat es aber fast nie. Sie genoss das Beisammensein mit ihren Freund(inn)en, aber sie traf sich selten mit ihnen. Sie war für einen Yoga-Kurs angemeldet, aber sie hatte seit Monaten nicht dran teilgenommen, und sie knapste häufig mit dem Schlaf, um mehr fertigzukriegen. Sie hatte keine Privatzeit oder Alleinzeit.

Zugleich war sie eine Übererfüllerin bei der Arbeit, und sie war auch eine Supermama. Sie kümmerte sich um ihre Kinder, führte den Haushalt und kochte und putzte – und sie tat alles ohne jede fremde Hilfe. Die Dynamik zu Hause war so, dass ihr Ehemann letzten Endes erwartete, dass sie sich um die Kinder kümmerte, die Mahlzeiten zubereitete, putzte, sich mit den Hausaufgaben und Schulproblemen der Kinder befasste und so weiter, obwohl Carol ganztags berufstätig war, genauso wie er.

Sie hatte es sich gemütlich eingerichtet in solch einem Arrangement. Es gab ihr ein gutes Gefühl. Sie fühlte sich gebraucht und unersetzlich.

Nach außen hin wirkte sie kompetent und erfolgreich. Innerlich jedoch war sie ein heilloses Durcheinander. Sie agierte so, wie andere sie zu sehen sich angewöhnt hatten, und eben nicht, wie sie wirklich war. Sie hatte von sich ein Bild als Superleistungsmensch geschaffen, und sie arbeitete hart daran, es auf Kosten ihres eigenen inneren Friedens weiterhin zu porträtieren. Sie hatte Angst davor, verletzlich zu sein oder irgendeine Schwäche zu zeigen. Sie scheute sich, um Hilfe zu bitten, und sie scheute sich, Nein zu sagen.

Was Carol anging, wusste ich, dass es Zeit war für die »Wenn ich nun Nein sage, was dann?«-Übung. Und die ging folgendermaßen:

Ich: »Angenommen, jemand bittet Sie um Hilfe und Sie sagen Nein. Was wird passieren?«

Carol: »Die Leute werden mich nicht mögen. Das Haus wird auseinanderfallen. Niemand anders wird die Arbeit machen.«

Ich: »Angenommen, Sie sagen Nein, können Sie ein neues Ende schaffen?«

Carol: »Was meinen Sie damit?«

Ich: »Wenn Sie beispielsweise jemand bittet, zur gleichen Zeit, wie Ihr Yoga-Kurs liegt, sich für irgendwas zur Verfügung zu stellen oder dabei mitzutun, könnten Sie ein neues Ende schaffen, indem Sie sagen: ›Nein, ich kann zu diesem Zeitpunkt nicht mittun, aber ich könnte es an einem anderen Tag machen.‹«

Sind Sie ein People Pleaser?

Um zu ermitteln, ob Sie ein People Pleaser sind, notieren Sie bitte kurz das Folgende auf ein Blatt Papier oder in ein Notizbuch.

1. Beschreiben Sie sich selbst.

2. Beschreiben Sie, wie andere Sie sehen.

3. Beschreiben Sie, wie Sie gerne hätten, dass andere Leute sie sehen.

Falls ein gewaltiger Unterschied besteht zwischen dem, wie Sie sich sehen, und dem, wie Ihrer Meinung nach andere Sie sehen, wird das große Beängstigung hervorrufen. Aller Wahrscheinlichkeit nach rührt Ihr People Pleasing – Ihr Es-den-Leuten-recht-machen-Wollen, Alle-zufriedenstellen-Wollen – großenteils von Ihrem Wunsch her, die Leute dazu zu bringen, Sie anders zu sehen, als Sie eigentlich sind. Je mehr Ihre Ansichten von Ihnen selbst damit übereinstimmen, wie andere Sie sehen, desto glücklicher und zufriedener werden Sie sein.

Carol: »Also, wenn mein Mann mir sagt, dass seine Familie nächste Woche auf Besuch kommt, und will, dass ich das Haus putze, kann ich sagen: ›Ich kann das heute nicht machen, aber vielleicht können wir ja einen Nachmittag an diesem Wochenende einplanen und gemeinsam drangehen.‹«

Ich: »Genau!«

113

Denken Sie darüber nach

Geben Sie, weil Sie versuchen, eine(n) Freund(in) zu gewinnen, oder weil Sie wirklich teilen wollen? Trifft das Letztere zu, dann sollte sich das Geben gut anfühlen und nicht kollidieren mit dem, was Sie tun müssen, um gesund und glücklich zu sein. Trifft das Erstere zu, so werden Sie wahrscheinlich feststellen, dass Sie beim Geben von Bangigkeit, Beklommenheit und letztendlich Groll erfüllt sind.

Denken Sie darüber nach, wie Sie das gleiche Ergebnis erreichen könnten, ohne zu viel zu geben. Denken Sie über einen Menschen nach, den Sie respektieren, jemanden, der augenscheinlich auf sich achtgibt. Wie macht der oder die Betreffende das?

Ich fragte dann, was passieren würde, wenn sie ihren Mann um Hilfe bäte. Es zeigte sich, dass sie sich vor seiner Reaktion fürchtete. Sie war überzeugt, dass ihr Mann sie nicht mögen würde, wenn sie um Hilfe bäte.

Ich hielt sie dazu an, über weitere Gründe nachzudenken, derentwegen ihr Mann sie mochte. Ich veranlasste sie dann, darüber nachzudenken, wie sie anderweitig das gleiche Ergebnis erzielen könnte, ohne so viel von ihrer eigenen Zeit zu opfern.

Ganz allmählich war Carol in der Lage, einige Änderungen vorzunehmen. Anfangs waren es kleine. Beispielsweise bat sie eines Abends ihren Mann, das Geschirr zu spülen, während sie die Kinder fürs Bett fertig machte. Später dann war Carol in der Lage, ihren Mann zu bitten, auf die Kinder aufzupassen, damit sie jenen Yoga-Kurs machen konnte, den sie immer hatte ausfallen lassen. Nach einer Weile stützte Carol ihren Selbstwert nicht mehr auf andere und darauf, wie viel sie für sie tat. Sie lernte, was annehmbar war und was nicht. Sie war kein People Pleaser mehr, und sie stellte ihre Bedürfnisse zuvorderst voran.

Wie Carols Geschichte veranschaulicht, kann es so etwas geben wie das Zu-nett-Sein-zu-den-Leuten, insbesondere wenn dieses auf Kosten Ihrer eigenen Bedürfnisse und Ihres eigenen Wohlbefindens geht. Das *Angstfrei*-Programm wird Ihnen helfen, Ihre Angst davor, andere zu enttäuschen, zu überwinden. Die folgenden Ratschläge werden gleichfalls helfen:

- **Legen Sie den Schwerpunkt nicht auf das, was Sie Ihrer Meinung nach tun »sollten«.** Legen Sie den Schwerpunkt vielmehr auf das, was Sie tun *wollen*.

- **Seien Sie bereit, das zu tun, was das Beste für Sie ist, selbst wenn das bedeutet, dass andere in Ihrer unmittelbaren Umgebung es nicht uneingeschränkt billigen.** Ihre glückliche Zufriedenheit zählt ebenso viel wie die glückliche Zufriedenheit anderer.

- **Führen Sie Buch über zwei Dinge: Ihre Bedürfnisse, und wie Sie Ihre Zeit verbringen.** Verbringen Sie irgendwelche Zeit nach Ihren eigenen Bedürfnissen? Wenn nicht, so verteilen Sie Ihre Zeitressourcen um, damit Sie es tun können.

- **Fragen Sie sich fortwährend: »Wenn ich Nein sage, was dann?«** Was wird passieren, wenn Sie Bitten um Ihre Hilfe ablehnen? Was wird passieren, wenn Sie sich für sich selbst Zeit nehmen? Was wird passieren, wenn Sie jemanden bitten, Ihnen zu helfen, damit Sie sich für sich selbst Zeit nehmen können?

Ängstliche Menschen haben eine Gehirnwäsche verpasst bekommen

Vor etlichen Jahren dachte ich, ich müsste für andere arbeiten, um mich einzufügen und glücklich zu sein. Ich dachte, ich bräuchte ein regelmäßiges Gehalt, um mich sicher zu fühlen. Im Grunde genommen ist es ja ebendas, was die Gesellschaft uns beibringt: Geh zur Schule, mach einen Uniabschluss, finde eine Anstellung und bleib da dreißig Jahre drin.

Im Lauf der Zeit und nach mehreren Anstellungen, die nicht hinhauten, wurde mir klar, dass das bei mir nicht ging. Ich hatte einfach nur eine Gehirnwäsche verpasst bekommen, von der Vorstellung, dass die Gesellschaft diktiert, was ich in meinem Leben brauche. Ich dachte, ich sollte zur Schule gehen, ein Mädchen kennenlernen, heiraten, ein Kind bekommen, ein Haus kaufen und dann glücklich leben bis ans Ende meiner Tage, weil dies ebendas war, was andere Leute taten. Mir wurde klar, wie unerfüllend das alles für mich würde sein können, wenn es auf Kosten davon ginge, dass ich meine Träume auf Eis legte oder es einträte, bevor ich so weit war.

Ich sehe das regelmäßig bei meinen Klient(inn)en und bezeichne es als *gesellschaftliche Gehirnwäsche*. Wenn sie mir sagen, dass sie ihren Job hassen, schlage ich ihnen vor, über einen neuen Beruf nachzudenken. Ebendann sagen sie mir, dass sie von den Gehaltsschecks, dem Lebensstil, dem Prestige und den Titeln nicht weg können. Im Grunde haben sie sich behaglich eingerichtet im Sich-unbehaglich-Fühlen.

Gesellschaftliche Gehirnwäsche beschränkt sich nicht lediglich auf Berufsprobleme. Ich sehe sie auch bei Leuten, die in Beziehungen sind. Ich habe beispielsweise Klient(inn)en beraten, die glücklicher gewesen wären, wenn sie ledig geblieben wären. Sie heirateten, bevor sie so weit waren, oder sie heirateten jemanden, der ihrem Traumpartner bei Weitem nicht entsprach.

Hinter deiner Angst liegt deine Kraft

Es ist wirklich okay, abseits anderer zu stehen. Sie brauchen sich nicht in die Erwartungen einzufügen, welche die Gesellschaft in Bezug auf Sie hat. Schaffen Sie Ihre eigenen gesunden Erwartungen.

Gesellschaftliche Gehirnwäsche veranlasst uns zu glauben, dass wir die Dinge auf eine bestimmte Weise tun müssen, wie das alle anderen in der Gesellschaft tun. Hier sind einige Aussagen, die für mich nach gesellschaftlicher Gehirnwäsche klingen.

- Ich muss mich (spätestens) verheiraten, wenn ich dreißig bin.
- Ich muss (spätestens) Vater/Mutter werden, wenn ich fünfunddreißig bin.
- Ich muss (spätestens) mit vierzig sechsstellig verdienen.
- Ich muss ein Haus besitzen.

- Ich muss einen traditionellen Hochschulabschluss anstreben.
- Ich muss in einem 9-bis-5-Job beschäftigt sein.
- Ich muss mich anpassen.

Jedes Mal, wenn ich solche Aussagen von einem Klienten, einer Klientin höre, denke ich: *Wirklich? Musst du das? Warum ist das so?* Was beispielsweise diejenigen angeht, die behaupten, sie müssten sich in einem bestimmten Alter verheiraten, so sage ich ihnen: »Lassen Sie nicht das Alter eine allfällige Heirat bestimmen. Legen Sie den Schwerpunkt darauf, den richtigen Partner zu finden. Schließlich ist es besser, glücklich alleinstehend als unglücklich liiert zu sein.«

Wenn Sie an gesellschaftlicher Gehirnwäsche leiden, bekriegen zwei Teile von Ihnen selbst einander. Ihr idealistisches Selbst kämpft mit Ihrem pragmatischen Selbst. Das pragmatische Selbst liefert Ihnen sämtliche Gründe, weshalb Sie auf den Status quo abzielen sollten – es sagt Ihnen beispielweise, dass Sie Sicherheit brauchen. Ihr idealistisches Selbst will, dass Sie Ihren Traum oder Ihre Glückseligkeit verfolgen – was manchmal, der Gesellschaft zufolge, nicht pragmatisch, nicht praktikabel ist.

Es kann beängstigend sein, das Pragmatische, Praktikable zugunsten des Idealen zu vernachlässigen. Deswegen zeigt Ihnen *Hinter deiner Angst liegt deine Kraft*, wie Sie Ihre ideale Zukunft genau bestimmen und dann einen *praktikablen* Plan erstellen können, der Sie allmählich dorthin bringen wird. Solchermaßen werden Sie den Mut finden, kleine und ausführbare Schritte auf Ihr Ziel hin zu machen.

Verändern Sie Ihr Leben jetzt!

Stecken Sie in irgendeinem dieser angstbezogenen Verhaltens-muster fest? Ist es der Fall, dass Sie sich verbal auslassen, zu viel denken, in einer Therapie ausharren, die nicht funktioniert, Me-dikamente zur Betäubung Ihrer Nerven nehmen, dem ausweichen, wovor Sie Angst haben, oder wünschen, es würde einfach verschwinden, als People Pleaser es allen recht machen wollen oder sich auf das Negative, vergangene Misserfolge/Fehlschläge oder auf das, was Sie nicht kontrollieren können, fixieren? Wenn ja, dann nehmen Sie ein Blatt Papier zur Hand. Erstellen Sie zwei Spalten. Listen Sie auf der einen Seite sämtliche Gründe auf, weshalb Sie nicht aufhören wollen, diese Bewältigungsstrategie anzuwenden. Listen Sie auf der anderen Seite sämtliche Gründe auf, weshalb diese Bewältigungsstrategie Sie daran hindert, Ihre Träume zu verfolgen. Welche Gründe scheinen Ihnen lohnender zu sein? Ist es Ihr Bedürfnis, sich wohlzufühlen und mit dem Status quo konform zu gehen, der, wie Sie bereits wissen, bei Ih-nen nicht funktioniert? Oder ist es Ihr Wunsch, sich zu ändern und eine neue Vorgehensweise zu versuchen?

Kapitel 4

Was angstfreie Menschen vorwärtstreibt

Woran denken Sie, wenn Sie eine(n) Bergsteiger(in) sehen? Oder eine(n) Fallschirmspringer(in)? Oder eine(n) kontaktfreudige(n) Networker(in)? Oder jemanden, der sich beim Sprechen vor einer Menschenmenge wohlzufühlen scheint?

Wahrscheinlich denken Sie, dass sie angstfrei geboren wurden und dass sie nicht die gleiche Beängstigung und Anspannung empfinden, die Sie verspüren.

Und was, wenn ich Ihnen sagte, dass Sie sich irren? Was, wenn ich Ihnen sagte, dass sie in Wirklichkeit durchaus Angst empfinden? Was, wenn ich Ihnen sagte, dass sie mit der gleichen Angstreaktion geboren wurden, mit der Sie zur Welt kamen?

Ich nehme an, dass Sie mir wohl zunächst nicht glauben dürften. Und doch stimmt es. Die große Mehrheit der Menschen, welche die meisten von uns für angstfrei, furchtlos halten, fühlen sich durchaus von Zeit zu Zeit ängstlich beklommen und nervös. Wie Sie haben sie starkes Herzklopfen. Wie Sie haben sie andere Sinnesempfindungen oder Wahrnehmungen, welche die meisten von uns mit Nervosität verknüpfen. Beispielsweise könnten ihre Handflächen schwitzen. Ihr Mund könnte trocken werden.

Sie verspüren Angst, geradeso wie Sie Angst verspüren.

In Wahrheit liegt der Unterschied zwischen den Ängstlichen

und den Angstfreien nicht im Vorhandensein oder Nichtvorhandensein von Angst. Der Unterschied liegt darin: Die Angstfreien deuten Angst anders, als dies die Ängstlichen tun. Wenn die Angstfreien verspüren, was die meisten von uns als »Nervosität« bezeichnen, denken sie nicht: *Oh, das ist schrecklich. Ich werde nervös.* Im Gegenteil, sie akzeptieren Nervosität als einen notwendigen Bestandteil des Lebens. Manche angstfreien Menschen *genießen* sogar ebenjene Empfindungen, die Sie gegenwärtig fürchten. Diese Nervositätsempfindungen geben ihnen das Gefühl, am Leben zu sein. Nervositätsempfindungen sind es, was sie morgens aus dem Bett bringt. Solche angstfreien Menschen finden Möglichkeiten, ihre Angstreaktion zu ihrem Vorteil zu nutzen. Sie verwandeln jene schweißnassen Handflächen und hohen Herzschlagfrequenzen in eine Stärke.

Angstfreiheit ist eine Einstellung, eine Überzeugung und ein Lebensstil. Wenn Sie sich vornehmen, angstfrei zu werden, geloben Sie nicht, nie wieder Angst zu verspüren. Nein, wofür Sie sich entscheiden, ist, sich sieben angstfreie Verhaltensweisen und Überzeugungen zu eigen zu machen – ebenjene Verhaltensweisen und Überzeugungen, die im vorliegenden Kapitel beschrieben werden. Das *Angstfrei*-Programm basiert auf diesen sieben Verhaltensweisen und Überzeugungen und wird Ihnen helfen, sie allesamt zu entwickeln und zu stärken. Sobald Sie das tun, werden Sie nicht mehr das Gefühl haben, dass Sie anders sind als die Angstfreien. Vielmehr werden Sie eine(r) von ihnen geworden sein.

Angstfreie Menschen begrüßen Angst an der Tür

Während eines Konzerts, das sie 1967 im Central Park gab, hatte Barbra Streisand Textaussetzer bei drei Songs. Nach dem Konzert dachte sie andauernd an diese Songs, spielte jene Aussetzermomente wieder und wieder in ihren Gedanken durch. Während sie dies tat, schaukelten Angst und Beklommenheit sich auf. Sie beunruhigte sich: *Und was, wenn das wieder passiert?*

Die Streisand ist jetzt eine der erfolgreichsten Entertainerinnen in der Geschichte, aber damals bekam sie so große Angst davor, wieder einen solchen Fehler zu machen, dass sie ihre öffentlichen Auftritte siebenundzwanzig Jahre lang beschränkte!

Ich nehme an, dass die Streisand im Lauf jener siebenundzwanzig Jahre lernte, was viele angstfreie Menschen gelernt haben: Sichverstecken, Ausweichen lässt Angst nicht verschwinden. Vielmehr nährt es die Angst und verschlimmert sie nur noch.

Schließlich stellte sich die Streisand tatsächlich ihrer Angst und erklärte sich am Ende bereit, auf einer großen öffentlichen Veranstaltung zu singen. Ihr Auftritt verlief so gut, dass sie dann auf eine landesweite Tournee ging und schließlich vor einem großen Fernsehpublikum auftrat.

Während eines Interviews mit Oprah Winfrey sagte sie über ihr Lampenfieber Folgendes: »Da denke ich: ›Was mach' ich denn auf dieser Bühne? Heiliger Bimbam!‹ Aber dann wird mir klar, dass Angst eine Energie hinter sich hat. Worauf es einzig ankommt, ist, über die Angst hinauszugehen und es trotzdem zu tun, weil ich weiß, dass ich für einen guten Zweck singe.«

Nun könnten Sie freilich denken: *Na ja, sicher, die Streisand kann sich ihrer Angst stellen. Sie hat genügend Geld, um ein Exper-*

tenteam zu bezahlen, das ihr hilft. Was ist mit Leuten, die nicht so privilegiert sind? Ist es für unsereins nicht schwerer und unerreichbarer?

Ich glaube nicht, dass es das ist. Ich habe eine gute Bekannte – eine ganz normale alltägliche Person –, die keine unbegrenzten Geldmittel hat, um sie für ein Team von Leuten auszugeben, das sich um ihre psychische Verfassung kümmert. Und doch war sie, wie die Streisand, in der Lage zu überwinden, was vormals eine hinderliche, lähmende Angst vor öffentlichem Reden gewesen war. Sie erkennt jetzt, dass sie größte Angst vor öffentlichem Reden während der vielen Jahre hatte, in denen sie sich weigerte, es zu tun. Erst nachdem sie sich der Angst zu stellen begann, wurde das Reden in der Öffentlichkeit weniger beängstigend. Mit anderen Worten: Das Sich-Konfrontieren mit ihr schwächte die Angst.

Ich habe zahllose Menschen wie sie beraten, die alle das Gleiche sagen. Nach ein paar Sitzungen sagten sie mir alle – unabhängig von ihrem Einkommen, Beschäftigungsstatus oder Lebensstil – genau das, was das Zitat der Streisand vermittelt. Es ist leichter, Angst an der Tür zu begrüßen, als sich im Wandschrank

Denken Sie darüber nach

Wie lange vermeiden Sie schon, was Sie verängstigt? Hat das Sichverstecken vor der Angst die Angst jemals zum Verschwinden gebracht? Können Sie erkennen, wie Ihr Vermeiden von dem, was Sie verängstigt, genau genommen gegen Sie arbeitet, indem es die Angst nährt?

zu verstecken und zu hoffen, dass die Angst weggehen wird. Angst geht nicht weg, es sei denn Sie stellen sich ihr, und sie nimmt nur noch weiter zu, wenn Sie sich vor ihr verstecken.

Angstfreie Menschen regen sich auf

Als ich meiner Koautorin begegnete, warteten wir gerade beide darauf, gemeinsam im Fernsehen aufzutreten, um uns über den seine Ehefrau betrügenden Stargolfer Tiger Woods zu unterhalten. Ich konnte nicht umhin zu bemerken, dass Alisa unruhig auf und ab ging. Kühn fragte ich: »Werden Sie nervös vor diesen TV-Auftritten?«

»Ja schon, ein bisschen«, sagte sie. »Das Schlimmste dran ist, dass ich manchmal dieses nervöse Zucken in meiner Wange kriege. Ich befürchte irgendwie, dass andere Leute sie zucken sehen können.«

Sie imitierte dann, wie sie ihrer Vorstellung nach mit einem nervösen Zucken aussah. Ich konnte verstehen, inwiefern es sie beunruhigen mochte. Ich gab dann einen unerbetenen Rat.

»Also, wenn Sie spüren, dass Sie nervös werden, sollten Sie sich selbst nicht sagen, dass Sie nervös sind, sondern sich stattdessen selbst sagen, dass Sie aufgeregt sind. Es sind die gleichen Empfindungen«, erklärte ich. »Aber wenn Sie es als Aufregung deuten, lässt sich leichter damit fertigwerden, als wenn Sie es als Nervosität deuten.«

Später, nachdem wir einander besser kennenlernten und an diesem Buch zu arbeiten begannen, erinnerte sie mich an jenes Gespräch.

»Zuerst dachte ich, es sei ganz unmöglich, dass so etwas Leichtes und Simples auch nur im Entferntesten wirksam sein könnte«, sagte sie.

Aber sie versuchte es, während sie an jenem Tag auf Sendung war, und es hatte offenbar geholfen, erklärte sie. Zuerst dachte sie, es sei ein glücklicher Zufall. Dann versuchte sie es abermals. Und abermals. Bald fühlte sie sich völlig als Herrin der Lage und selbstsicher.

Es funktionierte, weil Angst und Aufregung physiologisch ähnlich sind. Der Unterschied zwischen den beiden besteht nicht darin, wie sich Ihr Körper fühlt, sondern eher darin, wie Ihr Denken, Ihre Psyche, ebendies deutet. Wenn Sie sich selbst sagen, dass Sie gerade unter Nervosität leiden, verstärken Sie die Angst und machen schließlich eine negative Erfahrung. Wenn Sie sich selbst sagen, dass Sie gerade aufgeregt sind, schwächen Sie die Angst ab und verwandeln, was eine negative Erfahrung hätte sein können, in eine positive.

Ich wurde mir erstmals der Kraft dieser simplen Technik bewusst, als ich versuchte, meine eigene Angst davor, im nationalen Fernsehen aufzutreten, zu überwinden. Vor vielen Jahren verlief meine erste Fernseherfahrung nicht so glatt, wie ich es gerne gehabt hätte. Ich verspürte größere Nervosität, als ich erwartet hatte, und zeigte infolgedessen keine gute Leistung.

Ich versprach mir, dass ich nie wieder eine gleiche Darbietung wie diese abgeben würde! Ich verbrachte einige Zeit damit, über die Sache nachzudenken. Ich erkannte klar, was für eine fantastische Gelegenheit und was für ein tolles Privileg es war, von Produzent(inn)en, Reporter(inn)en und TV-Shows kontaktiert zu werden, um *meine* Meinung vorzubringen. Ich war kein Zeuge, der da ins Kreuzverhör genommen wurde, und auch kein des Mordes Angeklagter vor Gericht. Ich hatte mich vor nichts zu fürchten. Man gab mir da eine Gelegenheit, zu aktuellen Themen meine Meinung beizutragen. Ich wurde da gefragt, was ich über solche Themen dachte, weil die Leute es wirklich wissen wollten. Meine Meinung zählte! Ich dachte bei mir: *Was für eine großartige Gelegenheit ich da bekomme. Von den mehreren Hunderttausend Psychotherapeut(inn)en in den Vereinigten Staaten, die sie anfragen könnten, rufen diese Produzenten* mich. *Viele Leute wären liebend gern an meiner Stelle. Aber* ich bin *derjenige hier. Das ist so aufregend!*

Und es war wirklich aufregend. Je mehr ich darüber nachdachte, wie großartig es war, desto aufgeregter wurde ich.

Und ebendann wurde mir klar, dass die Aufregungsempfindungen die gleichen sind wie die Angstempfindungen. Der einzige Unterschied war, dass ich Angst für »schlecht« hielt, was zu entmutigenden, überwältigenden Gedanken führte wie: *Ich kann's nicht fassen, dass das hier geschieht! Ich werde beurteilt! Ich bin in solch fürchterlichem Zustand!* Aufregung hingegen hielt ich für »gut«, was zu positiveren und motivierenden Gedanken führte wie: *Mein Körper ist bereit. Mein Verstand ist scharf. Ich bin hellwach und auf Zack.* Wenn ich die Angst mit offenen Armen begrüßte und sie »aufregend« nannte: Würde ich mich dann mehr als Herr der Lage fühlen? Ich beschloss, es herauszufinden.

Die nächsten paar Male, wo ich im Fernsehen auftrat, machte ich etwas Paradoxes. Statt zu versuchen, mich so ruhig wie möglich zu kriegen, putschte ich mich hoch. Ich sagte mir andauernd selbst, wie großartig es sei, dass ich im Rockefeller Center war, dass ich in ebenjenem Gebäude war, in dem Dr. Ruth, meine Heldin aus Teenagerzeiten, ihre Karriere begann. Als ich die physiologischen Reaktionen eines trockenen Munds und eines wild pochenden Herzens wahrnahm, sagte ich mir selbst nicht, dass sie »schrecklich« seien und dass ich sie stoppen müsste. Vielmehr dachte ich: *Kein Wunder, dass ich solche Empfindungen habe. Ich bin so aufgeregt, hier zu sein. Genau so sollte ich empfinden.* Und plötzlich stellte ich fest, dass ich in der Lage war, mit jederlei Körperempfindung klarzukommen, dass keine physische Befindlichkeit oder Regung meine Fähigkeit, in meiner Bestform zu sein, beeinträchtigen würde.

Später dann wurde mir klar, dass angstfreie Menschen dies irgendwie natürlich zuwege bringen. Sie verspüren Nervosität – sie »fühlen Nerven«, wie man im Englischen sagt – aber sie deuten die betreffenden Empfindungen als »Aufregung«. Ich kenne zum Beispiel jemanden, der sehr gerne mit dem Fallschirm abspringt, im Fels klettert und mit seinem Mountainbike die Flanken steiler Berge hinunterfährt. Er scheint angstfrei zu sein. Als ich ihn fragte: »Warum tun Sie das alles? Haben Sie denn keine Angst?«, antwortete er: »Es ist aufregend. Ich liebe den Rausch.«

Was er einen Rausch nannte, ist das, was andere Leute Nervosität (»Nerven«) nennen.

Ich habe ebendiese Technik Hunderten vormals ängstlicher Menschen beigebracht, und sie hat bei ihnen allen funktioniert. Eine von ihnen war Stephanie. Anfang dreißig, war Stephanie darum bemüht, einen Typ kennenzulernen und eine sinnvolle Beziehung zu entwickeln. Sie hatte die Barszene satt und war frustriert von den Lügen, die Männer ihr auftischten, welche sie über Online-Datingwebsites kennenlernte. Sie berichtete mir, dass diese Männer in ihren Onlineprofilen regelmäßig ein paar

127

Pfunde abzogen, ihrer Körpergröße etliche Zentimeter hinzufügten, ein paar Jahre weniger angaben und sogar Fotos verwendeten, die mehrere Jahre alt waren. Sie konnte nie rausbekommen, ob ein Typ wirklich der war, der zu sein er behauptete.

Um ihr eine Chance zu geben, mehrere Männer kennenzulernen, schlug ich vor, sie solle an einer Speed-Dating-Veranstaltung teilnehmen. Ebendort würde sie in nur zwei Stunden zwanzig Männern ausgesetzt werden. Sie hätte Gelegenheit, mit jedem einzelnen drei Minuten zu sprechen und dann eine Entscheidung zu treffen, ob sie den Betreffenden näher kennenlernen wollte. Ich halte meine Klient(inn)en oft dazu an, es mit Speed-Dating zu versuchen, weil es ihnen, meiner Ansicht nach, gerade genug Zeit gibt zu checken, ob jemand physisch ihr Typ ist, sowie auch zu entscheiden, ob sie daran interessiert sind, eine eventuelle Verabredung zu planen.

Stephanie war von der Idee höchst angetan, aber sie sagte mir auch, dass sie sie für erdrückend und beängstigend hielte. Schon die bloße Vorstellung davon führte zu Beklommenheit und Fragen wie: *Und was, wenn mich keiner mag? Was, wenn die Typen langweilig sind? Was, wenn die Typen hässlich sind?* Diese auf Angst beruhende Beklommenheit basierte auf dem Unbekannten. Stephanie hatte eine Menge Fragen, eine Menge Zweifel und einen Mangel an Selbstvertrauen. Aber sie versuchte es trotzdem.

Beim nächsten Termin berichtete sie mir, dass sie während der Veranstaltung große Angst und Beklommenheit verspürt habe. Sie habe starkes Herzklopfen, ein Unruhegefühl und schweißnasse Handflächen gehabt. Einer der Typen habe sogar eine Bemerkung über ihre glitschigen Handflächen gemacht. Sie habe peinlich berührt erwidert: »Es ist heiß hier drinnen.«

Denken Sie darüber nach

Denken Sie an eine Tätigkeit, die Sie aufregend und spannend finden. Vielleicht ist es Achterbahnfahren. Vielleicht ist es Wildwasser-Kanufahren. Vielleicht ist es Laser-Tag-Spielen mit Ihren Kindern. Vielleicht ist es ein spezielles Videospiel, eines, das Sie besonders anspruchsvoll finden.

Was immer es auch ist, denken Sie darüber nach, wie Sie sich fühlen, während Sie diese Tätigkeit ausführen. Was geschieht in Ihrem Körper? Rast Ihr Herz? Kribbelt Ihre Haut? Entlockt Ihnen der Nervenkitzel davon Schreie? Jetzt möchte ich, dass Sie darüber nachdenken, was in Ihrem Körper vor sich geht, wenn Sie sich ängstigen. Bemerken Sie irgendwelche Ähnlichkeiten zwischen den Aufregungsempfindungen und den Angstempfindungen?

Ich verbrachte die Sitzung damit, Stephanie dabei zu helfen, ihre Denkweise über das Speed-Dating umzupolen (zu reframen). Das Ziel bestand darin, ihr zu helfen, sich der Gelegenheit wegen begeistert aufzuregen, statt vor Dingen Angst zu haben, die womöglich überhaupt nie eintreten würden. Ich half Stephanie, sich klarzumachen, dass sie eine wirklich gute Gelegenheit bekäme, eine, bei der sie unter Umständen einige tolle Typen kennenlernen könnte und sich keine Gedanken darüber zu machen bräuchte, ob sie hinsichtlich des eigenen Alters oder Aussehens etwa logen. Sie sei Herrin der Lage. Ich fragte Stephanie: »Wie sonst können Sie in zwei Stunden zwanzig Typen kennenlernen?«

129

Als ich nach ihrem nächsten Speed-Dating-Versuch mit ihr zusammentraf, war ein Schimmer begeisterter Aufgeregtheit in ihren Augen. Was sie einmal gefürchtet hatte, sah sie jetzt als eine aufregende Gelegenheit an. Dieses Mal brachte sie es fertig, über ihre schweißnassen Handflächen einen Witz zu machen, indem sie sagte: »All diese heißen Typen bringen mich zum Schwitzen.« Sie kam mit einem Gefühl des Selbstvertrauens heraus, registrierte sie doch klar, dass sie ihre ängstliche Beklommenheit unter Kontrolle bringen, unverkrampft und sie selbst sein konnte.

Angstfreie Menschen stehen auf, nachdem sie hingefallen sind

Michael Jordan gilt als einer der größten Basketballspieler aller Zeiten. In seiner Basketball-Karriere gewann er fünf MVP (Most Valuable Player)-Awards, trat in vierzehn NBA (National Basketball Association) All Star Games an und gewann zu viele Titel und Preise, um sie hier aufzulisten.

Das alles ist wahrscheinlich keine Neuigkeit für Sie. Aber hier ist etwas, das die meisten Leute über Michael Jordan nicht wissen: Er wurde aus seinem Highschool-Basketballteam ausgeschlossen.

Aus einem Sportteam ausgeschlossen zu werden ist ein gewaltiger Schlag für ein Sportlerego. Viele Sportler kommen nach so etwas nicht mehr zurück. Sie assoziieren das Ausgeschlossenwerden aus dem Team als ein Zeichen, dass sie nichts taugen, und geben dann auf.

Aber Michael Jordan gab offensichtlich nicht auf. Er weigerte sich zu glauben, dass es ihm unmöglich wäre, ein großer Ballspieler zu werden. Um es ins Team zu schaffen, übte er stundenlang auf dem Spielfeld. Er wurde mit den Worten zitiert: »Jedes Mal, wenn ich trainierte und müde wurde und dachte, dass ich aufhören sollte, schloss ich die Augen und sah diese Aufstellungsliste im Umkleideraum ohne meinen Namen drauf, und das brachte mich meistens wieder in die Gänge.«

Er schaffte es am Ende nicht nur ins Team, er führte es am Ende zu einer Landesmeisterschaft.

Hier ist noch etwas anderes, das Sie über Jordan womöglich nicht wissen. Während seiner Karriere als Berufs-Basketballer verfehlte er 9000 Würfe. Außerdem verlor er 300 Spiele und 26-mal wurde ihm kurz vor dem Spielende der Ball zugespielt – was ihm die Gelegenheit gab, für das Team zu gewinnen –, und er verfehlte den Wurf.

Wie er in einem Nike-Werbespot sagte: »Ich habe in meinem Leben wieder und wieder versagt, und deswegen bin ich erfolgreich.«

Hinter deiner Angst liegt deine Kraft

Bei etwas zu versagen macht Sie nicht zu einem Versager.

Jordans Geschichte zeigt schön, inwiefern angstfreie Menschen Versagen, Misserfolg anders auffassen, als ängstliche Menschen dies tun. Er und andere angstfreie Menschen betrachten Versagen nicht als einen Makel, einen Anlass zur Beschämung oder ein Armutszeugnis dafür, wer sie als Person sind. Einfach ausgedrückt: Es definiert sie nicht.

Und sie sehen es eindeutig nicht als ein Zeichen an, dass ihre Träume unrealisierbar sind.

Nein, sie sehen Versagen, Misserfolg einfach nur als eine Gelegenheit an zu lernen, zu wachsen und noch besser zu werden.

Nur für den Fall, dass Sie den Kopf schütteln und meinen, Jordan müsse eine Ausnahmeerscheinung sein, möchte ich noch ein paar Geschichten über Menschen weitergeben, die trotz und angesichts des Unmöglichen Möglichkeiten sahen.

Einer von ihnen: Georg Hermann Erhardt, alias Babe Ruth. Er gilt als einer der größten Baseballspieler aller Zeiten. Er schlug in seiner Karriere 714 Homeruns. Außerdem erzielte er 1330-mal einen Strikeout. Er wurde mit den Worten zitiert: »Jeder Schlagfehler bringt mich dem nächsten Homerun näher.«

Aber es sind nicht nur Sportler, die versagen und es erneut versuchen. Auch Unternehmer tun dies. Henry Ford machte wieder und wieder Bankrott – er ging fünfmal völlig pleite –, bevor er die Ford Motor Company gründete. R. H. Macy startete sieben Firmen, die Bankrott machten, bevor er schließlich das Warenhaus gründete, das nach wie vor seinen Namen trägt. Walt Disney wurde einst aus seinem Job als Zeitungsredakteur gefeuert, wobei man ihm mitteilte, dass es ihm »an Fantasie fehle«. Viele große Wissenschaftler – darunter auch Isaac Newton und Albert Einstein – zeigten in der Schule keine gute Leistung. Thomas Edison machte 1000 Glühbirnen, die nicht funktionierten, bevor er schließlich *eine* funktionierende fabrizierte. Oprah Winfrey wurde aus ihrem ersten Job als Fernsehreporterin gefeuert, wobei man ihr mitteilte, dass sie »fürs Fernsehen ungeeignet« sei.

Und Vincent van Gogh verkaufte zu Lebzeiten nur *ein* Gemälde. Seine Werke verkaufen sich jetzt für Millionen und zählen zu den teuersten und begehrtesten auf der Welt.

Nun ist es allerdings wichtig, sich klarzumachen, dass angstfreie Menschen nicht versagen und es dann blindlings erneut versuchen. Täten sie dies, so würden sie nie erfolgreich werden. Nein, sie versagen und nutzen dieses Scheitern, diesen Misserfolg als eine Gelegenheit, eine, die:

- ihnen hilft, neu zu beurteilen, was sie richtig machen und was sie falsch machen;

- ihnen einsichtig macht, welche Teile ihres Plans funktionieren und welche Teile nicht;

- sie motiviert, sich noch mehr anzustrengen;

- sie darin bestärkt, sich Ressourcen und Unterstützung zunutze zu machen;

- sie anspornt, sich selbst neu zu erfinden.

Denken Sie darüber nach

Nur Sie können entscheiden, ob ein Traum oder ein Ziel für Sie realisierbar oder unrealisierbar ist. Wie stark ist Ihre Passion? Glauben Sie daran? Wer bestimmt Ihr Schicksal – Sie oder andere? Sind Sie mit dem Status quo zufrieden?

Sollten Sie noch ganz benommen sein von einem vergangenen Misserfolg, so verwenden Sie diese Ratschläge dazu, den Mut zu finden, ein Comeback zu starten:

- **Ändern Sie Ihr Denken.** Wechseln Sie von: *Jeder denkt, ich sei ein Versager,* zu: *Das ist eine großartige Gelegenheit für mich zu wachsen.*

- **Seien Sie gescheit.** Erforschen Sie die Sachlage. Seien Sie gut informiert über Strategien, die Sie künftig anwenden können, sodass Sie aus Fehlern, die Sie in der Vergangenheit gemacht haben, lernen und sie zugleich vermeiden können.

- **Denken Sie darüber nach, was Sie richtig gemacht haben.** Nicht alles war ein Fehler. Bauen Sie auf Ihren Erfolgen und auf Ihren Stärken auf.

- **Entwerfen Sie realistische Ziele.** Achten Sie darauf, dass sie mit den Richtlinien in Schritt 1 des Programms konform gehen.

Angstfreie Menschen personalisieren Ablehnung nicht

Ich möchte Ihnen eine Geschichte erzählen, über meine persönliche Reise mit meiner Ratgeberkolumne. Meine Metro-Kolumne lief bereits in New York, Boston und Philadelphia, aber ich wollte meine Reichweite ausdehnen. Ich fing an, mich anderen sehr großen Metropolzeitungen wie der *New York Times*, der *Washington Post* und der *Chicago Tribune* anzupreisen. Außerdem pries ich mich nationalen Zeitschriften wie dem *Ladies' Home Journal*, dem Magazin *Men's Health* und der *Cosmopolitan* an.

Ich pries mich an. Ich wurde abgelehnt. Ich pries mich an. Ich wurde abgelehnt. Ich pries mich an. Ich wurde abgelehnt.

Ich hätte diese Ablehnungen allesamt folgendermaßen deuten können: *Ich sollte einfach zufrieden sein mit der Kolumne, die ich habe. Ich erreiche bereits eine Million Leser. Ich habe Glück, dass ich immerhin das habe. Ich sollte einfach aufgeben. Niemand wird mich engagieren. Ich war in Kreativem Schreiben in der Mittelstufe so schlecht, dass der Lehrer meine Eltern antelefonierte und ein Eingreifen festsetzte. Das hätte mir eine Lehre sein sollen. Ich bin ein schrecklicher Schreiber.*

Ich tat es nicht. Genau genommen kam es mir noch nicht mal in den Sinn, das zu personalisieren. Zum Teil machte mir die Ablehnung deswegen nicht zu schaffen, weil ich sie erwartete. Beim Überwinden meiner Angst davor, Frauen anzusprechen, hatte ich bereits diese wichtige Lebenslektion gelernt: Um gerade mal *eine* Einwilligung zu kriegen, muss ich viele ansprechen.

Hinter deiner Angst liegt deine Kraft

Erwarten Sie Ablehnung. Machen Sie hundert Angebote und landen Sie *eines*.

Ich sagte mir selbst: *Ich kann mit Ablehnung umgehen. Und ebendas ist auch nötig. Womöglich muss ich achtzig Zeitungen anschreiben. Es macht nichts, wenn neunundsiebzig davon Nein sagen, sofern eine von ihnen Ja sagt.* Ich wusste, dass viele, viele Neins nötig waren, bevor ich zum Ja gelangen würde. Ich wusste, dass abgelehnt zu werden keine große Sache war. Es war ein unumgänglicher Teil der Reise. Ich erwartete es sogar.

Die Ablehnung machte mir auch noch aus einem anderen Grund nicht zu schaffen. Es ist dieser: Ich nahm sie nicht persönlich. Eine ängstliche Person mag abgelehnt werden und es personalisieren, indem sie sich selbst sagt: *Ich tauge nichts. Ich kann noch nicht einmal etwas zusammenstellen, das ihnen gefällt.*

Ich vermutete, dass sie mir nicht deswegen absagten, weil sie mich nicht haben wollten oder weil sie dachten, ich sei nicht gut genug. Im Gegenteil, ich vermutete, dass sie mir absagten, weil sie für eine neue Kolumne keinen Platz im Blatt hatten, nicht das Budget für eine hatten, oder aus irgendeinem anderen Grund. Ich wusste, dass *eine* Ablehnung mich nicht zu einem Ausgesonderten machte. Und das taten auch zehn Ablehnungen oder sogar hundert nicht. Ablehnung definierte mich nicht.

Zu einem Ausgesonderten würde ich allenfalls nur dann werden, wenn ich es überhaupt nicht versuchte.

Ich erwartete Ablehnung nicht nur; ich nahm sie auch bereitwillig an und lernte daraus. Eines Tages telefonierte ich, zwischen Klient(inn)en, rein, um meine Mailbox abzurufen. Da war eine Nachricht von einem Syndikat-Service, den ich angeschrieben hatte. Der Redakteur sagte mir, dass er meine Kolumne ablehne und warum. »Sie müssen schneller auf den Ratschlag zu sprechen kommen«, sagte er. »Ich lese da, was Sie uns zugesendet haben, und ich denke bloß: Wo bleibt denn der Scheißrat?«

Ja, die Worte taten weh, und, ja, es bestand kein Anlass für ihn, so grob zu sein. Trotzdem nutzte ich es als eine Lerngelegenheit. Ich sah ein, dass meine Probekolumne schonungsloser, konkreter und ratbezogener sein musste. Ich schrieb sie um und verschickte noch einige mehr. Von da an bekamen Leser ihren Rat früher.

Als Nächstes stand auf meiner Anfrageliste die *Los Angeles Times*. Ich schaute aufs Impressum und rief die leitende Redakteurin an. Es meldete sich ihre Mailbox. Ich rief wieder an und hinterließ eine weitere Nachricht. Ich rief an und rief an. Eines Tages ging sie zufällig an ihr Telefon. Ich pries ihr die Kolumnen-Idee an. Sie sagte: »Also wissen Sie, eigentlich sollten Sie jemand so Hochgestellten wie mich nicht anrufen. Sie hätten einfach eine E-Mail schicken können.«

Hinter deiner Angst liegt deine Kraft

Sie sind größer und stärker als bloß *eine* Ablehnung.

Ich sagte: »Es ist mir lieber, in direktem Kontakt abgelehnt zu werden, als keinerlei Rückmeldung zu kriegen. Und jedenfalls unterhalten wir uns ja jetzt. Ich habe Ihre Aufmerksamkeit.« Wir erörterten die Anforderungen der Zeitung und wie meine Sachkompetenz wohl genutzt werden könnte. Sie war beeindruckt. Sie gab mir die Kolumne, und die wurde gut aufgenommen.

Ich hätte an jenem Tag genauso leicht abgelehnt werden, mir einen Korb holen können. Es hätte mich trotzdem nicht dazu veranlasst, mich wie ein Ausgesonderter zu fühlen. Ich hatte jede einzelne Absage als eine Chance genutzt, meine Präsentationsweise zu verbessern, sodass ich es erneut versuchen konnte.

Während angstfreie Menschen Ablehnung, Zurückweisung akzeptieren und sie sogar als einen unvermeidlichen Bestandteil des Lebens bereitwillig begrüßen, tun dies ängstliche Menschen nicht. Sie neigen dazu, Absagen, Ablehnungen, Zurückweisungen zu sammeln und sie als Zeichen dafür zu betrachten, dass sie nichts taugen. Für sie wird jede Absage, Ablehnung, Zurückweisung zu einer negativen Referenzerfahrung (siehe Seite 101ff. zur näheren Erläuterung von Referenzerfahrungen). Die negativen Referenzerfahrungen fangen an, sie zu definieren und sich allmählich mit ihrem Selbstgefühl eng zu verzahnen. Für die Ängstlichen wird jede Absage, Ablehnung, Zurückweisung zu einem Beweis dafür, dass sie nichts taugen, unfähig sind, nicht gut genug und ein(e) Loser(in).« »Wozu soll ich mir die Mühe machen, es zu versuchen?«, fragt die ängstliche Person, »Ich werd'

Denken Sie darüber nach

Stellen Sie sich innerlich auf Ablehnung, Zurückweisung ein? Veranlasst Sie jedes *Nein*, sich wie ein(e) Versager(in) zu fühlen? *Nein* bedeutet nicht immer Nein. Es könnte einfach bedeuten, dass Sie in Bezug auf eine Person oder Situation eine neue Annäherungs- oder Herangehensweise finden müssen. Wie können Sie aus der Zurückweisung, der Ablehnung in Ihrem Leben lernen? Wie können Sie sie dazu nutzen, Ihre Vorgehensweise feinzutunen, sich selbst neu zu erfinden oder eine neue Gelegenheit zu schaffen?

es doch nur vermasseln.« Auf diese Weise werden sie zu Sammle-r(inne)n negativer Erfahrung. Jede Abweisung, Kritik, Schwierigkeit oder unerwartete Folge veranlasst sie, sich wie ein(e) Versager(in) zu fühlen und ihre Träume für unrealisierbar zu halten. Infolgedessen sinkt ihr Selbstvertrauen, und sie werden angstvoll-verunsichert und deprimiert, was sie außerstande setzt, ihre Träume zu verwirklichen.

Die Angstfreien hingegen werden mit jeder einzelnen Absage, Ablehnung stärker und kühner. Ja, die Abweisung tut weh, aber sie gibt ihnen nicht das Gefühl, ein(e) Ausgesonderte(r) zu sein, und sie hindert sie nicht daran, sich noch mehr anzustrengen.

Befolgen Sie, um angesichts von Ablehnung, Zurückweisung zuversichtlich zu bleiben, diese Tipps:

- **Erwarten Sie, abgewiesen, abgelehnt zu werden.** Bedenken Sie – statt Möglichkeiten zu formulieren, wie Ablehnung, Zurückweisung sich vermeiden lässt –, dass diese ein Bestandteil des Lebens ist und dass sie ein notwendiger Bestandteil von Erfolg ist. Je mehr Leuten Sie ein Angebot machen, desto größer sind Ihre Chancen, abgewiesen zu werden, sich einen Korb zu holen, und desto größer sind auch Ihre Chancen, ein Ja zu erlangen. Machen Sie vielen ein Angebot, um *eines* zu landen.

- **Machen Sie sich bewusst, dass Ablehnung, Zurückweisung der einzige Weg ist, Akzeptierung, Anerkennung zu erlangen.** Wenn Sie es überhaupt nicht versuchen, werden Sie definitiv nicht bekommen, was Sie wollen.

- **Glauben Sie, dass Sie stärker sind als die Ablehnung.** Denken Sie an Ihre vergangenen erlebten Ablehnungen. Wie schlimm waren sie in Wirklichkeit?

- **Vergessen Sie nicht: Sie hat nichts mit Ihnen zu tun!** Sie bedeutet nicht, dass Sie ein schlechter oder nicht liebenswerter Mensch sind. Sie bedeutet nur, dass Sie für diese Arbeit, Person oder Gelegenheit nicht der/die Richtige waren.

- **Nutzen Sie jede einzelne Ablehnung, Zurückweisung als eine Lerngelegenheit.** Können Sie Ihre Strategie ändern? Können Sie Ihre Zielsetzungen ändern? Gibt es eine andere Route zu demselben Reiseziel?

Angstfreie Menschen finden Gewissheit inmitten von Ungewissheit

Wie ich schon früher erwähnte, dreht Angst sich um Ungewissheit. Sie dreht sich um das Unvermögen vorherzusagen, was als Nächstes geschehen wird. Diese Unvorhersagbarkeit erzeugt angstvolle Beklommenheit.

Und inmitten von Ungewissheit reagieren angstfreie Menschen grundlegend anders, als ängstliche reagieren. Nehmen Sie zum Beispiel die Schwankungen der Börsenkurse. Während ich an diesem Buch arbeitete, waren die Börsenkurse in den Vereinigten Staaten überaus volatil. Drei Länder standen kurz davor, ihre Schulden nicht bezahlen zu können, und die US-Wirtschaft war in schlechter Verfassung. Infolgedessen fiel der Dow-Jones-Index täglich oftmals um 300, 400, 500 oder noch mehr Punkte.

Viele Menschen fanden das verständlicherweise ziemlich beängstigend. Schließlich machte ja die Volatilität es nahezu unmöglich, das Marktgeschehen vorherzusagen. Die Leute sorgten sich: Wird sich die Talfahrt der Aktien noch fortsetzen? Werde ich meine Lebensersparnisse verlieren? Werden die Vereinigten Staaten in Rezession zurückfallen? Ist das ein Anzeichen einer weiteren Weltwirtschaftskrise?

Was ich interessant fand, war, wie anders manche Menschen auf die Volatilität der Kurse reagierten als andere. Ängstliche Menschen zeigten generell eine von zwei Reaktionen. Die eine war eine Form von Verleugnung. Sie baten die Leute, nicht über die Börsenkurse zu reden, weil sie die Nachrichten zu »angsterregend« oder zu »angstbesetzt« fanden. Im Grunde genommen hielten sie sich die Augen zu und steckten den Kopf in den Sand. Andere ängstliche Menschen taten das Gegenteil. Sie neigten dazu, über die Sache zu tratschen. Sie posteten auf Facebook die jeweils neuesten Börsenmeldungen und unterhielten sich dann nervös mit Freunden darüber.

Angstfreie Menschen hingegen taten etwas anderes. Sie zogen keine voreiligen Schlüsse und verfielen ebenso wenig in Panik. Stattdessen lasen sie verlässliche Wirtschaftsberichte, sie riefen ihre Broker(innen) an, und sie trugen Statistiken zusammen. Sie betrachteten das große Ganze. Sie eigneten sich so viele Kenntnisse, wie ihnen irgend möglich war, über die Weltwirtschaft und den Wertpapiermarkt im Allgemeinen an. Diese Informationen ermöglichten es ihnen, inmitten einer ungewissen Situation ein bisschen Gewissheit zu schaffen.

Genauso verhält es sich bei jederlei Ungewissheit. Jedes Mal beispielsweise, wenn ich es mit Klient(inn)en zu tun habe, die Angst vorm Fliegen haben, bringe ich sie dazu, sich so viele Kenntnisse, wie ihnen irgend möglich ist, über die Mechanik des Fliegens anzueignen. Je mehr sie wissen, desto mehr verstehen sie, und desto weniger verunsichert fühlen sie sich. Bei Gesundheitsproblemen ist es genauso. Je mehr Kenntnisse Sie sich über eine mögliche Diagnose aneignen können, desto weniger verunsichert werden Sie sich fühlen, und desto weniger Angst werden Sie haben.

Denken Sie darüber nach

Wie reagieren Sie auf Ungewissheit? Reagieren Sie, indem Sie gründliche Recherchen anstellen und herauszubekommen versuchen, was Sie wissen müssen, damit Sie bessere Vorhersagen machen können? Oder reagieren Sie, indem Sie sich die Ohren zuhalten oder indem Sie tratschen und Gerüchte verbreiten?

Angstfreie Menschen üben das Angstfreisein

Am 15. Januar 2009 traf der aus New York startende US-Airways-Flug 1549 neunzig Sekunden nach dem Abheben auf einen Vogelschwarm. Pilot C. B. »Sully« Sullenberger blieb keine Zeit mehr für ein Ausweichmanöver. Kurz darauf schaukelte das Flugzeug, und Sully konnte laute dumpfe Schläge hören, als die Vögel in die Triebwerke eingesaugt wurden. Und dann herrschte Stille. Beide Triebwerke fielen aus. Sullenberger wusste, dass er ein antriebsloses Flugzeug nicht im Leerlauf zum Flughafen zurücksteuern konnte. Daher versuchte er, den Flieger auf die einzige Landefläche runterzubringen, auf der es die wenigsten

Bodenopfer geben würde – den Hudson River. Wie Sie sich vielleicht erinnern, brachte er es fertig, den Flieger unbeschädigt zu landen, und alle 155 Personen an Bord überlebten.

Ich bin mir ziemlich sicher, dass viele Leute, als sie diese Nachricht hörten, sich fragten: *Wie hat er sich denn nur davon abhalten können auszuflippen, während der Flieger runterging?*

Sicherlich wurde Sullenberger bis zu einem gewissen Grad panisch. Natürlich verspürte er einige Nervosität. Er wurde mit den Worten zitiert, die Momente vor der Bruchlandung seien »das schlimmste abscheuliche, magengrubenbohrende, Durch-den-Fußboden-Fallen-Gefühl« gewesen. Nähme er keine derartigen Empfindungen wahr, so wäre er kein Mensch. Wie ich jedoch schon erläuterte, deutete er jene Empfindungen wahrscheinlich wesentlich anders, als eine ängstliche Person sie deuten würde. Wie Sie gelernt haben, kann die Angstreaktion während einer lebensbedrohlichen Situation tatsächlich durchaus hilfreich sein. Die von Sullenberger war es. Sie gab ihm genau das, was er in jenem Moment brauchte: mehr Stärke, bessere Sehkraft und die Fähigkeit, rasch zu denken und zu reagieren.

Aber Sullenberger flippte aus mindestens noch einem Grund nicht aus: Er war ein höchst erfahrener Pilot, der seit über vierzig Jahren flog und der es auf neunzehntausend Flugstunden gebracht hatte. Er hatte F-14-Kampfjets für die Navy geflogen und Flugunfälle untersucht. Er wusste, was zu tun war und tat es.

Sie dürften nicht imstande sein, ein riesiges Flugzeug wohlbehalten auf dem Hudson River oder auch nur auf einer Landebahn zu landen, ohne auszuflippen, aber das liegt daran, dass Sie nicht geübt oder trainiert haben, eine derartige Meisterleistung zu vollbringen.

Denken Sie darüber nach

Was fürchten Sie in Ihrem Leben am wenigsten und warum? Haben Sie vergessen, was Sie gemeistert haben? Denken Sie über sämtliche Dinge nach, die Sie tagtäglich tun und über die Sie noch nicht mal nachzudenken brauchen, weil Sie bereits ein(e) Experte(in) dafür sind. Das könnte das Fahren eines Bikes, das Fangen eines Baseballs oder sogar das Zubereiten eines Gourmetdinners sein. Manche Menschen finden diese Tätigkeiten beängstigend, weil sie sie noch nicht gemeistert haben. Sie aber schon. Sie können auch noch mehr Fertigkeiten meistern.

Ebenso dürften Sie sich nicht wohl dabei fühlen, in ein brennendes Gebäude zu rennen, um ein Kind oder auch nur einen Hund oder eine Katze zu retten. Ein Feuerwehrmann hingegen fühlt sich wohl dabei, und das liegt daran, dass der Feuerwehrmann geübt hat, ebendieses zu tun.

Mein Bruder Matthew ist ein Polizeibeamter in Washington D. C. Er ist dem Kapitol zugeteilt, einem der bedeutendsten Gebäude im Lande. Am 11. September 2001, als die Leute in Panik aus Washington D. C. flohen, war Matthew unterwegs nach Washington *hinein*, um alles ihm irgend Mögliche zu tun, zu helfen. Es war sein Ruf zur Pflicht, und er musste sich das auch nicht zweimal überlegen. Er ist dazu ausgebildet, zu beschützen und Ordnung zu halten. Eben darauf versteht er sich.

Wie Sie aus diesen Geschichten ersehen können, verliert Angst ihre Macht, wenn Sie sich darauf vorbereiten, ihr frontal entgegenzutreten. Gingen Sie auf eine Bühne hinaus, ohne sich für eine Rede vorbereitet zu haben, so hätten Sie natürlich Angst! Aber wenn Sie eine Bühne betreten, nachdem Sie sich vorbereitet – Ihren Text geübt und Ihr Handwerk gelernt – haben, wird die Angst nicht ganz so stark sein.

Und das ist genau das, was der *Angstfrei*-Fünf-Schritte-Plan leistet. Er bringt Ihnen bei, wie Sie das, was Ihnen, gegenwärtig, wie ein riesiges, unerreichbares Ziel vorkommen mag, auf kleinere Miniziele herunterbrechen können, die ihnen ermöglichen werden, eine Fertigkeit immer und immer wieder zu üben, bis Sie zuversichtlicher sind. Und indem Sie das Angstfreisein immer und immer wieder üben, wird es Ihnen schlussendlich zur zweiten Natur werden.

Angstfreie Menschen denken über das nach, was möglich ist

Anfang der 1950er Jahre glaubten viele Leute, dass es Menschen unmöglich sei, eine Meile (1,6 km) unter vier Minuten zu laufen. Schließlich versuchten ja Läufer schon seit Ende der 1800er Jahre die Vier-Minuten-Barriere zu durchbrechen. Die Spitzentrainer und begabtesten Leichtathleten der Welt versuchten seit Jahren, »unter 4,0« zu kommen. Sie waren passioniert, und sie probierten viele unterschiedliche Trainingspläne.

Dennoch, so schien es, lag die Vier-Minuten-Barriere außer Reichweite. Die Leute versuchten nun schon so lange, sie zu durchbrechen, dass viele anfingen zu glauben, es sei unmöglich – dass der menschliche Körper sich einfach nicht so schnell fortbewegen könne.

Dann lief 1954 Roger Bannister, im Alter von 25 Jahren und Vollzeitstudent der Medizin, die Meile in 3 Minuten und 59,4 Sekunden.

Eineinhalb Monate später lief John Landy noch schneller. Ein Jahr danach durchbrachen dann drei weitere Läufer die Vier-Minuten-Barriere. Heute durchbrechen Highschool-Läufer routinemäßig die Barriere, und Hicham El Guerrouj aus Marokko hält den Rekord der schnellsten Meile der Welt mit 3 Minuten und 43,13 Sekunden.

Dennoch dachten die Leute, es sei unmöglich. Und was wichtiger ist: Nachdem Bannisters Zeit anderen Läufern bewiesen hatte, dass es wirklich und wahrhaftig möglich war, vermochten sie, das Unmögliche möglich zu machen und die Strecke gleichfalls in weniger als vier Minuten zu laufen.

Ihre Überzeugungen sind wirkmächtig. Wenn Sie glauben, etwas sei unmöglich, wird diese Unmöglichkeitsüberzeugung Ihr Selbstvertrauen aushöhlen und sich eben dadurch in eine selbsterfüllende Prophezeiung verwandeln. Wenn eine Person mit Autorität – ob es nun ein Arzt (eine Ärztin), ein Rechtsanwalt (eine Rechtsanwältin), ein(e) Therapeut(in) oder ein(e) Lehrer(in) ist – Ihnen sagt, dass Sie etwas nicht können, werden Sie es glauben, selbst wenn die Vorhersage dieser Person nicht zutreffend ist. Und sobald Sie es glauben, werden Sie sich so verhalten, als ob diese Vorhersage wahr sei, und sie damit automatisch wahr werden lassen. Sagte ich beispielsweise einem Klienten: »Sie sind wirklich verkorkst. Es gibt keine Hoffnung für Sie«, würde das den Klienten veranlassen, die Flinte ins Korn zu werfen, obwohl in Wirklichkeit Hoffnung besteht.

Trotzdem sind positive Überzeugungen genauso wirkmächtig. Wenn Sie glauben, dass Sie etwas können und tun werden, finden Sie bestimmt die Mittel, das Unmögliche möglich zu machen.

Hinter deiner Angst liegt deine Kraft

Ihr Traum ist nur so unmöglich (unrealisierbar) oder möglich (realisierbar), wie er Ihrer Überzeugung nach ist. Denken Sie das, was möglich ist, und machen Sie das Unmögliche möglich.

Stellen Sie sich vor, wie die Welt wäre, wenn US-Präsident John F. Kennedy geglaubt hätte, dass es unmöglich sei, einen Mann auf den Mond zu bringen. Und was, wenn Martin Luther King Jr. geglaubt hätte, es sei unmöglich, in den Vereinigten Staaten die Bürgerrechte durchzusetzen, oder wenn Gandhi geglaubt hätte, es sei unmöglich, die britische Okkupation Indiens ohne Gewalt abzuschütteln? Hätte Barack Obama der erste afroamerikanische Präsident der Vereinigten Staaten werden können, wenn er gedacht hätte, das Bestreben sei unmöglich? Wahrscheinlich nicht.

Zu glauben, dass etwas möglich ist, ist der erste Schritt dazu, ebendiese Überzeugung wahr werden zu lassen. Doch der zweite Schritt besteht darin, eine Vorstellung (Zukunfts-Vision) und einen Plan zu haben. Angstfreie Menschen machen nicht bei der Überzeugung halt, dass das Unmögliche möglich sein kann. Sie führen sie weiter und erstellen einen Plan, der sie dort hinbringt.

Ich, beispielsweise, war vor mehreren Jahren noch nie zuvor im Nationalen Fernsehen aufgetreten. Dennoch war es ein Traum von mir, die Menschen durch nationale Medien zu erreichen, einer, den für unmöglich, unrealisierbar zu halten ich mich weigerte. Ich wusste, dass ich etwas Wichtiges zu sagen und Ratschläge hatte, die zu hören für die Menschen von Nutzen sein konnte. Ich hatte eine klare Vorstellung davon, wohin ich wollte und wie ich mich dort hinbringen würde. Ich definierte, was ich zustande bringen wollte, legte einen Zeitplan für dessen Erledigung fest und brach, was mir anfangs wie eine gigantische und einschüchternde Zielsetzung vorkam, auf kleine Miniziele herunter. Ich machte mich auf Hindernisse auf dem geplanten Weg gefasst und wurde mit ihnen fertig. Und ich nahm Probleme, wie sie kamen.

Das ist genau das gleiche Verfahren, das andere erfolgreiche Leute befolgt haben, um dort hinzugelangen, wo sie heute sind. Barack Obama hatte eine Vorstellung davon, wie er die Wahl zum US-Präsidenten gewinnen wollte. Er musste seine spezielle Zielsetzung definieren, einen Zeitplan festlegen, strategisch und geografisch Unterstützung sammeln, das Endziel im Auge behalten und sich auf Hindernisse gefasst machen wie etwa gegensätzliche Standpunkte, Gerüchte, die bisherige US-Wahlgeschichte und so fort. Und schließlich musste er genügend flexibel und zuversichtlich sein, um nicht aufzuhören, sein Ziel trotz jedweden Widerstands und Vom-Kurs-Abkommens zu verfolgen.

Der *Angstfrei*-Fünf-Schritte-Plan wird Ihnen helfen, dies alles und noch mehr zu bewerkstelligen, sodass auch Sie in Ihrem Leben das Unmögliche möglich machen können.

Verändern Sie Ihr Leben jetzt!

Angstfreiheit ist ein Geisteszustand, kein genetisches Merkmal. Sie können ihn erlangen und ihn stärken. Fangen Sie jetzt an, Ihren Mut aufzubauen, indem Sie sich sämtliche erstaunliche Leistungen in Erinnerung rufen, die Sie in Ihrem Leben schon vollbracht haben. Aller Wahrscheinlichkeit nach haben Sie bereits mehrere Male in Ihrem Leben das Unmögliche möglich gemacht. Was haben Sie bereits vollbracht, von dem sie vormals dachten, es ließe sich nie und nimmer bewerkstelligen? Schreiben Sie es auf. Halten Sie diese Liste immer griffbereit und lesen Sie sie jedes Mal, wenn Sie versucht sind zu glauben, dass Sie nicht das Zeug dazu haben, bleibende Veränderungen zu erzielen / dafür zu sorgen, dass Veränderungen bleiben.

TEIL ZWEI

Das *Angstfrei*-Programm

Wie Sie Ihr Leben in 28 Tagen verändern werden

Das *Angstfrei*-Programm beinhaltet ein vorbereitendes Kapitel, gefolgt von fünf wirkmächtigen Schritten. Je nach dem Grad Ihres Engagements können Sie das Programm in 28 Tagen oder weniger absolvieren. Hier ist eine Vorschau.

Vorbereitung:
Legen Sie das *Angstfrei*-Fundament

Wie dies Ihr Leben verändern wird:
Sie werden glauben, dass Veränderung tatsächlich möglich ist, und Sie werden imstande sein, sich auf Hindernisse, von denen Sie in der Vergangenheit zurückgehalten wurden, gefasst zu machen, sie einzuplanen und sie zu überwinden.

Aufgaben:

☐ 1. Legen Sie sich ein Notizbuch zu, das Sie bei Ihrem Voranschreiten durch das Programm zum Festhalten von Notizen verwenden werden.

☐ 2. Prüfen Sie Ihr Angstfrei(heits)-Potenzial, indem Sie schauen, wo Sie auf der Angstfrei-Skala stehen.

☐ 3. Machen Sie ein schnelles Quiz zur Ermittlung, ob Sie Angsthändler in Ihrem Leben haben, und unternehmen Sie einfache, aber wirksame Schritte, um auf Distanz zu ihnen zu gehen.

☐ 4. Reflektieren Sie darüber, wie Fernsehen, Nachrichten, Klatsch und soziale Medien sich auf Ihre Angst auswirken, und unternehmen Sie, wenn es nötig sein sollte, Schritte, diese Dinge einzuschränken.

☐ 5. Bestimmen Sie mindestens eine Person, auf die Sie sich bezüglich emotionaler Unterstützung stützen können.

Geschätzte Zeit bis zum Abschluss: 1 bis 2 Stunden

Schritt 1:
Definieren Sie Ihr Traumleben

Wie dies Ihr Leben verändern wird:
Sie werden die Leidenschaft, Energie und Motivation haben, nach dem zu streben und das zu verfolgen, was Sie schon immer wollten. Ihre Träume werden nicht mehr unmöglich oder unrealisierbar erscheinen. Im Gegenteil: Sie werden durchaus möglich bzw. realisierbar und erreichbar erscheinen.

Übungen:
☐ 1. Visualisieren Sie die Zukunft, die Sie für sich selber wollen.

☐ 2. Schreiben Sie eine Liste der auf dieser Visualisierung basierenden Ziele und Träume.

☐ 3. Nehmen Sie überprüfend eine Feinabstimmung Ihrer Liste vor, um sicherzustellen, dass jedes Ziel bzw. jeder Traum innerlich motiviert, angemessen, realistisch, inspirierend, positiv und spezifisch ist.

☐ 4. Erstellen Sie eine Liste eindeutig lohnender Vorteile, um Sie kontinuierlich vorwärtszubringen.

☐ 5. Priorisieren Sie Ihre Traumliste und wählen Sie *ein* in den nächsten 28 Tagen zu realisierendes Ziel aus.

Geschätzte Zeit bis zum Abschluss: 2 bis 3 Stunden

Schritt 2:
Durchbrechen Sie Ihr Angstmuster

Wie dies Ihr Leben verändern wird:
Sie werden sich nicht mehr vor Veränderung fürchten. Sie werden verstehen, was in der Vergangenheit zwischen Ihnen und dem Erreichen Ihrer Ziele gestanden hat, und Sie werden wissen, wie es sich überwinden lässt.

Übungen:

☐ 1. Setzen Sie einen Angsthaufen ab, indem Sie sämtliche Sorgen, Ausflüchte und Bedenken auflisten, die Sie hinsichtlich des Versuchs, Ihren Traum wahr werden zu lassen, hegen bzw. parat haben.

☐ 2. Identifizieren Sie Ihre Traumstopper – gewohnheitsmäßige emotionale Hindernisse, die Sie davon abgehalten haben voranzukommen.

☐ 3. Sehen Sie Ihren Angsthaufen durch, um herauszufinden, wie Ihr Denken Sie festgefahren bleiben lässt, und erstellen Sie eine auf Ihren Befunden basierende Feststeck-Liste.

☐ 4. Festigen Sie die in Schritt 1 von Ihnen angefertigte Liste eindeutig lohnender Vorteile und verwenden Sie dabei Ihre Angsthaufen- und Ihre Feststeck-Liste als Orientierungshilfe.

Geschätzte Zeit bis zum Abschluss: Weniger als 2 Stunden

Schritt 3:
Schreiben Sie Ihre innere Erzählung neu

Wie dies Ihr Leben verändern wird:
Sie werden aus der Negativität ausbrechen, die Sie zurückgehalten, in Angst geführt und Sie in der Vergangenheit veranlasst hat, an sich selbst zu zweifeln. Sie werden wissen, was Sie sich selbst sagen sollen, sodass Sie Ihre Besorgnis beenden, Gelassenheit bewahren und hinsichtlich Ihrer Ziele zuversichtlich bleiben können.

Übungen:

☐ 1. Beobachten Sie Ihre Gedanken und werden Sie sich ihrer Negativität deutlicher bewusst.

☐ 2. Führen Sie regelmäßige Körperscans durch, um mehr Einsicht in Ihre Gefühle und Empfindungen zu gewinnen.

☐ 3. Achten Sie auf das, was Sie sagen, und auf das, was andere zu Ihnen sagen. Beobachten Sie, wie die Sprache sich auf Entscheidungen, jeweils getroffene Wahlen, Emotionen und Angst auswirkt.

☐ 4. Transkribieren Sie Ihre mentale Erzählung, indem Sie über Ihre Zielsetzung nachdenken und aufmerksam zusehen, welche negativen Gedanken an die Oberfläche blubbern.

☐ 5. Schreiben Sie Ihre mentale Erzählung neu, um sie positiver und motivierender zu machen. Prägen Sie sie sich ein.

Geschätzte Zeit bis zum Abschluss: 2 bis 3 Stunden im Lauf einer Woche.

Schritt 4:
Beseitigen Sie Ihre Angstreaktion

Wie dies Ihr Leben verändern wird:
Sie werden sich nicht mehr vor Verängstigung, Nervosität oder Panik fürchten. Sie werden Ihre Nerven unter Kontrolle haben. Sie werden wissen, was zu tun ist, wenn Sie einen rasenden Herzschlag, schweißnasse Handflächen oder eine andere nervöse Reaktion wahrnehmen – und Sie werden imstande sein, die betreffende Reaktion zu Ihrem Vorteil zu nutzen.

Übungen:

☐ 1. Normalisieren Sie Ihre Angstrektion, indem Sie sich selbst vor Augen führen, dass niemand gegen Nervosität immun ist. Jede(r) verspürt sie.

☐ 2. Beweisen Sie, dass Sie die Kontrolle über Ihre Angstreaktion haben, indem Sie sich absichtlich so verängstigt machen wie möglich.

☐ 3. Gewinnen Sie die Kontrolle über Ihre Angstreaktion, indem Sie sich wieder beruhigen und regelmäßig eine Entspannungsübung praktizieren.

☐ 4. Verwandeln Sie Angst in eine Stärke, indem Sie Möglichkeiten entdecken, Nervosität zu Ihrem Vorteil zu nutzen.

☐ 5. Entwickeln Sie eine Angstreaktionsstrategie, die Sie dann jedes Mal anwenden können, wenn Sie sich in einer angespannten Lage befinden.

☐ 6. Unternehmen Sie Schritte, Stress in Ihrem Leben abzubauen, damit Ihre Angstreaktion mit geringerer Wahrscheinlichkeit anfangen wird zu wirken, wenn Sie sie nicht brauchen können.

Geschätzte Zeit bis zum Abschluss: 3 bis 4 Stunden, durchgeführt im Lauf einer Woche.

Schritt 5:
Leben Sie Ihren Traum

Wie dies Ihr Leben verändern wird:
Sie werden sich für ein bedeutendes Lebensziel oder einen bedeutenden Traum entscheiden und es bzw. ihn verwirklichen und so sich selbst beweisen, dass Sie wirklich Ihre Träume in eine Realität verwandeln können.

Übungen:
- ☐ 1. Entwickeln Sie einen Angstfrei-Aktionsplan, der Ihnen helfen wird, Ihr Ziel zu erreichen, peu à peu: mit jeweils einer kleinen Handlung nach der anderen.

- ☐ 2. Beginnen Sie mit der Umsetzung Ihres Aktionsplans.

Geschätzte Zeit bis zum Abschluss: Das variiert aufgrund der Größe des Ziels. Sie können Resultate schon in zwei Wochen oder aber erst in ein paar Monaten sehen.

Kapitel 5

Legen Sie das *Angstfrei*-Fundament

Der *Angstfrei*-Plan wird Ihnen helfen, das zu vollbringen, was Sie vormals für unrealisierbar hielten. Er regt Sie dazu an, es zu wagen, außergewöhnlich zu werden, sich dem zu stellen, wovor Sie sich am meisten fürchten, und jene unsichtbare Barriere zu überwinden, die Sie bis jetzt von Ihrem ultimativen Leben zurückhält.

Es spielt keine Rolle, ob Sie dieses Buch erworben haben, weil Sie eine Angst vor öffentlichem Reden oder eine Versagensangst überwinden wollen. Es spielt keine Rolle, ob Sie den Mut finden wollen, eine Sackgassenbeziehung zu beenden oder aus einem Beruf ohne Aufstiegschancen auszusteigen. Es spielt keine Rolle, ob Sie eine behindernde Phobie, eine Panikstörung oder bloß ein bohrendes Gefühl haben, dass Ihr Leben nicht alles ist, was es sein könnte. Dieser Plan funktioniert bestimmt bei jeder Art von Angst, die Sie haben mögen. Keine Angst ist zu groß, zu überwältigend oder zu tief verwurzelt.

Das *Angstfrei*-Programm begleitet Sie durch das gleiche Verfahren, das ich bei meinen Klient(inn)en anwende. Es wird Sie vom Ängstlichsein zur Angstfreiheit führen, sodass Sie endlich Ihre Träume wahr machen können.

Mithilfe dieses Plans werden Sie innerhalb einer kurzen Frist viel Veränderung realisieren. Veränderung ist beängstigend. Infolgedessen könnte Ihnen ein bisschen bang zumute sein, während Sie diese Reise antreten. Sie könnten Gedanken haben wie: *Bin ich wirklich so weit, dies zu tun? Ist jetzt der richtige Zeitpunkt für mich, ein Veränderungsprogramm anzufangen? Habe ich wirklich das Zeug dazu?* Ich erlebe das häufig bei meinen Klient(inn)en. Solche Fragen könnten zu einem Gefühl der Ungewissheit führen, und dieses Gefühl der Ungewissheit könnte ein bisschen Angst hervorrufen. Das ist okay. Sie dürfen ruhig so empfinden. Jederlei Beklommenheit, die Sie eben jetzt verspüren mögen, ist völlig normal und zu erwarten.

Ich habe die Vorbereitungsaufgaben in diesem Kapitel konzipiert, um Ihnen zu helfen, ebendiese Arten von Bammel zu überwinden. Diese Aufgaben werden Ihnen helfen, Ihr Gefühl der Ungewissheit zu verringern, sodass Sie sich in Bezug auf die noch bevorstehenden fünf Schritte besser vorbereitet und zuversichtlicher fühlen.

Die Vorbereitungsaufgaben werden Ihnen außerdem helfen, verschiedenartige Herausforderungen im Voraus zu bedenken, sich planend auf sie gefasst zu machen und sie zu überwinden. Obwohl keine dieser Vorbereitungsaufgaben hundertprozentig obligatorisch ist, ermuntere ich Sie sehr, sie alle zu lesen und zu berücksichtigen, damit Ihnen einsichtig werden kann, dass das, was zu versuchen Sie im Begriff sind, wirklich möglich, realisierbar ist.

Verändern Sie Ihr Leben in drei Stunden

Reservieren Sie sich eineinhalb bis drei Stunden Zeit, um fünf vorbereitende Aufgaben durchzuführen. Haken Sie sie nach jeweiliger Erledigung ab.

☐ *Aufgabe #1:* Bestimmen Sie ein Notizbuch zur Verwendung für Ihre *Angstfrei*-Übungen.
Geschätzte Zeit: 1 bis 30 Minuten.

☐ *Aufgabe #2:* Testen Sie Ihr *Angstfrei*-Potenzial. Notieren Sie das Datum, und wo Sie auf der *Angstfrei*-Skala (Stadium 1 bis einschließlich 5) stehen, in Ihrem *Angstfrei*-Notizbuch.
Geschätzte Zeit: 15 bis 30 Minuten.

☐ *Aufgabe #3:* Machen Sie das Quiz zur Ermittlung, ob es Angsthändler in Ihrem Leben gibt. Klären Sie für sich ab, wie Sie auf Abstand zu ihnen gehen werden.
Geschätzte Zeit: 40 bis 60 Minuten.

☐ *Aufgabe #4:* Lesen Sie die Vorbereitungsaufgabe #4 und ziehen Sie in Betracht, den Konsum angstauslösender Medien einzuschränken.
Geschätzte Zeit: 15 bis 30 Minuten.

☐ *Aufgabe #5:* Bitten Sie mindestens eine Person, ein Mitglied Ihres *Angstfrei*-Unterstützungsteams zu werden. Schreiben Sie den Namen und die Kontaktdaten Ihres Team-Mitglieds (bzw. Ihrer Team-Mitglieder) in Ihr Notizbuch.
Geschätzte Zeit: 5 bis 10 Minuten.

Die Regeln des *Angstfrei*-Programms

Gehen wir, ehe wir uns in die Vorbereitungsaufgaben stürzen, einige Grundregeln durch. Behalten Sie die folgenden Regeln im Hinterkopf, damit Sie aus dem Programm möglichst viel herausholen können.

1. Es gibt keine Regeln. Ich habe dieses Programm so angelegt, dass es, wie ich glaube, die meisten Leute werden verstehen und befolgen können. Nichtsdestoweniger gibt es immer Ausnahmen. Sollte eine bestimmte Übung oder ein bestimmter Schritt keinen Einfluss auf oder keine Bedeutung für das vorrangige Problem oder Ziel haben, das Sie in Angriff nehmen wollen, dann können Sie sie bzw. ihn selbstverständlich überspringen. Hüten Sie sich aber vor mentaler Weichheit. Sind Sie versucht, eine Übung oder einen Schritt zu überspringen, weil sie/er Sie verängstigt? Geht es bei Ihrer Aversion mehr um Ihre eigene Angst und Ihr eigenes Unbehagen als darum, was Sie wirklich brauchen? Führen Sie, wenn Sie bei einer Übung im Zweifel sind, diese Übung auf jeden Fall aus, selbst wenn Sie nicht glauben, dass Sie sie brauchen werden.

2. Wenn etwas beim ersten Mal nicht funktioniert, so versuchen Sie es erneut. Ich habe versucht, ein Programm zu schaffen, das pannensicher ist. Nichtsdestoweniger können das Leben und die Umstände sich gelegentlich verschwören, Sie am erfolgreichen Durchführen einer bestimmten Übung zu hindern. Machen Sie, wenn das passiert, nicht den Fehler, sich eine(n) Versager(in) zu nennen und aufzugeben. Versuchen Sie jedes Mal, wenn Sie das

Gefühl haben festzustecken, aus sich herauszutreten. Denken Sie daran, wie ein(e) Freund(in) die Situation betrachten könnte. Wie würde die selbstsicherste und resoluteste Person, die Sie kennen, das Problem, das Sie gerade haben, anpacken? Wie könnte diese Person mit dem Schritt umgehen, der Ihnen gerade Schwierigkeiten bereitet? Was würde diese Person anders machen? Machen Sie sich außerdem klar, dass Sie möglicherweise einfach nur eine kleine Pause von dem Programm brauchen, um sich neu zu formieren, ein gewisses Maß an Orientierung zu gewinnen und jenen mentalen Resetknopf zu drücken. Wenn Sie sich dann wieder daranmachen, könnten Sie vielleicht die neue Perspektive haben, die Sie brauchen, um sich voranzuackern.

3. Deuten Sie es als ein Zeichen, wenn Sie sich dabei ertappen, dass Sie zaudern und aufschieben. Aufschieberei dreht sich um Angst. Wenn Sie eine Übung ständig verschieben, bedeutet das, dass Sie wahrscheinlich diese Übung dringender machen müssen als irgendeine andere Übung in dem Buch. Vergessen Sie nicht: Zu viel Denken ist das, was für gewöhnlich die meisten von uns fertigmacht. Übertriebenes Sinnieren ist es, das uns veranlasst, Ausreden zu erfinden. Es ist an der Zeit, rasch in Aktion zu treten. Hören Sie auf zu denken und beginnen Sie zu tun.

4. Machen Sie jede Übung für sich und nicht für mich. Falls Sie sich dabei ertappen, dass Sie brummeln: »Das gibt's doch nicht, dass ich das machen muss« und: »Ich soll das machen«, so treten Sie einen Schritt zurück. Niemand zwingt Sie dazu, angstfrei zu werden. Ersetzen Sie diese Formulierungen durch »ich entscheide mich, zu ...«, »ich will ...«, »ich kann es« und »ich werde es.«

5. Motivieren Sie sich selbst, indem Sie nach vorne schauen.
Verringern Sie Frustration, Stress und Angst, indem Sie die
Kunst des Vorwärtsdenkens praktizieren. Behalten Sie stets das
Endergebnis im Gedächtnis. Inspirieren Sie sich selbst, indem
Sie sich innerlich ständig auf das ausrichten, was zu erreichen
Sie im Begriff sind.

6. Bleiben Sie unvoreingenommen. Sie könnten vielleicht einige der Übungen in diesem Plan völlig kontraintuitiv finden. Beispielsweise werde ich Ihnen demnächst diese paradoxe Verordnung geben: Werden Sie so ängstlich, wie Sie irgend können. Ich
bitte Sie, mir zu vertrauen. Oft ist das, was unserer Meinung
nach nie funktionieren wird, in Wirklichkeit das, was wir brauchen, um voranzukommen. Ich habe unzählige Menschen beraten. Diese paradoxen Übungen haben bei Klient(in) um Klient(in)
um Klient(in) effektiv funktioniert. Diese Klient(inn)en haben
mich, verschiedentlich, anfangs so angesehen, als ob sie gedacht
hätten, ich sei derjenige, der Hilfe brauche. Später dann jedoch
dankten sie mir alle.

Vorbereitungsaufgabe #1:
Besorgen Sie sich ein Notizbuch

Dieser Plan ist simpel und nicht kostspielig. Sie brauchen nicht
viel, um durchzustarten, aber *ein* wertvolles Hilfsmittel, das sich
zu besorgen ich Ihnen dringend empfehle, ist ein Notizbuch. Sie
werden es dazu verwenden, Notizen über Ihre Fortschritte zu
machen, während Sie durch das Programm navigieren.

Betrachten Sie nun aber das Schreiben in Ihr Notizbuch nicht als eine Übung nach »Mein-liebes-Tagebuch«-Art. Wenn Sie es dazu benutzen, Ihre sämtlichen Klagen über Sie selbst und die Welt aufzulisten, dann werden Sie das Notizbuch auf nichts weiter als einen schlechten Therapeuten reduzieren, der Sorte, die Sie dazu bringt, sich machtlos, anstatt machtvoll zu fühlen. Ich bitte Sie nicht, sich ein Notizbuch zu kaufen, damit Sie Seite um Seite darüber schreiben können, was mit Ihrem Leben nicht stimmt und wer schuld daran ist. Das ist nicht der Ort, um sich über Ihren Chef, Ihre Freunde, Ihre Mutter, Ihre Vergangenheit, Ihren Ehepartner oder Ihr Leben insgesamt zu beklagen. Es ist nicht zum Hadern und Schimpfen da, und es ist nicht zum bewusstseinsstromartigen Tagträumen da.

Nein, ich will, dass Sie Ihr Notizbuch aus einem viel klügeren Beweggrund verwenden. Ich will, dass Ihr Notizbuch zu einem strategischen Werkzeug wird, welches Sie als Hilfsmittel dazu verwenden können, hinsichtlich Ihrer Angstfreiheit zu wachsen.

Es spielt keine Rolle, wie Ihr Notizbuch aussieht. Es kann schick und teuer sein, oder es kann schlicht und billig sein. Wichtig hingegen ist, dass Ihr Notizbuch Papier enthält. Es wäre mir lieber, wenn Sie kein elektronisches Notizbuch verwendeten. Viele meiner Klient(inn)en fragen mich, ob sie sich einfach auf ihren Laptops oder Smartphones Notizen machen können. Ich ermuntere sie grundsätzlich immer dazu, mit der Hand zu schreiben. Ich tue das, weil ich festgestellt habe, dass meine Klient(inn)en, die sich handschriftliche Notizen machen, dazu tendieren, engagierter zu sein und schneller Erfolge zu erzielen, als Klient(inn)en, die zum Notizenmachen Elektronikgeräte verwenden. Das ist wahrscheinlich darauf zurückzuführen, dass das

Schreiben mit der Hand eine Hirnregion stimuliert, die mit Konzentration und Aufmerksamkeit in Verbindung steht. Notizen oder Zielsetzungen auf Papier aufzuschreiben, statt sie per Tastatur auf einen Bildschirm zu tippen, hilft Ihnen, sie sich zu merken und sie zu priorisieren. Außerdem haben verschiedene Studien gezeigt, dass Kinder und Erwachsene dazu tendieren, schneller zu lernen, wenn sie Informationen mit der Hand aufschreiben, statt sie per Tastatur zu tippen. Und schließlich sorgt es für mehr Verantwortlichkeit, wenn Sie Ihre Notizen auf Papier haben – wo Sie sie sehen können. Sie ist greifbarer, weil Sie Ihr Notizbuch sehen und anfassen können. Es ist zudem auch leichter für Sie, Informationen zu strukturieren, weil Sie den Anfang, die Mitte und das Ende der Reise sehen können, was ein Papiernotizbuch viel inspirierender und motivierender macht als ein elektronisches.

Das ganze Programm hindurch werde ich dieses Notizbuch als Ihr »*Angstfrei*-Notizbuch« bezeichnen. Ich werde Ihnen vorschlagen, darin spezielle Notizen festzuhalten und spezielle Übungen schriftlich durchzuarbeiten. Hier sind noch einige weitere Notizen, die Sie vielleicht festhalten wollen:

1. Motivierende Aussprüche, auf die Sie zufällig stoßen und die Sie sich merken möchten.

2. Ein regelmäßiges Ranking Ihrer Angst, Stimmung und Zufriedenheit. Beispielsweise könnten Sie einmal wöchentlich Ihre Zufriedenheit auf einer Skala von 1 (so traurig, dass Sie morgens nicht aufstehen wollen) bis 10 (über euphorisch hinaus) einstufen.

3. Eine Strichliste Ihrer negativen und positiven Angsterfahrungen, während Sie durch das Programm navigieren. Wie ich be-

reits erwähnte, veranlasst uns unser Negativitätsbias, uns an negative Ereignisse vorrangig zu erinnern. Diese Strichliste wird Ihnen helfen, sich an die vielen Male pro Tag zu erinnern, wo Sie imstande sind, über Ihre Angst zu triumphieren.

Vorbereitungsaufgabe #2:
Testen Sie Ihr *Angstfrei*-Potenzial

Machen Sie sich Sorgen, dass Sie nicht das Zeug dazu haben, raus aus der Angst zu gelangen, angstfrei zu sein? Ich bin der festen Überzeugung, dass Sie es haben. Sie sind bereit und imstande. Sie haben das Buch gekauft. Ebenda haben Sie Ihre Entscheidung getroffen. Sie sind bereits neugierig, und Neugier führt zu Veränderung. Seien Sie mutig. Freuen Sie sich auf die Veränderungen. Begeistern Sie sich. Denken Sie positiv. Und selbst wenn Sie nun Mühe haben – Sie sollen wissen, dass ich Ihnen auf den kommenden Seiten genau beibringen werde, positiv zu denken und Ihre Träume und Ziele zu realisieren.

Ich bin noch keiner einzigen Person begegnet, die keine Veränderung erreichen konnte. Ebendaher weiß ich, dass auch Sie es können. Ich würde Sie nicht fehllenken. Ich weiß, was ich tue. Das können Sie mir glauben.

Aber Sie wollen mehr als nur mein Wort. Natürlich tun Sie das. Deswegen habe ich den folgenden Test Ihres Angstfrei-Potenzials mit aufgenommen. Dieser kurze, einfache Test wird Ihnen beweisen, dass Sie bereits angstfreier sind, als Sie denken. Und was wichtiger ist: Er wird Ihnen zeigen, dass Sie – wie alle Menschen – das Potenzial haben, noch angstfreier zu werden.

Der Test basiert auf einer Adaptierung des als »die vier Stufen der Kompetenz(entwicklung)« bezeichneten Motivationsmodells von Abraham Maslow und dem als »die sechs Stadien der Veränderung« bezeichneten Veränderungsmodell von James O. Prochaska und Carlo DiClemente.*

Wie Sie Ihr Angstfrei-*Potenzial testen*

Lesen Sie jedes einzelne Stadium der *Angstfrei*-Skala, beginnend mit Stadium 1. Beantworten Sie die dazugehörigen Fragen und fahren Sie von Stadium zu Stadium fort, bis Sie das Stadium finden, in dem Sie gegenwärtig sind.

Die *Angstfrei*-Skala

Stadium 1: Blinde Ungewissheit

Was es ist: In diesem Stadium merken Sie noch nicht einmal, dass Sie ein Problem haben. Sie haben nicht die Absicht, Ihr Leben zu verändern, weil Sie nicht wissen, dass Lernen und Verändern Ihnen irgendetwas einbringen könnte. Sie merken nicht nur nicht, dass Angst die Quelle Ihrer Probleme ist, sondern Sie sind sich ebenso wenig bewusst, dass Sie ein Problem haben oder von Veränderung gar profitieren könnten. Denken Sie an ängstliche Menschen, die Sie kennen, die noch nicht ein-

---

* Abraham Harold Maslow (1908–1970) war ein US-amerikanischer Professor für Psychologie und gilt als ein Gründervater der Humanistischen Psychologie. – Zum so genannten Transtheoretischen Modell (TTM) der US-amerikanischen Psychologieprofessoren Prochaska (geb. 1943) und DiClemente (geb. 1942), in dessen Zentrum die Konzeption von den »sechs Stadien der Verhaltensänderung« (Stages of Change) steht, siehe: Prochaska, J. O., und DiClemente, C. C., *The Transtheoretical Approach. Crossing the Traditional Boundaries of Therapy*, Krieger Publishing Company, Melbourne u. Florida 1984.

mal merken, dass sie sich ängstigen. Die könnten Ihnen womöglich sagen, sie seien einfach »vorsichtig« oder »realistisch«, wenn sie sich weigern zu fliegen, eine Veränderung in Angriff zu nehmen, oder sonst was. Das ist blinde Ungewissheit.

Beantworten Sie diese Frage: Haben Sie dieses Buch für Sie selbst gekauft?

Wenn Sie mit Ja geantwortet haben: Sie sind nicht in Stadium 1. Da Sie schon dieses Buch angeschafft und bis hierher gelesen haben, kann ich Ihnen mit großer Sicherheit sagen, dass Sie bereits über diese Stufe hinausgelangt sind. Herzlichen Glückwunsch! Gehen Sie weiter zu Stadium 2.

Wenn Sie mit Nein geantwortet haben: Sie könnten in Stadium 1 sein, falls Sie dieses Buch nur lesen, weil jemand in Ihrem Leben – ein Ehepartner, ein(e) Freund(in) oder ein Kollege/eine Kollegin – Ihnen empfohlen hat, es zu lesen. Wenn ja, so gehen Sie zurück und lesen Sie die Kapitel 1 bis einschließlich 4 noch einmal.

Stadium 2: Unbehagliche Ungewissheit

Was es ist: In diesem Stadium haben Sie Klarheit über das Problem und die Quelle Ihrer Angst erlangt. Sie wissen, dass Sie unerfüllt sind und was Sie tun sollten, um diese Situation zu verändern. Doch Ihr gegenwärtiger Grad an Unbehagen wird noch von Ihrer Angst überwogen. Es gibt an Ihrer gegenwärtigen Situation einige Faktoren, die Ihnen gefallen und die Sie nicht aufgeben wollen. Sie denken, dass es mit Ihrem Leben aufwärtsgehen könnte, wenn Sie eine Änderung vornähmen, aber Sie machen sich Sorgen, dass es sich genauso leicht verschlechtern könnte. Denken Sie an den Raucher, der mit einem wirklich schlimmen Husten aufwacht, sich durchaus bewusst ist, dass das vom Rauchen kommt, und denkt: *Ich sollte wirklich damit aufhören.* Dann beginnt der Raucher zu verspüren, wie Entzugssymptome einsetzen. Diese Symptome sind nicht angenehm. Um die Empfindungen der Beschwerden zu vermeiden, zieht der Raucher eine Zigarette heraus, damit er sich an einen Ort des Behagens zurückbewegen kann. Das ist unbehagliche Ungewissheit.

Beantworten Sie diese Frage: Fühlen Sie sich eben jetzt so unbehaglich, dass Sie sich ziemlich sicher sind, jede beliebige Veränderung müsste besser sein, als festgefahren zu bleiben?

Wenn Sie mit Ja geantwortet haben: Sie sind bereits über Stadium 2 hinaus. Sehen Sie? Ich sagte Ihnen doch, dass Sie angstfreier seien, als Sie dächten. Gehen Sie weiter zu Stadium 3.

Wenn Sie mit Nein geantwortet haben: Machen Sie sich klar, dass der Prozess, sich Ihrer Angst zu stellen, zeitweiliges Unbehagen heraufbringt. Dieses Unbehagen vergeht schließlich, sobald Sie erreicht haben, dass die betreffende Veränderung bleibt. Nichts zu tun hingegen, wird zu einer Zunahme desselben führen – zu dauerndem Unbehagen. Denken Sie darüber eine Zeit lang nach, bis Sie zu dem eindeutigen Schluss gekommen sind, dass zeitweiliges Unbehagen viel besser ist als dauerndes Unbehagen. Gehen Sie, sobald Sie das glauben und die obige Frage bejahen, weiter zu Stadium 3. Vergessen Sie nicht: Kurzfristiger Stress ist besser als langfristiges Elend.

Stadium 3: Die Ungewissheitsschwelle

Was es ist: In diesem Stadium hat das Unbehagen, im Status quo zu verharren, das Übergewicht über das Unbehagen vor

Veränderung erlangt. Es ist für Sie ganz offensichtlich, dass es besser sein wird, etwas zu unternehmen, als nichts zu unternehmen. Jetzt sind Sie motiviert, sich zu verändern, und Sie machen kleine Schritte hin zu dieser Veränderung.

Beantworten Sie diese Frage: Haben Sie bereits versucht, Ihre Angst zu überwinden? Beispielsweise gehen Sie ja vielleicht schon zu einem Therapeuten, haben andere einschlägige Bücher gelesen oder andere Methoden ausprobiert.

Wenn Sie mit Ja geantwortet haben: Sie sind bereits über Stadium 3 hinaus! Gehen Sie weiter zu Stadium 4.

Wenn Sie mit Nein geantwortet haben: In Stadium 3 zu sein ist eine großartige Ausgangsbasis für Sie, bei Ihrer Inangriffnahme dieses Programms. Falls Sie in Stadium 3 sind, sind Sie veränderungsbereit. Das Fünf-Schritte-Programm wird sich in dem für Sie genau richtigen Tempo vorwärtsbewegen. Sie könnten sich zwar jederzeit ein bisschen unbehaglich fühlen, aber völlig überfordert fühlen werden Sie sich nie. Wenn Sie dann mit dem Programm durch sind, werden Sie ganz natürlich zu Stadium 4 oder darüber hinaus fortgeschritten sein.

Stadium 4: Vorsichtige Gewissheit

Was es ist: In diesem Stadium kommen Sie voran und versuchen, Ihr Leben zu verändern, und Sie werden angstfreier. Dennoch ist dies alles neu für Sie, daher fühlen Sie sich unbehaglich, genauso, wie Sie sich wahrscheinlich fühlten, als Sie zum ersten Mal Fahrrad fuhren. Ich erinnere mich, wie mein Papa mir das Fahrradfahren beibrachte. Während ich mich fortbewegte, sah ich mich um und registrierte, dass er dreißig Meter hinter mir war und dass er längst losgelassen hatte. Ich begriff: *Ich tue das wirklich allein!* Ich hatte ein so starkes Gefühl der Bewältigung. Bald werden auch Sie dieses Gefühl der Bewältigung haben. Im Augenblick jedoch fühlen Sie sich nicht völlig wohl dabei, dieses Rad allein zu fahren.

Beantworten Sie diese Frage: Haben Sie sich dem gestellt, wovor Sie sich am meisten fürchten, und herausgefunden, dass es nicht ganz so beängstigend war, wie Sie angenommen hatten?

Wenn Sie mit Ja geantwortet haben: Wow, Sie sind angstfreier, als Sie je dachten! Sie müssen in Stadium 5 sein. Hüten Sie sich aber davor, übertrieben zuversichtlich zu sein. Das ist das Stadium jeder beliebigen *Angstfrei*-Reise, in dem viele Menschen auf Probleme stoßen. Diäthalter(innen) nehmen ab und dann wieder zu. Personen gehen aus Sackgassenbeziehungen weg, nur um dann in sie zurückzukehren. Was in diesen Fällen passiert, ist, dass die Leute rückfällig werden und zu einem früheren Stadium auf dem *Angstfrei*-Kontinuum zurückkehren. Meistens werden sie rückfällig, weil sie keine Schritte unternommen haben, ihre Angstfreiheit zu festigen und sie in einen Lebensstil zu verwandeln. Ebendas zu tun, hilft Ihnen Kapitel 11 in diesem Buch. Darin werden Sie finden, was Sie wissen müssen, um zu erreichen, dass Ihre Veränderungen bleiben, sodass Sie Rückfälle zu verhindern vermögen und sich auf eine lebenslange Reise in die Angstfreiheit begeben können.

Wenn Sie mit Nein geantwortet haben: Sie sind normal. Nein, das nehme ich zurück. Sie sind außergewöhnlich. Sie sind bereits in Stadium 4, wohingegen die meisten Leute zu diesem Stadium erst gelangen, wenn sie die fünf Schritte durchgeführt haben. Schätzen Sie es als durchaus positiv ein, wo Sie auf der *Angstfrei*-Skala stehen, und seien Sie sich bewusst, dass es mit dem Leben von hier aus nur aufwärts geht. Der Fünf-Schritte-Plan wird helfen, Ihre Angstfreiheit noch mehr zu festigen, sodass Sie daraufhin anfangen können, sämtliche Ihrer Träume zu realisieren – selbst diejenigen, die Ihnen im Moment unrealisierbar vorkommen mögen.

Stadium 5: Meister(in) der Gewissheit

Was es ist: Das ist die Endstation – das Stadium, wo Sie registrieren, dass das Aufrechterhalten Ihrer Veränderungen mit keiner Anstrengung mehr verbunden ist und Sie nicht mehr versucht sind, in Ihre alten dysfunktionalen Gewohnheiten zurückzufallen. Ihre angstfreien Gedanken und Verhaltensweisen sind jetzt automatisiert. Das Verfolgen Ihrer Ziele und Träume gelingt Ihrem Empfinden nach fast mühelos.

Das ist das Stadium, in dem Sie sein werden, sobald Sie mit diesem Buch durch sind. Gedanken und Verhaltensweisen, die Sie jetzt als fremdartig und unangenehm empfinden, werden Ihnen am Ende beim Erreichen Ihrer Ziele ganz selbstverständlich und mühelos vorkommen.

Wenn Sie dieses Buch beendet haben, werden Sie diese Frage mit einem entschiedenen Ja beantworten! Machen Sie einen Lebensstil daraus, Ihrer Angst ins Auge zu sehen?

Sie werden wahrscheinlich jetzt nicht mit diesem Ja antworten, aber bald werden Sie dieser Aussage zustimmen. Ich ermuntere Sie, auf diese Skala erneut zurückzukommen, sobald Sie die fünf Schritte absolviert haben, und nochmals, nachdem Sie diese wiederholt durchlaufen haben, um einen Traum nach dem anderen zu realisieren.

Vorbereitungsaufgabe #3:
Gehen Sie auf Abstand zu Angsthändlern

Ein Angsthändler ist jemand, der entweder bewusst oder unbewusst dafür sorgt, dass sich Angst verbreitet.

Einfach ausgedrückt: Solche Leute sind negativ. Sie könnten im Lotto gewinnen und etwas zu Beanstandendes daran finden. Sie könnten einen arbeitsfreien Tag bekommen und lamentieren oder sogar befördert werden und lamentieren. Sie lamentieren über alles und jedes, darunter ihren Beruf, andere Freunde, ihre Familie, Verwandte, die Regierung, Prominente, Benzinpreise, die Börsenkurse, verdammt: sogar das Wetter.

Es ist strapaziös, in ihrer unmittelbaren Nähe zu sein. Angsthändler können die Energie regelrecht aus Ihnen raussaugen. Bei diesen Leuten ist das Leben häufig von Drama oder gar einer Reihe von Krisen erfüllt.

Selten wird ein Angsthändler sich wirklich für Sie interessieren, sich nach Ihren Zielen und Träumen erkundigen oder irgendetwas Ermutigendes vorbringen. Er/sie kann egozentrisch und fordernd sein, eine Opfermentalität haben und kein Einfühlungsvermögen besitzen.

Was am schlimmsten ist: Angsthändler sorgen dafür, dass Angst sich verbreitet, und das kann für Sie gerade jetzt ziemlich destruktiv sein.

Ich nehme mal an, dass Sie wahrscheinlich einen oder mehrere Angsthändler in Ihrem Leben haben. Manchmal sind Angsthändler schwer auszumachen, weil wir uns so sehr an sie gewöhnt haben und in gewisser Weise dazu gelangten, sie so zu akzeptieren, wie sie sind. Wie viele Male haben Sie gedacht oder gesagt: »Ach, sie ist einfach ein harter Typ«, oder: »Er ist einfach negativ, das ist alles.« Das mag stimmen, und das mag in der Vergangenheit akzeptabel gewesen sein. Jetzt jedoch nehmen Sie große positive Veränderungen in Ihrem Leben vor. Es ist wichtig, die negative Auswirkung zu erkennen, die derlei Angsthändler auf Sie haben könnten.

Ich führe meinen Klient(inn)en gegenüber häufig diesen Vergleich an, um ihnen die Auswirkung besser zu verdeutlichen, die die Meinungen – positive oder negative – von Leuten auf sie haben könnten. Sagen wir, Sie haben sich entschieden, einen neuen Toyota Prius zu kaufen. Sie sind sich dieser Entscheidung sicher und können es kaum erwarten, auf der punktierten Linie zu unterschreiben. Aufgeregt erzählen Sie Ihrem Bruder von dem Wagen, und er sagt: »Ein Prius? Dieser Wagen schaut aus wie ein Turnschuh mit Reifen.« Jetzt kommen Ihnen leise Bedenken. Er schaut aus wie ein Turnschuh? Wirklich? Also rufen Sie eine Freundin an und sagen ihr, dass Sie daran dächten, einen Prius zu kaufen. Sie sagen: »Kannst du glauben, dass mein Bruder mir sagte, der sähe aus wie ein Riesenturnschuh?« Sie sagt: »Na ja, tut er auch irgendwie.« Jetzt haben Sie noch mehr Bedenken bekommen. Also fragen Sie Ihre Mutter wegen der Sache. Sie erwidert: »Du besorgst dir einen Prius? Warum solltest du dir so ein Auto kaufen?« Jetzt ist Ihre feste Überzeugung erschüttert, und Ihr Glaubenssystem hat begonnen, sich zu verändern.

Angsthändler erzeugen Ungewissheit, fördern Negativität und erschüttern Ihre feste Überzeugung. Gerade jetzt versuchen Sie, Ihren Glauben an Ihre eigene Angstfreiheit zu festigen. Die Angsthändler aber dienen dazu, diesen Glauben zu schwächen.

Es ist wichtig hervorzuheben, dass ich in der Therapie als

das Gegenstück zu einem Angsthändler fungiere. Während ein Angsthändler darauf hinwirkt, ein gesundes Glaubenssystem zu erschüttern und zu destabilisieren, wirke ich darauf hin, ungesunde Glaubenssysteme zu erschüttern und zu destabilisieren und an ihrer Stelle neue, gesunde hervorzubringen. Angsthändler wirken darauf hin, Sie dazu zu bringen, ängstlicher zu sein und weniger aus Ihrem Leben zu machen. Ich wirke darauf hin, Sie und andere dazu zu bringen, angstfreier zu sein und mehr aus Ihrem Leben zu machen. Angsthändler machen Sie schwächer. Ich werde Sie stärker machen – mit diesem Programm.

Wer sind Ihre Angsthändler?

Nehmen Sie sich einen Moment Zeit und denken Sie über Ihre Herkunftsfamilie, Ihre engen Freunde/Freundinnen, Ihre Mitarbeiter(innen) und Ihre flüchtigen Bekannten nach. Sehen Sie sich dann die unten stehende Prüfliste an. Unterziehen Sie jede dieser Personen dem Angsthändler-Test.

Frage	Antwort	
	Ja	Nein
1. Ist die Person generell negativ?		
2. Ist die Person in ihrem Beruf, mit ihrer Familie und in Beziehungen unglücklich?		
3. Lamentiert die Person über Nachrichten, Benzinpreise, Politik und so weiter?		
4. Fühlen Sie sich erschöpft, nachdem Sie Zeit mit der Person verbracht haben?		
5. Macht sich die Person über Ihre Ziele lustig?		

Frage	Antwort	
	Ja	Nein
6. Fühlen Sie sich entmutigt, nachdem Sie Zeit mit der Person verbracht haben?		
7. Ist die Person ein fordernder Mensch?		
8. Ist die Person egozentrisch?		
9. Geht es im Leben der Person sehr dramatisch oder krisenhaft zu?		
10. Hat die Person häufig eine Mentalität der Hilflosigkeit oder eine Opfermentalität?		

Wenn Sie mehr als drei Fragen mit Ja beantwortet haben, dann ist die betreffende Person wahrscheinlich ein Angsthändler und wird Ihnen nicht helfen, Ihre Ziele und Träume zu erreichen. Sie könnten denken, dass drei von zehn bejahenden Antworten nicht so übel ist. Übersehen Sie den Negativitätsbias nicht. Es braucht nur ein bisschen Negativität, um Ihre Entschlossenheit zu schwächen. Betrachten Sie das folgendermaßen. Wenn jemand, den Sie kennen, während 30 Prozent der Zeit negativ ist, bedeutet dies, dass diese Person pro Stunde annähernd achtzehn Minuten und pro Tag fast acht Stunden und pro Woche zwei bis drei Tage lang Angst in Ihr Leben hineinbringt. Das kann sich wirklich summieren!

Was man gegen Angsthändler tun kann
Je nach Ihrem Leben und Ihren Verhältnissen könnten Sie vielleicht nicht in der Lage sein, sämtlichen Angsthändlern in Ihrem Leben aus dem Weg zu gehen. Aber Sie können Folgendes tun.

- **Halten Sie Abstand und wahren Sie Ihre Grenzen.** Jetzt ist es Zeit, Ihre Bedürfnisse voranzustellen. Bleiben Sie auf Ihre Zielsetzung und Ihren Traum fokussiert. Machen Sie sich klar, dass Ihre Ziele wichtiger sind als ein(e) nörgelnde(r) und negative(er) Freund(in). Ein(e) wahre(r) Freund(in) wird Sie und Ihre Ziele verstehen und respektieren.

- **Lassen Sie sich nicht auf ihr Niveau herab.** Bislang haben Sie wahrscheinlich eine Rolle beim Verbreiten von Angst gespielt. Denken Sie über die Rolle, die Sie gespielt haben, nach. Kommt ein(e) bestimmte(r) Freund(in) oder eine Gruppe von Freund(inn)en einfach zum Tratschen zu Ihnen, weil sie wissen, dass Sie mitmachen werden? Wenn ja: Wie können Sie Ihre Worte verwenden, um Angst zu entfachen oder zu verbreiten? Wie könnten Sie den Angstverbreitungs-Kreislauf unterbrechen? Könnten Sie beispielsweise, statt das Angstgerede Ihrer Freundin (Ihres Freundes) zu übertrumpfen, sich zurücklehnen, zuhören und mit einer positiveren Aussage reagieren wie: »Oh, ich bin mir sicher, es wird alles gut«?

- **Retten Sie sie nicht.** So zu handeln aktiviert ihr Verhalten und laugt Sie aus.

- **Fühlen Sie sich nicht verpflichtet, in engem Kontakt zu bleiben.** Seien Sie sich bewusst, dass sich Menschen im Lauf der Zeit ändern. Typisches Beispiel: Ich fühle mich nicht verpflichtet, mit Leuten befreundet zu sein, bloß weil ich sie schon aus der Highschool kenne. Tatsache ist, dass ich nur mit *einem* Freund, Dave, in engem Kontakt bleibe; ihn kenne ich seit dem Kindergarten. Ich bleibe mit ihm befreundet, weil ich es will, aber nicht, weil ich der Meinung bin, dass ich es muss. Wenn die Ziele, Überzeugungen und Werte der betreffenden Person mit den Ihren im Einklang stehen, dann nichts wie ran. Wenn nicht, dann mustern Sie ihn/sie aus.

- **Seien Sie stark und treten Sie für sich selbst ein.** Verletzbar zu erscheinen bietet dem toxischen Freund, der toxischen Freundin nur eine Gelegenheit, weiterhin das Leben aus Ihnen herauszusaugen.

- **Nehmen Sie kein Blatt vor den Mund und seien Sie stolz auf Ihre Ziele.** Vergessen Sie nicht: Sie tun etwas Gesundes!

- **Schaffen Sie Abkühlungsfristen.** Leiten Sie, wenn Angsthändler anrufen, den Anruf auf die Mailbox um. Auf diese Weise können Sie die Nachricht checken und abschätzen, in welchem emotionalen Zustand der/die Betreffende sich gerade befindet, bevor Sie sich auf ein Gespräch mit ihm/ihr einlassen. Ist die Nachricht sehr besorgt und angstbasiert, könnten Sie ein paar Stunden warten, bevor Sie zurückrufen. Die Zeitspanne könnte dem Angsthändler eine Chance lassen, zu einem anderen Thema überzugehen.

Vorbereitungsaufgabe #4:
Impfen Sie sich gegen Angst

Wenn Sie im Begriff wären, eine Schlankheitskur zu machen, würden Sie wahrscheinlich einige Schritte unternehmen, um die Verlockungsmöglichkeiten hinsichtlich bestimmter Nahrungsmittel zu verringern. Beispielsweise könnten Sie Kekse und Chips aus dem Haus schaffen. Oder Sie könnten sie verstecken, indem Sie sie in undurchsichtigen Behältern und hoch oben in einem Wandschränkchen verstauen, das Sie nicht sehr oft benutzen. Solche Methoden würden Ihnen helfen, Verlangen und Verlockung zu vermeiden.

Bei der Angst können Sie das Gleiche machen. Die Gesellschaft wirkt auf vielerlei Weise darauf hin, unsere Angst zu steigern. Wir sprachen gerade über Angsthändler und wie sie darauf hinwirken, Angst auszulösen und zu verschlimmern. Aber es gibt noch viele andere Quellen.

Die Nachrichten mit ihrem starken Hauptgewicht auf Kriminalität und Naturkatastrophen tendieren dazu, die Menschen darauf einzustellen, sich zu ängstigen. Wir werden in einem Nachrichtenkreislauf rund um die Uhr und sieben Tage die Woche mit negativen, bedrohlichen Informationen bombardiert. Wir können den Fernseher nicht einschalten noch auch nur eine Zeitung lesen, ohne Meldungen über Gefahr zu hören, zu sehen oder zu lesen. Wir erfahren von aus ihren Vorgärten gekidnappten Kindern, unbekannten und tödlichen Krankheiten, die wir uns von Vögeln holen könnten, und Problemen, die mit allem zusammenhängen, was wir benutzen und womit wir in Berührung kommen, angefangen bei Toastern, die sich von selbst entzünden, bis hin zu toxischem Schimmel, der in Ihrer Duschkabine lauern könnte.

Kein Wunder, dass wir so angstvoll sind!

Es gibt keine Verschnaufpause und keine Zeit zum Verarbeiten. Wir werden ständig an die schlechte Konjunktur, den Arbeitsplatzverlust und die Arbeitslosigkeit erinnert. Fortwährend hören wir von dichtmachenden Unternehmen und Banken.

Zu alledem kommt noch die Flut der Berichte über hohe

Scheidungsraten, Untreue, betrügende Prominente, Skandale und grausige Verbrechen hinzu. Dies alles sendet eine negative Botschaft; es flößt Angst ein und perpetuiert sie. Bewusst oder unbewusst entwickeln die Leute eine Hyperwachsamkeit.

TESTEN SIE ES AUS

Stufen Sie Ihre Angst auf einer 1-bis-10-Skala ein, bevor Sie sich die Abendnachrichten ansehen. Stufen Sie sie dann nach dem Ende der Nachrichtensendung nochmals ein. Verschlimmern die Nachrichten – mit ihrem starken Hauptgewicht auf düsteren Schreckensszenarien und Katastrophenmeldungen – Ihre Angst? Aller Wahrscheinlichkeit nach tun sie das.

Darüber hinaus: Obwohl das Internet, Simsen, Facebook, Instant Messaging, Status-Updates und Smartphones allesamt unglaubliche Annehmlichkeiten und Effizienz bieten, gibt es da ein Manko, das zu mehr Angst führt. Wenn Ihr Facebook-Stream oder -Posteingangsordner voller besorgter Messages über Währungs- und Kursschwankungen, die Konjunktur sowie andere beängstigende Nachrichtenereignisse ist, werden Sie wahrscheinlich jedes Mal, wenn Sie online sind, verspüren, wie Sie sich nervös anspannen. Es gibt eine Erwartung, dass wir dauernd angeschlossen und erreichbar sein sollten. Das erzeugt Verunsicherung, Ungewissheit. Und was geschieht, wenn wir nicht ständig angeschlossen sind? Was könnten wir verpassen? Was werden die Leute denken, wenn wir uns nicht sogleich wieder bei ihnen melden? Aufgrund all dieser technologischen Fortschritte gibt es mehr Raum für zwingenden Druck und Verunsicherung als je zuvor.

Auch Fernsehsendungen und Filme können Angst hervorrufen. Denken Sie darüber nach, wie Sie sich nach dem Ansehen eines Gruselfilms fühlen. Wollen Sie sich denn so fühlen, während Sie versuchen, ein lebensveränderndes Programm zu beginnen?

Hier sind einige Möglichkeiten, für die Sie sich entscheiden könnten, um Ihre Angst auf Diät zu setzen:

- Meiden Sie Krimidramen, Horrorstreifen und Weltuntergangsdramen. Wählen Sie stattdessen Komödien und Wohlfühldramen.

- Begrenzen Sie Ihren Nachrichtenmedienkontakt auf *eine* zuverlässige Quelle, die über sensationshascherische, angstauslösende Berichterstattung hinausgeht.

- Wenn Sie eine Gruppe von Freund(inn)en haben, die sich einen Zeitvertreib daraus machen, über Angst zu tratschen – *Habt Ihr schon gehört, dass der nächste Terroranschlag während einer großen Sportveranstaltung stattfinden wird?* –, sollten Sie vielleicht besser das Thema wechseln. Nehmen Sie das Heft in die Hand und lenken Sie die Unterhaltung woandershin.

- Gehen Sie auf Facebook und andere soziale Sites erst, *nachdem* Sie Ihre Angstfrei-Übungen für den laufenden Tag bewältigt haben.

Vorbereitungsaufgabe #5:
Schaffen Sie ein *Angstfrei*-Unterstützungsnetzwerk

Genauso wie manche Menschen dazu tendieren, Angsthändler zu sein, tendieren andere dazu, Angstfreiheit hervorzurufen.

Denken Sie an die Menschen in Ihrem Leben, die Sie generell beruhigen und Ihnen für gewöhnlich das Gefühl geben, als ob mit der Welt alles in Ordnung sei. Das sind die Menschen, die das Glas öfter halb voll sehen als halb leer. Sie sind die Art von Menschen, die an Sie glauben, Sie ermutigen und Sie generell dazu bringen, sich wie ein Rockstar zu fühlen. Für mich sind das meine Familie und ein verlässlicher Freund namens John, der Ende siebzig ist. Was auch passiert, sie sehen grundsätzlich immer das Gute in mir.

Das sind die Menschen, die Sie an Ihrer Seite haben wollen. Es sind ebenjene Menschen, mit denen Sie reden wollen, wenn Sie sich schwach fühlen, weil sie Ihnen helfen werden, sich wieder stark zu fühlen. Das sind die Menschen, die ideale Mitglieder Ihres Angstfrei-Unterstützungsteams abgeben würden.

Ihr Unterstützungsteam kann so wenige oder so viele Mitglieder haben, wie Sie möchten. Um sicherzustellen, dass jede Person, die Sie auswählen, das Zeug dazu hat, Sie auf Erfolg hin zu motivieren, lesen Sie die folgenden Fragen. Wenn die Antwort auf alle drei Fragen Ja lautet, dann gäbe die betreffende Person eine großartige Ergänzung für Ihr Angstfrei-Unterstützungsteam ab.

- Bewundern Sie die Fähigkeit dieser Person, Veränderung mit offenen Armen zu begrüßen?

- Motiviert diese Person Sie, nach etwas Größerem zu streben?

- Würden Sie sich dabei wohlfühlen, dieser Person von Ihren Zielen zu erzählen?

Sagen Sie jeder Person, dass Sie im Begriff sind, sich auf einen lebensverändernden Plan einzulassen, der Ihnen helfen wird, ein sehr wichtiges Ziel zu erreichen. Während Sie durch die Schritte des Programms navigieren, werde ich Sie hin und wieder auf Möglichkeiten stupsen, Ihr Angstfrei-Unterstützungsteam in Ihre Reise einzubeziehen. Erzählen Sie Ihren angstfreien Unterstützer(inne)n davon, was Sie gerade zu tun versuchen und warum es so wichtig für Sie ist. Bitten Sie sie, je nach Bedarf, um Rat und Ermutigung.

Sich mit Gleichgesinnten zu umgeben ist wirkmächtig. In Ergänzung zu einem *Angstfrei*-Unterstützungsteam könnten Sie sogar vorschlagen, dass ein(e) Freund(in) oder eine Gruppe von Freund(inn)en sich das Buch kaufen sollten, sodass Sie alle gemeinsam das Programm durcharbeiten können.

Angstfrei-*Komplettveränderung*

Amy, zweiunddreißig, war im Begriff, sich auf eine gewaltige Lebensveränderung einzulassen. Sie hatte das vergangene Jahrzehnt lang im Personalwesen gearbeitet und wollte den Beruf wechseln und Fachanwältin für Arbeitsrecht werden. Dies war ein ehrgeiziges Vorhaben und würde ihr eine Menge Zeit, Geld und harte Arbeit abverlangen, um es Wirklichkeit werden zu lassen. Berufswechsel können eine Menge Angst und Besorgnis hervorbringen sowie dazu führen, dass sich die Menschen darüber im Ungewissen sind, ob sie denn die richtige Entscheidung treffen. Es ist unerlässlich, volle Unterstützung von Freund(inne)n und Angehörigen zu haben. Amy befürchtete, sie hätte nicht die Unterstützung, die sie brauchte. Zumal es da ein paar Leute in ihrem Leben gab, die bereits ihre Nicht-Ermutigung zum Ausdruck gebracht hatten.

Das Ziel: Amy wollte sich mit unterstützenden Freund(inn)en und Angehörigen umgeben und nicht von jenen abgelenkt werden, die negativ waren und Angst einflößten.

Der Gewinn: Wenn sie lernte, mit den nicht unterstützenden Leuten in ihrem Leben umzugehen, würde Amy in der Lage sein, mit mehr Selbstvertrauen und weniger Stress ihrem Jurastudium nachzugehen und den Beruf zu wechseln.

Das Programm: Ich half Amy, ihre Bedürfnisse zu identifizieren. Es war keine Überraschung, dass das Erlangen ihres rechtswissenschaftlichen Diploms und das Erhalten voller Unterstützung vonseiten ihrer Freund(inn)e(n) an erster Stelle standen.

Ich bat sie, das Angsthändler-Quiz (Vorbereitungsaufgabe #3) zu machen und anhand der Ergebnisse zwei Listen zu erstellen: eine von Personen, die ihren Traum unterstützten, und eine zweite von Personen, die dies nicht taten. Nach dem Erstellen dieser Listen wurde es klar, auf wen Amy zählen konnte, dass er/sie ihr helfen würde, ihr Ziel zu erreichen, und auf wen nicht. Ich sprach dann mit Amy über People Pleasing und darüber, warum sie sich verpflichtet fühlte, mit den Personen befreundet zu bleiben, die sie von ihren Träumen zurückhielten. Ich riet ihr dann, von den Angsthändlern Abstand zu halten.

Das Ergebnis: Amy verlagerte ihr Hauptaugenmerk auf die Personen in ihrem Leben, die unterstützend waren, und schenkte den Angsthändlern viel weniger Beachtung. Da sie von ihren unterstützenden Freund(inn)en bekam, was sie brauchte, verspürte sie weit weniger Bedürfnis, sich mit den anderen Leuten in ihrem Leben zu befassen. Die Angsthändler hatten eine weitaus schwächere Präsenz in ihrem Leben als zuvor, und Amy war in der Lage, ein unterstützendes Team zusammenzustellen, während sie ihr Jurastudium begann.

Kapitel 6

Schritt 1:
Definieren Sie Ihr Traumleben

Jeder hat Träume, aber nur ein paar Leute verwirklichen sie.

Sie sind im Begriff, einer von den wenigen zu werden.

Um Ihre Träume in Erfüllung gehen zu lassen, brauchen Sie nicht sich über Jahre hinziehende Einzelberatungen bei dem teuersten Therapeuten im Lande, und Sie brauchen auch nicht unbedingt ein Rezept. Sie brauchen sich keine teuren Audio-Kassetten oder -CDs anzuhören, die dafür konzipiert sind, Ihr Gehirn neu zu verschalten, und Sie brauchen auch keine teuren Präparate zu nehmen, die dafür konzipiert sind, die Psyche zu beruhigen. Alles, was Sie brauchen werden, sind ein Kugelschreiber oder Bleistift, Papier und Entschlossenheit, sich zu verändern. Das Einzige, was zwischen Ihnen und dem steht, was Sie wollen, sind Sie selber. Es ist Zeit, nicht mehr Ihren eigenen Weg zu blockieren. Es ist Zeit, angstfrei zu werden.

Ich kann garantieren, dass Sie, sobald Sie mit diesem Kapitel fertig sind, das Leben nicht ganz auf die gleiche Weise sehen werden, wie Sie es sahen, bevor Sie mit der Lektüre begannen. Das liegt daran, dass Sie Ihr Traumleben gesehen und definiert haben werden. Und sobald Sie den Traum gesehen und definiert haben, werden Sie sich endlich darauf verstehen, wie Sie das Leben gestalten, das Sie wirklich wollen.

Ja, dieses Kapitel wird Sie verändern. Es wird Sie mit der Leidenschaft und Energie erfüllen, die möglicherweise bis jetzt in Ihrem Leben gefehlt haben. Es wird Ihnen jenen Tritt in den Hintern geben, den Sie brauchen, um aus Eintönigkeit und Mittelmäßigkeit auszubrechen – und anzufangen, das anzustreben, was bis jetzt unrealisierbar erschienen sein mag.

Das ist aufregend.

Aber ich muss Sie warnen: Dieser erste Schritt in diesem Programm ist genauso trügerisch, wie er aufregend ist. Er ist trügerisch, weil die Übungen, die Sie zur Durchführung des ersten Schritts dieses Programms machen werden, nicht kompliziert oder zeitaufwendig sind. Sie könnten in der Lage sein, alles in diesem Kapitel Vorgeschlagene in nur einer Stunde zu durchflitzen.

Klingt nach Kinderspiel, oder?

Das ist es nicht. Auf den folgenden Seiten werden Sie Ihr Ziel definieren, welches wir liebevoll Ihren »Traum« nennen werden. Träumen ist gesund, und einen Traum zu verfolgen ist noch gesünder. Es ist mobilisierend, energetisierend und kann Sie aus fast jedem Trott herausholen, in dem Sie sich befinden mögen.

Dennoch könnte dies irgendeine Angst heraufbeschwören, von Angst vor Veränderung bis hin zu Angst vor Erfolg. Veränderung ist stressig. In meiner Praxis begegnen mir alle naslang Menschen, die sich verehelichen oder ein Haus kaufen. Das sind positive und freudige Ereignisse, aber nichtsdestoweniger sind sie sehr stressig. Ich beriet gerade einen Typ, der kürzlich befördert worden war und eine dicke, fette Gehaltserhöhung bekommen hatte; das hatte er gebührend gefeiert, indem er seinen ramponierten alten Ford für einen neuen Mercedes in Zahlung gab. Dieser neue Wagen erfüllte ihn mit Unruhe! Es war eine gute

Veränderung, aber es war dennoch eine Veränderung, und alle Veränderung ist stressig.

Um Erfolg zu haben, müssen Sie Stress als eine natürliche Begleiterscheinung von Veränderung annehmen. Es führt kein Weg daran vorbei. Es wird ein bisschen unbequem werden.

Aber Sie können das. Außerdem werde ich bei Ihnen sein. Weil ich diese Übungen bei so vielen meiner Klient(inn)en praktiziert habe, habe ich im Voraus bedacht, wo Sie stecken bleiben oder sich sogar überfordert fühlen könnten und vielleicht anfangen würden, sich zurückzuziehen. Ich habe die Übungen vorauskalkuliert, die Sie verleiten könnten zurückzuweichen oder Sie veranlassen könnten, es sich selbst auszureden, Ihren Traum überhaupt zu verfolgen. Betrachten Sie mich als Ihren Trainer, Ihren Therapeuten oder Ihren Motivations-Guru.

Ich habe sogar veranschlagt, wann Sie, aufgrund von Angst, versucht sein könnten, dieses Buch aus der Hand zu legen und wegzugehen. An diesen Stellen werden Sie feststellen, dass ich **Angst-Gegenmittel** eingefügt habe. Es ist normal, vorausgesehener Beängstigung ausweichen zu wollen. Warum sollten Sie nicht versuchen, darum herumzukommen, sich unbehaglich zu fühlen, wenn Ihnen das möglich wäre? Es ist menschlich zu versuchen, den Status quo aufrechtzuerhalten, aber der Status quo ist nicht immer das, was gut für Sie ist, und er führt nicht immer zu glücklicher Zufriedenheit.

Manchmal ist Veränderung das einzig Richtige, und diese Gegenmittel werden Ihnen helfen, sich an Ihrem mentalen Widerstand vorbeizubewegen, sodass Sie Veränderung bereitwillig anzunehmen vermögen und sich zu dem hinbewegen können, was Sie im Leben wirklich wollen.

Verändern Sie Ihr Leben in drei Stunden!

Schritt 1 umfasst fünf Übungen, zu deren Durchführung Sie zwei bis drei Stunden brauchen werden. Ich ermuntere Sie, einen Batzen Zeit für diese Übungen zu reservieren und sie hintereinanderweg zu machen. Sie stehen alle in Zusammenhang miteinander. Haken Sie sie jeweils ab, während Sie vorrücken.

☐ *Übung #1:* Visualisieren Sie die Zukunft, die Sie für sich selbst wollen. Sehen Sie sie in allen Einzelheiten.
Geschätzte Zeit: 20 bis 30 Minuten.

☐ *Übung #2:* Schreiben Sie eine auf Ihrer Visualisierung aus Übung #1 basierende Traumliste. Halten Sie nichts zurück.
Geschätzte Zeit: 15 bis 20 Minuten.

☐ *Übung #3:* Feilen Sie an Ihrer Liste durch entsprechendes Ankreuzen, um sicherzustellen, dass jedes Ziel bzw. jeder Traum innerlich motiviert, adäquat, realistisch, inspirierend, positiv und spezifisch ist.
Geschätzte Zeit: 15 bis 20 Minuten.

☐ *Übung #4:* Erstellen Sie eine Gewinn-/Lohn-Liste. Schreiben Sie sie in Ihr *Angstfrei*-Notizbuch. Listen Sie sämtliche Vorteile auf, die Ihnen erwachsen, wenn Sie sich Ihrer Angst stellen und Ihr Ziel erreichen.
Geschätzte Zeit: 15 bis 20 Minuten.

☐ *Übung #5:* Priorisieren Sie Ihre Traumliste. Wählen Sie *ein* in den nächsten 28 Tagen zu erreichendes Ziel (bzw. *einen* zu erreichenden Traum) aus.
Geschätzte Zeit: 5 bis 10 Minuten.

Übung #1:
Sehen Sie Ihre Zukunft

Diese Übung wird Ihnen helfen, tief zu schürfen, sich selbst gegenüber ehrlich zu werden und aufzudecken, was Sie wahrhaft wollen und wo Sie wirklich hinwollen.

Entspannen Sie sich an einem angenehmen Ort, irgendwo, wo Sie sich geborgen und sicher fühlen und träumen dürfen. Es sollte ein Ort sein, den Sie nicht mit Beurteilung oder Spott in Zusammenhang bringen. Es sollte ein Ort sein, an dem Ihnen wohl wird, einer, der ein Lächeln auf Ihr Gesicht zaubert, wenn Sie an ihn denken. Vielleicht ist das ein Lieblingszimmer in Ihrem Zuhause. Vielleicht ist es ein Park. Vielleicht ist es Ihr Lieblingssessel. Vielleicht ist es Ihr Garten hinterm Haus. Oder vielleicht ist es sogar eine Andachtsstätte. Wo auch immer der Ort ist: Begeben Sie sich dorthin.

Verhindern Sie die Möglichkeit von Ablenkungen. Schalten Sie den Computer und das Telefon aus. **Verbringen Sie dann einige Zeit mit dem Nachdenken über die folgenden Fragen:**

- Was begeistert/stimuliert/erregt Sie?

- Was lieben Sie?

- In Bezug auf was sind Sie leidenschaftlich?

- Wen bewundern Sie und warum?

- Wer sind Ihre Helden und warum?

- Wem wären Sie liebend gerne ähnlicher und warum?

- Wessen Leben hätten Sie gerne und warum?

- Denken Sie über Personen in Ihrem Leben nach, die Sie begeistern/stimulieren/erregen. Was tun diese? Warum finden Sie es aufregend?

- Wen in Ihrem Leben finden Sie inspirierend? Was an diesem Menschen inspiriert Sie?

- Wenn Sie jemand anders sein könnten: Wer wären Sie?

- Was fehlt in Ihrem Leben?

- Wenn Sie ebenjetzt alles Beliebige tun könnten: Was würden Sie gerade tun?

- Wenn Sie überall arbeiten könnten: Wo würden Sie arbeiten?

- Was würden Sie in Ihrem Leben tun oder haben, wenn Geld kein Hindernis wäre?

- Was würden Sie tun, wenn Sie nicht mit Angst, Stress, Ungewissheit, Risiko oder Unbehagen fertigwerden müssten, um es zu erlangen?

Hinter deiner Angst liegt deine Kraft

Visualisierung ist ein wirkmächtiges Instrument. Wenn Sie es vor Ihrem geistigen Auge sehen, dann ist es eine Realität für Ihren Körper.

Denken Sie über diese Fragen im Hinblick auf alle Bereiche Ihres Lebens nach: das Privatleben, das Arbeitsleben, das Sozialleben, das Finanzleben und das Sexualleben. Versuchen Sie, im Hinblick auf jeden einzelnen Bereich Ihre ideale Zukunft zu visualisieren. Gebrauchen Sie beim Visualisieren alle Ihre Sinne. Sehen, hören, spüren und schmecken Sie es. Werden Sie sich klar über das, was Sie wollen. Gehen Sie dann weiter zu Übung #2.

Übung #2:
Schreiben Sie Ihre Traumliste

Sie sahen gerade Ihren Traum, und was Sie gerade sahen, könnte Sie, wenn Sie nicht anders als die meisten Menschen sind, ein bisschen verängstigen. Es könnte unrealisierbar erscheinen. Die Menschen denken häufig an Gründe, warum sie etwas nicht tun können, statt an Gründe, warum sie es können. Sie könnten sich dabei ertappen, dass Sie es genauso machen. Die Worte *kann nicht, sollte nicht* und *werde nicht* könnten eben jetzt nachdrücklich und laut in Ihrem Kopf sein. Sie könnten versucht sein, sich selbst zu sagen: *Ich will das nicht wirklich. Es ist ein Fehler. Ich verdiene das nicht.*

Nicht so schnell. Das ist Ihre Angst, die da redet. Vergessen Sie nicht: Jetzt ist nicht der Zeitpunkt zu bewerten, was Sie sahen.

Aber es ist der Zeitpunkt, es aufzuschreiben. Wenn Sie Angst vor etwas haben, wird das Aufschreiben des Visualisierten Ihnen helfen voranzukommen. Es nimmt es aus jenem nebelhaft verschwommenen Ort in Ihrem Geist heraus – jenem Ort, wo die Verneinung, die Leugnung, einzusetzen neigt – und bewegt Sie einen kleinen und schmerzlosen Schritt näher zum Handeln. Es aufzuschreiben hilft Ihnen auch, Ihre Gedanken zu ordnen und an dem Traum zu feilen – womit Sie ihn spezifischer, realistischer machen und mehr dem angeglichen, was Sie wirklich wollen. Schließlich hilft es Ihnen, für die Sache verantwortlich und auf sie eingeschworen zu bleiben.

Sicher, es aufzuschreiben, könnte Angst heraufbringen. Sie könnten sich dabei ertappen, dass Sie sich gegen diese Übung wehren. Vielleicht sagen Sie sich: *Das muss ich nicht aufschreiben. Ich werde es mir merken,* oder: *Es ist albern, es aufzuschreiben.* Es ist jedoch nicht albern.

Ich schreibe die Dinge auf, und ich finde das wirkmächtig und effizient. Außerdem habe ich beobachtet, wie Klient(in) um Klient(in) mutiger wurden, einfach dadurch, dass sie sich die Zeit nahmen, ihre Ziele aufzuschreiben. Wenn Sie versuchen, Ihre Träume und Ziele im Kopf zu behalten, dann können Sie sie leicht auf die lange Bank schieben und ignorieren. Sie können einen weiteren Tag verstreichen lassen, bevor Sie irgendetwas sie Betreffendes unternehmen – und dann einen weiteren Tag und noch einen Tag und dann schließlich einen Monat und dann ein Jahr. Zum Schluss werden Sie ans Ende Ihres Lebens gelangen und sich fragen, ob Sie jemals wirklich gelebt haben oder nicht. Mit einer Einstellung nach dem Motto: »Warum heute etwas tun, das man bis morgen verschieben kann?« werden Sie zu keinerlei Erfolg gelangen. Sie wird nur zementieren, dass Sie sich festgefahren, unglücklich und unerfüllt fühlen.

Indem Sie es aufschreiben, werden Sie für sich selbst verantwortlicher. Alles wird konkreter. Sie fangen an, vom Wünschen zum Tun überzugehen.

Um Ihre Traumliste zu schreiben, nehmen Sie bitte einen Kugelschreiber oder Bleistift und ihr Angstfrei-Notizbuch zur Hand und bringen alles zu Papier, was Sie aus Übung #1 ersehen haben. Ihre Liste könnte so aussehen:

Meine Träume

Beruf:

- Ich möchte einen Beruf, der erfüllend und stimulierend ist.
- Ich möchte mich motiviert fühlen, wenn ich morgens aufstehe. Ich möchte mich darauf freuen, meinen Tag im Büro/Geschäftszimmer/Firmensitz zu beginnen.
- Ich möchte in einer Stellung sein, wo meine Meinung zählt.

Liebe, Ehe, Beziehungen:

- Ich möchte einen Partner, der mich versteht.
- Ich möchte mit jemand zusammen sein, mit dem ich Spaß haben kann.
- Wenn Probleme auftreten, möchte ich in der Lage sein, sie zu lösen.

Sozialleben:

- Ich möchte von coolen Freund(inn)en umgeben sein, die mich verstehen und unterstützen.

Geld:

- Ich möchte genügend Ersparnisse haben, sodass ich komfortabel Urlaub machen kann.
- Ich möchte mir dessen sicher sein, dass ich mich aus dem Berufsleben zurückziehen kann.

Sex:

- Ich möchte multiorgasmischen, erderschütternden Sex haben.
- Ich möchte mit meinem Körper so zufrieden sein, dass ich wollen werde, dass das Licht an bleibt.

- Ich möchte wissen, dass ich die Welt meines Partners auf den Kopf stelle.

Schreiben Sie alle Träume auf, selbst die, von denen Sie meinen, sie könnten albern, frivol oder zu beängstigend sein.

Angst-Gegenmittel: Haben Sie ein Brett vor dem Kopf? Wenn ja, dann kommt Ihnen Ihre Angst in die Quere. Das ist fast so, als ob sie hinter Ihnen stünde, Ihnen über die Schulter schaute und heiße, unangenehme Luft Ihren Nacken hinunter hauchte. Wer kann frei denken, wenn das vor sich geht? Ich weiß, dass ich es nicht kann! Gehen Sie in dieser Lage so vor: Distanzieren Sie sich einen Moment lang von sich selbst. Schließen Sie die Augen und suggerieren Sie sich, Sie seien in einem Kino. Sie sitzen hinten. Der Raum ist dunkel. Sie sehen den Film auf der Leinwand an. Die Hauptfigur in dem Film ist jemand, der große Ähnlichkeit mit Ihnen hat. Diese Person sieht aus wie Sie. Diese Person hat dieselbe Persönlichkeit wie Sie. Diese Person will dieselben Dinge im Leben wie Sie. Und diese Person bekommt sie. In diesem Film hat diese Figur das ideale Leben. Was macht diese Person da gerade? Was sehen Sie gerade?

Übung #3: Festigen Sie Ihre Traumliste

Bis jetzt habe ich Sie gebeten, jenen inneren Kritiker abzuschalten – jene Stimme in Ihrem Kopf, die Ihnen sagt, warum Sie etwas nicht tun können, nicht tun sollten oder nicht tun werden.

Ich wollte, dass Sie so verfahren, weil Sie, wenn Sie Ihren Kritiker zu früh im Prozess an die Oberfläche treten lassen, nie in die Gänge kommen werden.

Aber jetzt haben Sie etwas Schwungkraft. Sie haben eine Reihe von Zielen aufgeschrieben.

Es ist Zeit, realistisch zu werden und herauszufinden, welche davon tatsächlich Ziele sind, die Sie verfolgen können, sollten und wollen. Es ist Zeit, Ihren inneren Kritiker zu Wort kommen zu lassen. Dennoch werde ich einige Grundregeln festlegen, damit Ihr Kritiker nicht tut, was er oder sie normalerweise tut, und Ihnen nicht jeden einzelnen Traum und jedes einzelne Ziel ausredet, den bzw. das Sie haben. Statt Ihrem Kritiker zu erlauben, jedwede Idee zu verreißen, werden wir ihn oder sie zur Feinabstimmung und Verbesserung Ihrer Traumliste hinlenken.

Um dies zu tun, werden wir jeden Punkt oder Gegenstand auf Ihrer Traumliste jeweils einzeln durchgehen. Denken Sie in Bezug auf jeden Punkt bzw. Gegenstand über die folgenden Fragen nach und nehmen Sie dann aufgrund Ihrer Überlegungen jegliche erforderlichen Veränderungen an Ihrer Liste vor.

Ist das wirklich mein Traum, oder ist es der Traum von jemand anderem? Denken Sie darüber nach, warum Sie dieses Ziel verfolgen wollen. Ist es ein Wunsch, der tief aus dem Innern kommt? Oder ist es ein Wunsch, der von außerhalb Ihrer selbst kommt – vielleicht ein Wunsch, andere in Ihrem Leben zufriedenzustellen?

Innengesteuerte Motive sind weitaus machtvoller, stärker und dauerhafter als außengesteuerte. Beispielsweise werden Sie es mit viel größerer Wahrscheinlichkeit schaffen abzunehmen, wenn Sie die Abspeckkur machen, weil Sie sich in Ihrer eigenen

Haut wohler fühlen wollen, als wenn Sie sie machen, um Ihren Ehepartner dazu zu bringen, dass er/sie sich wieder in Sie verliebt. Sie werden mit viel größerer Wahrscheinlichkeit einen neuen Job anstreben und bekommen, wenn Sie den Job wollen, damit Sie mehr Unabhängigkeit haben, als wenn Sie den Job eigentlich wollen, um Ihre Freund(inn)en oder Ihre Familie damit zu beeindrucken.

Stellen Sie sicher, dass Sie das Ziel für sich selbst setzen und nicht wegen jemand anderem oder um gesellschaftliche Erwartungen zu erfüllen. Denken Sie bei jedem einzelnen Ziel darüber nach, ob Sie es aus den richtigen Gründen aufgelistet haben. Vervollständigen Sie neben jedem Ziel jeweils diesen Satz:

Ich will das tun, weil

Geht es in Ihrer Antwort um Sie? Dann ist das wahrscheinlich ein innerlich motiviertes Ziel. Geht es in Ihrer Antwort um jemand anderen? Geht es beispielsweise bei diesem Ziel darum, ihre Freund(inn)e(n) oder Angehörigen zu beeindrucken? Geht es bei ihm darum, Sie für einen potenziellen Partner reizvoller zu machen oder Ihnen größere Bewunderung zu verschaffen? Dann ist es wahrscheinlich äußerlich motiviert, und es wird Ihnen viel schwerer fallen, Ihre Angst und Ihren Widerstand zu überwinden, um dieses Ziel zu erreichen. Gehen Sie Ihre Liste durch und streichen Sie Träume, die Sie aus den falschen Gründen aufgelistet haben könnten. Streichen Sie beispielsweise Punkte von der Liste, die so klingen:

- Ich möchte Mutter/Vater werden, weil ich will, dass meine Eltern ein Enkelkind bekommen.

197

- Ich möchte auf die Graduiertenschule gehen, weil das alle anderen in meiner Familie getan haben und ich nicht das schwarze Schaf der Familie sein will.

- Ich möchte eine Vollzeitmama sein, weil ich weiß, dass das meinen Mann und meine Mutter sehr glücklich machen würde.

Ist das der richtige Traum? Gibt es einen alternativen Traum? Denken Sie in Bezug auf jeden Traum- bzw. Zielpunkt auf der Liste darüber nach, warum Sie ihn wollen und ob es eine alternative Möglichkeit gibt zu bekommen, was Sie wollen. Sollten Sie beispielsweise »einen neuen Job kriegen« aufgelistet haben, so denken Sie darüber nach, warum. Möchten Sie das, weil Sie Ihren gegenwärtigen Job hassen? Wenn ja: Ist »einen neuen Job kriegen« die einzig mögliche Lösung? Wie wäre es denn, wenn Sie in Ihrem gegenwärtigen Job Veränderungen vornähmen, die Ihnen womöglich größere berufliche Befriedigung bringen würden?

Gehen Sie Ihre Liste durch. Denken Sie über Alternativen nach, durch die Sie zu demselben Ziel gelangen könnten. Entscheiden Sie dann, welche Alternative in Angriff zu nehmen Sie inspirierender finden.

Ist dieser Traum realistisch? Sie wollen keinen wahnsinnig unrealistischen Traum wählen. Gleichzeitig wollen Sie nicht Ihrer Angst vor Veränderung nachgeben und nicht beschließen, einen absolut erreichbaren Traum deswegen nicht zu verfolgen, weil Ihre Angst Ihnen sagt: *Das ist unmöglich.*

Wie erkennen Sie den Unterschied? Hier sind zwei einfache Tests.

Erstens tendieren unrealistische Träume dazu, leer zu sein. Statt mit Ihrem Alltagsleben verbunden zu sein, sind sie Ideale. »Superreich werden« beispielsweise ist ein von vielen Menschen gehegter unrealistischer Traum. Er ist auch leer, weil er geringe bis keine Bedeutung hat. Wenn Leute mir sagen, dass sie reich sein wollen, stelle ich für gewöhnlich fest, dass sie eigentlich bloß in der Lage sein wollen, ihre Rechnungen zu bezahlen, ohne sich Sorgen machen zu müssen, in Schulden zu geraten, und wohlhabend genug, um ab und an für irgendetwas viel Geld auszugeben. Was sie wirklich wollen, ist nicht unbedingt Reichtum. Es ist finanzielle Sicherheit, und finanzielle Sicherheit ist viel leichter zu erreichen, als superreich zu werden.

Zweitens erfordern unrealistische Träume normalerweise riesige Sprünge vorwärts, wohingegen erreichbare sich leicht auf kleine, ausführbare Mini-Zielsetzungen herunterbrechen lassen, die ich gerne »Trittsteine« nenne. Denken Sie in Bezug auf jeden Traum- bzw. Zielpunkt auf Ihrer Liste darüber nach, ob Sie sich mindestens drei kleine Maßnahmen einfallen lassen können, die Sie zu Ihrem Traum hin unternehmen können. Sagen wir, dass beispielsweise einer der Punkte auf Ihrer Liste »ein Buch schreiben« ist. Drei kleine Maßnahmen zum Schreiben eines Buches hin könnten sein: (1) Entscheiden, worüber ich schreiben will; (2) Bücher über das Schreiben eines Buchs lesen; und (3) täglich fünfzehn Minuten über mein Thema schreiben. Alle drei dieser Schritte scheinen mir absolut machbar und zumutbar. Ich nehme an, Ihnen geht es da genauso.

Sagen wir hingegen, Ihr Traum sei es, mit Brad Pitt zu gehen und ihn zu heiraten. (Ich weiß, dass das ein Extrembeispiel ist.) Können Sie sich drei kleine Strategien ausdenken, die Sie relativ leicht und mühelos ausführen können, um sich dadurch dem Erreichen dieses Ziels näher zu bringen? Wenn Sie nicht zufällig Angelina Jolie heißen, bezweifle ich, dass Sie dazu in der Lage sein werden.

Hinter deiner Angst liegt deine Kraft

Wie der altchinesische Philosoph Lao-tzu einst sagte: »Eine Reise von tausend Meilen beginnt mit *dem ersten* Schritt.« Wenn Sie sich ein paar kleine Schritte ausdenken können, dann können Sie sich wahrscheinlich noch tausend weitere ausdenken.

Wenn Sie sich keinen einzigen kleinen Schritt ausdenken können, werden Sie aller Wahrscheinlichkeit nach nicht in der Lage sein, zu Ihrem Reiseziel zu gelangen. Denken Sie lang und gründlich über jeden Traum- bzw. Zielpunkt auf Ihrer Liste nach. Ist er möglich bzw. realisierbar? Wenn ja, warum? Ist er unmöglich bzw. nicht realisierbar? Wenn ja, warum?

Ist dieser Traum inspirierend? Kam er aus einem Ort der Inspiration oder einem Ort der Verzweiflung? Sie träumen aus Inspiration, wenn es in Ihren Träumen darum geht, sich auf etwas Positives zuzubewegen, wohingegen Sie aus Verzweiflung träumen, wenn es in Ihren Träumen darum geht, sich von etwas Negativem wegzubewegen.

Inspirierende Träume klingen so:

- Ich möchte ein(e) Schriftsteller(in) werden, weil ich Worte immer geliebt habe. Ich liebe sie so sehr, dass ich schon seit Jahren hobbymäßig schreibe.

- Ich würde liebend gern mein eigenes Zuhause besitzen. Ich würde das Gefühl der Unabhängigkeit lieben, das es mir gäbe.

- Ich würde mich wahnsinnig freuen, wenn ich die Welt bereisen könnte. Ich habe es immer geliebt, von anderen Kulturen zu erfahren und andere Länder zu erkunden. Ich möchte wirklich das Reisen in mein Leben zurückbringen.

Andererseits kommen Sie von einem Ort der Verzweiflung, wenn Ihre Ziele so klingen:

- Ich sollte heiraten, weil ich Angst vor dem Alleinsein habe.

- Es wäre besser, ich bekäme eine Beförderung am Arbeitsplatz, weil ich nicht weiß, was passieren wird, wenn ich keine kriege.

- Wenn ich nicht ans andere Ende des Landes umziehe, könnte ich mich letztendlich für den Rest meines Lebens elend fühlen.

Vielleicht meinen Sie, dass Verzweiflung und Inspiration in gleichem Maße motivierend sind, aber das sind sie nicht. Verzweiflung ist bestenfalls ein kurzfristiger Motivator. Sie ist selten stark genug, irgendjemandem zu helfen, sich völlig von Angst frei zu machen. In den meisten Fällen, in denen Menschen Verzweiflung zur Selbstmotivierung benutzen, stellen sie letztendlich eine immer wieder aufflackernde Beziehung zur Angst her. Sie fangen an, eine Veränderung vorzunehmen. Dann bewegen sie sich rückwärts. Dann versuchen sie es erneut. Dann fallen sie zurück.

Menschen, die hingegen Inspiration als ihren Hauptmotivator benutzen, bleiben positiv und denken grundsätzlich langfristig. Sie sind in der Lage, kurzfristige Unannehmlichkeit und Beängstigung zu überwinden, weil sie wissen, dass das langfristige Ziel dies so sehr wert ist.

Werfen Sie, um herauszufinden, ob Ihre Träume und Ziele inspirierend sind, einen Blick auf Ihre Traumliste, und stellen Sie fest, ob Sie zur Beschreibung Ihrer Träume bzw. Ziele inspirierende Worte oder verzweifelte Worte verwendet haben.

Inspirierende Worte und Formulierungen	Verzweifelte Worte und Formulierungen
Es wird wunderbar sein, wenn ...	Ich muss ...
Ich freue mich auf ...	Ich sollte ...
Ich kann es kaum erwarten, bis ...	Wenn ich es nicht mache, dann ...
Ich bin so aufgedreht, dass ich dazu gelange ...	Ich sollte besser, anderenfalls ...

Ist das ein positiver Traum bzw. ein positives Ziel? Es ist motivierender, das in den Mittelpunkt zu stellen, was Sie mit Ihrem Leben machen werden, als das in den Mittelpunkt zu stellen, was Sie nicht tun werden oder zu tun aufhören werden. Genau genommen: Je mehr Sie den Schwerpunkt darauf legen, etwas nicht zu tun, desto mehr werden Sie es tun wollen. Denken Sie an die magische Anziehungskraft eines »Vertraulich«-Aufklebers auf einem Briefumschlag, und Sie wissen, was ich meine. Oder denken Sie daran, wie Sie sich fühlen, wenn jemand sagt: »Ich würde Ihnen liebend gern davon erzählen, aber es ist ein Geheimnis. Vergessen wir, dass ich es überhaupt zur Sprache brachte.«

Ähm, vergessen? Wirklich? Jetzt können Sie nicht aufhören, daran zu denken! Oder?

Ebendeshalb will ich, dass Sie einen Blick auf jedes einzelne Ziel auf Ihrer Liste werfen und es, sofern es negativ ist, neu schreiben, um es positiv zu machen. Hier sind einige Beispiele, die Sie als Anregung verwenden können.

Negatives Ziel	Positives Ziel
Ich werde mir nicht so viele Umstände machen.	Ich werde Prioritäten setzen und Ausgewogenheit finden.
Ich werde auf der Arbeit kein Fußabtreter sein.	Ich werde mich durchsetzen.
Ich werde bei Dates nicht ängstlich werden.	Ich werde bei Dates entspannt sein und mich wohlfühlen.
Ich werde mit Rechnungen nicht in Rückstand geraten.	Ich werde meine Finanzen ordnen.
Ich werde keine Schokolade und keine Kartoffelchips essen.	Ich werde gesunde Nahrungsmittel wie etwa Obst und Nüsse essen.

Ist dieses Ziel spezifisch? Je spezifischer Ihr Ziel ist, desto wahrscheinlicher werden Sie dabei bleiben. Vage Ziele wie etwa: »Ich möchte glücklicher sein« liefern nichts Genaues zum Sich-darauf-Festlegen. Es ist weitaus besser, es durchzubuchstabieren und zu definieren, was Sie mit *glücklicher* meinen. Was bedeutet *glücklicher* für Sie? Bedeutet es, dass Sie Unabhängigkeit bei der Arbeit und finanzielle Freiheit haben? Dass Sie Ihren Terminplan unter Kontrolle haben? Dass Sie täglich einmal Zeit für sich selbst haben werden? Dass Sie Dankbarkeit empfinden werden für das, was gut ist in Ihrem Leben? Oder dass Sie mehr als die Hälfte der Zeit positive Gedanken denken werden? Buchstabieren Sie es regelrecht durch. Werden Sie so genau, wie Sie können.

Werfen Sie noch einen weiteren Blick auf Ihre Traumliste. Gehen Sie nochmals jeden einzelnen Punkt durch. Machen Sie dieses Mal Ihre Ziele und Träume so spezifisch wie möglich. Denken Sie, um sie spezifischer zu machen, über die folgenden Fragen nach:

- Wie sieht dieser Traum aus?

- Wie fühlt es sich an, diesen Traum zu erreichen?

- Wie wird seine Realisierung mein Leben verändern?

- Was werde ich anders machen, wenn ich diesen Traum für mich wahr werden lasse?

Machen Sie jeden Traum- bzw. Ziel-Punkt auf Ihrer Liste so spezifisch wie möglich. Verwenden Sie die folgende Tabelle für Ideen dazu, wie Sie von vage zu spezifisch kommen.

Vages Ziel	Wie Sie spezifisch werden	Spezifisches Ziel
Ich möchte einen besseren Job.	Definieren Sie *besser*.	Ich möchte einen Job, der im Jahr 10 000 Euro mehr abwirft, mir ermöglicht, kreativ zu sein, und mir mehr Verantwortung und Unabhängigkeit gibt.

Vages Ziel	Wie Sie spezifisch werden	Spezifisches Ziel
Einen tollen Typ kennenlernen.	Definieren Sie *toller Typ*.	Ich möchte einen Typ kennenlernen, der ein guter Zuhörer ist, unterstützend ist und der ähnliche Interessen teilt.
In Form kommen.	Definieren Sie *in Form*.	Ich möchte spazieren können, ohne dass ich außer Atem gerate, ich möchte im Stehen meine Zehen berühren können und meine Kinder hochheben können, ohne mir den Rücken auszurenken.

Stellen Sie Ihren Traum auf den Prüfstand

Setzen Sie jeweils ein Häkchen neben jeden Traum auf Ihrer Liste, der die folgenden Merkmale aufweist. Je mehr Häkchen Sie neben einem Traum stehen haben, desto wahrscheinlicher werden Sie diesen Traum in eine Wirklichkeit verwandeln.

☐ **Innerlich motiviert.** Das bedeutet, dass Sie nach diesem Traum greifen, weil Sie ihn wollen, und nicht, weil jemand anders ihn für Sie will.

☐ **Angemessen.** Diese Zielsetzung ist die beste Möglichkeit, Sie dort hinzubringen, wohin Sie wollen. Es gibt keine weiteren angemessenen Alternativen.

☐ **Realistisch.** Sie können sich mindestens eine kleine, ebenjetzt von Ihnen ergreifbare Maßnahme vorstellen, die Sie diesem Ziel ein bisschen näherbringen wird.

☐ **Inspirierend.** Dieses Ziel inspiriert Sie, sich zu verändern. Sie sind begeistert darüber, dass Sie sich darauf zubewegen, statt verzweifelt zu versuchen, sich davon wegzubewegen.

☐ **Positiv.** Es geht dabei um etwas, das Sie tun werden, und nicht um etwas, mit dem Sie aufhören wollen.

☐ **Spezifisch.** Sie haben diesen Traum definiert. Sie wissen, wie er aussieht, sich anfühlt und klingt. Er ist glasklar.

Übung #4:
Machen Sie Ihre Traumliste angstsicher

Jetzt haben Sie es hingekriegt, diese sämtlichen Ziele zu Papier zu bringen. Aller Wahrscheinlichkeit nach ist Ihnen ein wenig bang zumute, weil Sie zu spüren beginnen, was demnächst kommt: Veränderung.

Veränderung ist beängstigend. Deshalb möchte ich, dass Sie Ihre Traumliste angstsicher machen. Diese Übung beinhaltet das Bedenken des jeweiligen Gewinns/Lohns, der Ihnen aus dem Inangriffnehmen jeder einzelnen Zielsetzung auf Ihrer Liste erwächst. Durch dieses Bedenken des Gewinns/Lohns werden Sie in der Lage sein, fortwährend über Ihre Angst vor dem Kurzfristigen hinauszublicken. Das Verfahren ähnelt sehr dem, was viele Sportler tun, wenn sie versuchen, sich zu motivieren, trotz erdrückender Ermüdung und Beschwerden weiterzumachen. Statt ihr Augenmerk auf all das zu richten, was sie im Jetzt erleben, sehen sie erwartungsvoll der Zukunft – und dem eigenen Endziel – entgegen.

Nehmen Sie sich, zum besseren Verständnis der Wirkkraft, die das hat, einen Moment Zeit, um darüber nachzudenken, was Sie wohl tun könnten, wenn Sie einen Marathon liefen und Sie gerade bei Kilometer 32 wären. Stellen Sie sich vor, dass Ihnen die Füße wehtun. Ihnen ist heiß. Sie sind müde. Sie fühlen sich unwohl, und Sie wollen wirklich aufgeben.

Wie, glauben Sie, könnten Sie sich zum Weitermachen motivieren? Was, glauben Sie, würden Sie tun?

Ließen Sie sich irgendetwas von dem Folgenden einfallen?

- An das Bier, die Eiskrem oder Pizza denken, die Sie verputzen werden, sobald Sie durchs Ziel gegangen sind.

- An das Gefühl der Erfüllung denken, das Sie empfinden werden, wenn Sie sich die Teilnehmermedaille um den Hals hängen.

- Daran denken, wie stolz Sie sich fühlen werden, wenn Sie Ihren Freund(inn)en und Angehörigen sagen können, dass Sie es geschafft haben.

Statt Ihr Augenmerk fortwährend darauf zu richten, wie beschissen Sie sich fühlen, und auf den kurzfristigen Stress und die kurzzeitigen Beschwerden, würden Sie es auf sämtliche vor Ihnen liegenden Gewinne und Vorteile richten, nicht wahr? Sie würden sich fortwährend den langfristigen Gewinn vor Augen halten.

Und ich möchte, dass Sie jetzt genau ebendies tun. Bis jetzt stecken Sie tief im Kurzfristigen. Sie haben bisher nur die kurzzeitigen Gefahren, den kurzzeitigen Stress und die kurzzeitigen Beschwerden gesehen und auf sie reagiert. Es ist Zeit, dass Sie sich über das alles hinausbewegen und sich auf Ihre eigene Ziellinie hin motivieren.

Hinter deiner Angst liegt deine Kraft

Es ist besser, sich mit kurzfristigem Stress als mit langfristigem Elend auseinanderzusetzen.

Diese Übung wird Ihnen helfen, genau das zu tun. Indem Sie sämtliche Vorteile des Sichveränderns aufschreiben, werden Sie sich dazu motivieren können, sich weiter vorwärtszubewegen. Wenn Sie denken: *Was ist, wenn sie mich abweist?*, werden Sie auf Ihre Gewinn/Lohn-Liste schauen können und sagen können: »Ganz gleich, wie weh das tut, es wird sich lohnen, das auszuhalten, weil ich mich nach Kräften darum bemühte und nichts bereuen werde.«

Suchen Sie ein frisches Blatt Papier in Ihrem Angstfrei-Notizbuch. Notieren Sie unter Verwendung eines zweispaltigen Formats nochmals Ihre sämtlichen Träume. Listen Sie in der ersten Spalte den jeweiligen Traum auf. Schreiben Sie in der zweiten allen Lohn/Gewinn auf, den das Erreichen dieses Traums mit sich bringt.

Stellen Sie sich, um sich das jeweils Lohnende, die jeweiligen

Gewinne, einfallen zu lassen, vor, wie Ihr Leben sein wird, nachdem Sie diesen Traum zu einer Wirklichkeit gemacht haben. Inwiefern wird sich Ihr Leben verändern? Inwiefern wird es anders sein? Welchen Nutzen erbringt das Erreichen dieses Traums für Sie? Wie wird Ihr Leben sein, nachdem Sie diese Aufgabe zu Ende geführt haben? Was werden Sie daraus gewinnen? Wie wird sich Ihr Alltag verändern? Wie werden sich Ihre Beziehungen zu Kolleg(inn)en, zu Geschwistern oder zu Ihrem Partner verändern? Inwiefern werden die sechzehn Stunden, die Sie täglich wach sind, anders sein?

Lassen Sie beim Sichausdenken des jeweils Lohnenden, der Gewinne, Folgendes nicht außer Acht:

- **Halten Sie sie positiv.** Sie werden durch langfristige positive Gewinne stärker motiviert werden als durch das Vermeiden kurzzeitiger negativer Probleme. Mit anderen Worten: »Ich werde die Chance haben, neue und interessante Leute kennenzulernen« ist motivierender als: »Ich werde diesen Scheiß nicht mehr hinnehmen müssen.«

- **Stellen Sie das Langfristige in den Mittelpunkt.** Es ist das Kurzfristige, das unangenehm sein wird. Sie wollen Gewinne, die Sie in einem Monat, in sechs Monaten und in einem Jahr oder mehr, von heute an gerechnet, sehen können.

Sollten Sie Probleme damit haben, sich Lohnendes, Gewinne, einfallen zu lassen, dann denken Sie über diese Frage nach: *Wie würde mein Leben sein, wenn Angst kein Faktor wäre?*

Verwenden Sie die folgende Gewinn/Lohn-Liste als ein Beispiel zur Anregung beim Ausdenken Ihrer eigenen.

Traum	Gewinne/Lohnendes
Meine Angst davor überwinden, auf die medizinische Hochschule zu gehen.	Ich werde mir selbst beweisen, dass ich alles werden und schließlich einen erfüllenden Beruf erlangen kann, der es mir ermöglicht, etwas Bedeutsames zu bewirken.
Einen Marathon laufen.	Ich werde in Form kommen, ein Gefühl der Erfüllung erlangen und mir sagen können: *Jetzt wo ich das fertiggebracht habe, kann ich alles fertigbringen.*
Mich selbstständig machen.	Ich werde mein eigener Chef sein können, mir die Zeit selbst einteilen können und sämtliche Entscheidungen treffen können. Ich kann anhaben, was ich will, werde nicht mit Mitarbeiterbeurteilungsgesprächen klarkommen müssen, und das, womit ich meinen Lebensunterhalt verdiene, wird mich mit einem gewissen Stolz erfüllen.
Meine Flugangst überwinden.	Ich werde die Welt sehen können und zu Orten und Gegenden hinkommen können, über die ich nur gelesen habe. Ich werde auch Verwandte besuchen können, die ich schon lange nicht mehr gesehen habe. Ich werde sogar in der Arbeit aufsteigen können, weil ich in der Lage sein werde, zu reisen und mehr Verantwortung zu übernehmen.

Übung #5:
Priorisieren Sie Ihre Traumliste

Jetzt ist es Zeit herauszufinden, welchen Traum Sie als Ersten in Angriff nehmen werden. Ordnen Sie zu ebendiesem Zweck jedem einzelnen Traum- bzw. Zielpunkt auf Ihrer Liste eine Rangzahl zwischen eins bis fünf zu.

1 = Ich kann wirklich keine Möglichkeit finden, ohne ihn zu leben. Ich muss diesen Traum so bald wie möglich erreichen.

2 = Dieser Traum begeistert mich, und ich würde sehr gern erleben, dass er sich irgendwann in den nächsten sechs Monaten zuträgt.

3 = Dieser Traum wäre so cool, aber andere Träume auf meiner Liste wären noch cooler.

4 = Ich will das wirklich tun, aber meinetwegen kann ich auch noch warten, ehe ich dafür sorge, dass es geschieht.

5 = Ich hätte das sehr gern, freilich, aber ich könnte trotzdem ohne es glücklich sein.

Anmerkung: Seien Sie vorsichtig damit, viele Fünfen zuzuordnen. Ihre ängstliche Psyche könnte Sie womöglich zu der Auffassung drängen, dass Sie sich mit dem Erreichen von allem auf Ihrer Liste ruhig Zeit lassen können, weil sie Angst hat vor dem, was passieren könnte, wenn Sie einen dieser Traum- bzw. Zielpunkte heute in Angriff nähmen.

Angst-Gegenmittel: Denken Sie an die mutigste Person, die Sie kennen. Stellen Sie sich dann jedes Mal, wenn Sie feststellen, dass Ihre Angst Ihnen gerade ausredet, eine Seite umzublättern oder eine Übung auszuführen, vor, dass Sie diese Person sind. Was würde diese mutige Person eben jetzt tun? Würde diese Person aufgeben? Das Buch aus der Hand legen? Eine Übung auslassen, weil sie zu viel emotionalen Widerstand heraufbrächte? Oder würde diese Person gleichgültig werden und den Status quo akzeptieren? Ich nehme an, dass diese Person sich weiter voranbewegen würde. Wie sieht's bei Ihnen aus?

Wie fühlen Sie sich?

Sie haben es geschafft! Sie haben gerade Schritt 1 des Programms abgeschlossen. Ich hoffe, Sie haben ein gutes Selbstgefühl. Was Sie gerade geleistet haben, war sehr herausfordernd. Sie mussten ziemlich viel Angst überwinden, um Ihre Träume zu sehen und zu definieren. Das ist gewaltig. Klopfen Sie sich also auf die Schulter, und fühlen Sie sich gut.

Merken Sie sich diese Leistung auch. Ich hoffe, sie wird als das erste von vielen Beweisstücken für Sie dienen, dass Sie sich Ihrer Angst wirklich stellen können. Sie können diese koabhängige Beziehung beenden und durch kurzfristige Beschwerden hindurch beharrlich weitermachen. Sie haben es in sich. Sie haben es sich gerade selbst bewiesen, indem Sie diesen ersten Schritt abschlossen.

Halten wir die Schwungkraft in Gang. Jetzt ist es Zeit zum Loslegen mit Schritt 2.

Angstfrei-*Komplettveränderung*

Anne, in den Vierzigern, war eine gebildete und talentierte Verkaufsfachfrau in der Anzeigenbranche, die in einem männerdominierten Gewerbe arbeitete. Ihr Unternehmen wurde von Männern geleitet, und sie hatte ihre Sache ziemlich gut gemacht, konnte aber noch viel mehr leisten.

Das Ziel: Anne wollte beruflich vorankommen und überwinden, was sie zurückhielt.

Der Gewinn: Wenn Anne überwände, was sie zurückhielt, würde sie mehr Geld verdienen, in eine Position befördert werden, die sie wollte, und ihrem Empfinden nach ihren Beruf, ihre Karriere mehr unter Kontrolle haben.

Das Programm: Anne machte sich Sorgen, dass zu erfolgreich zu werden zu Einsamkeit führen würde. »Wenn ich enorm erfolgreich und leistungsstark bin, dann werden die Leute mich nicht mögen. Sie werden mich angreifen, mich infrage stellen oder neidisch sein«, sagte sie. Anne war sich über ihre Zukunft im Ungewissen, und diese Ungewissheit ängstigte sie. Sie hatte Angst vor dem Unbekannten und sie machte falsche Annahmen, die ihre Angst vergrößerten, fortbestehen ließen und stützten.

Ich bat Anne, Erfolg zu definieren (Schritt 1). Ich fragte: »Was bedeutet er für Sie?«

Sie antwortete: »Er bedeutet, eine Menge Geld zu machen. Die Spitze meines Spiels und volles Potenzial zu erreichen.«

Ich bat sie dann, eine Liste von Personen zu schreiben, die Annes Gefühl nach ihren Erfolg unterstützen würden, zusammen mit einer zweiten Liste von Personen, die womöglich neidisch sein würden.

Sie listete ihre Familie und ihre Freundinnen auf der unterstützenden Seite auf, aber Männer auf der nicht unterstützenden Seite. Sie war der Meinung, dass Männer ihr ihren Erfolg missgönnen würden.

Ich wusste, dass das bloß Ausflüchte waren und kein Fakt. Annes Angst vor Erfolg drehte sich nicht wirklich um Männer. Ihr lag vielmehr eine Angst vor Anerkennung zugrunde. Anne sagte mir: »Die Leute könnten denken, ich sei eine Betrügerin. Wie will ich meinen Erfolg aufrechterhalten? Verdiene ich das überhaupt?«

Diese Denkart ist weitverbreitet. Häufig schreiben die Leute ihren Erfolg Umständen und anderen zu und eben nicht ihrer harten Arbeit und ihrem Talent. Anne war da keine Ausnahme. Ich sagte ihr, dass ihre Angst vor Erfolg zu Aufschieberei führe und dies ein Kreislauf für sie geworden sei. Ihre Aufschieberei führe zur Vermeidung der Unruhe und Beklemmung hervorrufenden Angst, was bequemer sei, als zu tun, was sie tun müsste, nämlich: sich ihr stellen.

»Erzählen Sie mir von einem kürzlichen Erfolg, den Sie bei der Arbeit hatten«, sagte ich.

Sie erwiderte: »Meine Verkaufszahlen waren die höchsten fürs letzte Quartal.«

Ich fragte: »Was haben Sie getan, um das zu erreichen?«

Sie erzählte mir die Einzelheiten.

Dann fragte ich: »Wer half Ihnen, das zu erreichen«, wobei ich sehr wohl wusste, dass sie es auf sich allein gestellt getan hatte.

Stolz sagte sie: »Ich habe es allein getan.«

Ich bat sie, eine Liste sämtlicher Fertigkeiten und Talente aufzustellen, die sie einsetzte, um diesen Erfolg möglich zu machen. (Schritt 2)

Das tat sie. Es wurde ihr klar, dass sie keine Betrügerin war. Sie besaß wirklich Fertigkeiten und Talente, die dazu führten, dass sie erfolgreich war.

Das Ergebnis: Anne fuhr fort, ihre Angst vor Erfolg zu überwinden, und wurde später zur regionalen Vizepräsidentin ihres Unternehmens befördert. Sie fand schließlich auch Liebe. Wie ich erwartet hatte, gab es wirklich Männer da draußen, die weder neidisch waren noch sich durch erfolgreiche Frauen bedroht fühlten.

Kapitel 7

Schritt 2:
Durchbrechen Sie Ihr Angstmuster

Wenn Sie so wie viele Menschen sind, dann sind Sie schon mehrere Male zuvor ungefähr bis hierher gekommen. Sie identifizierten den Traum. Sie schrieben ihn auf. Verdammt, Sie könnten sogar Zeitschriften durchgegangen sein, Fotos und Schlagzeilen ausgeschnitten, es alles auf Karton zusammengeklebt und eines von diesen Vision-Boards kreiert haben, die vor nicht allzu langer Zeit der letzte Schrei waren. Es bestand kein Zweifel darüber, wohin Sie wollten, aber Sie gelangten einfach nicht dorthin. Sie waren nicht imstande, sich vorwärtszubewegen.

Wahrscheinlich gaben Sie sich selbst die Schuld für dieses Versagen. Vielleicht sagten Sie sich selbst, dass Sie es einfach nicht unbedingt genug wollten, dass es Ihnen an Motivation und Willenskraft mangelt oder dass Sie für Veränderung nicht geschaffen sind. Aber das ist Unsinn. Ich bin mir ziemlich sicher, dass Sie genauso sehr wie jeder andere wollten, dass Ihre Träume in Erfüllung gehen. Ich bin mir auch ziemlich sicher, dass Sie alles gaben. Sie hielten sich nicht zurück. Sie waren motiviert, und Sie hatten viel Willenskraft. Sie strebten danach.

Aber Sie hatten keinen Erfolg, weil Sie nicht wussten, wie man vom Denken zum Tun wechselt. Sie wussten nicht, wie man eine Strategie entwirft – eine, die Ihnen helfen würde, Ergebnisse zu erzielen. Deswegen verließen Sie sich auf das, was Sie kannten, was andere empfahlen, und sogar auf das, wofür viele Selbsthilfebücher werben: Wunschdenken. Wie ich schon erwähnte, lässt diese Denkart Sie festgefahren bleiben, weil sie die Beherrschung Ihres Lebens einer gestaltlosen, unsichtbaren, unberechenbaren Entität übereignet.

Sie erreichen Ziele nicht dadurch, dass Sie sie sich wünschen, und Sie überwinden auch Angst nicht dadurch, dass Sie sich wünschen, sie möge verschwinden. Sie lassen Träume dadurch wahr werden, dass Sie einen strategischen Plan entwerfen und ihn befolgen, bis Sie Resultate erzielen. Die Schritte 2 bis 5 werden Ihnen helfen, diesen Plan zu entwerfen und auszuführen.

Schritt 2 wird Ihnen insbesondere helfen, sich Ihrer Angst vor Veränderung zu stellen. Jederlei Veränderung ist beängstigend, stressvoll und erfordert Arbeit und Anstrengung. Sie werden sich verängstigt fühlen und ausflippen, wenn Sie Ihrer Angst ins Auge sehen und voranzukommen versuchen. Aber Schritt 2 wird viel von der schrecklichen Schärfe aus der Veränderung herausnehmen. Dieser Schritt wird Ihnen helfen, die Macht abzuschwächen, welche die Angst bislang über Sie hatte. Er wird Ihnen helfen, sich in die Richtung zu motivieren, in die Sie gehen wollen – ganz gleich, wie viel Stress, Beängstigung oder Beschwerden Sie unterwegs durchmachen mögen.

Selbstverständlich würde ich lügen, wenn ich Ihnen verspräche, dass die Konfrontation mit Ihrer Angst ein Spaziergang wäre. Wenn Sie einen Spaziergang wollen, dann halten Sie sich weiterhin ans Wunschdenken. Wenn Sie tatsächlich Ihre Angst überwinden, Ihre Ziele erreichen und Ihre Träume wahr werden lassen wollen, dann lesen Sie weiter.

Verändern Sie Ihr Leben in weniger als zwei Stunden

Schritt 2 umfasst vier Übungen, zu deren Durchführung Sie irgendwas zwischen ein bis zwei Stunden brauchen werden. Ich ermuntere Sie, einen Batzen Zeit für diese Übungen zu reservieren und sie hintereinanderweg zu machen. Sie stehen alle in Zusammenhang miteinander. Haken Sie sie jeweils ab, während Sie vorrücken.

☐ *Übung #1:* Setzen Sie Ihren Angsthaufen ab*, indem Sie Ihre sämtlichen Sorgen, Ausflüchte und Ängste in Ihrem *Angstfrei*-Notizbuch auflisten.
Geschätzte Zeit: 10 bis 20 Minuten.

☐ *Übung #2:* Identifizieren Sie Ihre Traumstopper – die emotionalen Hindernisse, die Sie davon abhalten voranzukommen. Schreiben Sie Ihre Traumstopper in Ihr Notizbuch und schreiben Sie darunter, was Sie dagegen zu unternehmen gedenken.
Geschätzte Zeit: 20 bis 30 Minuten.

☐ *Übung #3:* Sehen Sie Ihren Angsthaufen durch, um festzustellen, inwiefern Sie, wenn überhaupt, davon profitieren, festgefahren zu bleiben. Erstellen Sie Ihre Feststeck-Liste in Ihrem *Angstfrei*-Notizbuch.
Geschätzte Zeit: 20 bis 45 Minuten.

---

* Der »Angsthaufen« hat bei Alpert metaphorisch ganz eindeutig diesen »exkrementhaften« Stuhlentleerungsaspekt. Vgl. im Deutschen den Ausdruck »Schiss (vor etwas) haben«.

☐ *Übung #4:* Festigen Sie die Gewinn-Liste, die Sie in Schritt 1, Übung #4, begonnen haben. Verwenden Sie als Orientierungshilfe Ihren Angsthaufen und Ihre Feststeck-Liste. *Geschätzte Zeit:* 10 bis 15 Minuten.

Übung #1:
Machen Sie einen Angsthaufen

In dieser ersten Übung werde ich Sie bitten, etwas zu tun, das durchaus kontraintuitiv ist. Viele Therapeut(inn)en würden Ihnen sogar sagen, das sei lächerlich und schädlich für Sie. Aber ich habe erlebt, wie diese Übung Klient(in) um Klient(in) umgewandelt hat. Ebendaher weiß ich, dass sie bei Ihnen funktionieren wird.

Die Übung ist kontraintuitiv, weil sie beinhaltet, dass Sie Ihre Angst nähren. Haben Sie etwas Geduld mit mir.

Werfen Sie einen Blick auf die Traumliste, die Sie in Schritt 1 erstellt haben. Machen Sie dann auf einem frischen Blatt Papier in Ihrem *Angstfrei*-Notizbuch einen Angsthaufen für jeden einzelnen Ihrer priorisierten Träume. Schreiben Sie darunter sämtliche Gründe auf, weshalb Sie glauben, dass Sie diesen Traum nicht zu einer Wirklichkeit in Ihrem Leben machen können oder werden.

Im Ernst: Lassen Sie es richtig flutschen. Listen Sie jedes einzelne nagende Bedenken auf. Nennen Sie mir jede einzelne Ausflucht oder Ausrede, die Sie haben. Reden Sie es mir aus, Sie dazu zu zwingen, den jeweiligen Traum, das jeweilige Ziel anzustreben. Streiten Sie mit mir. Plädieren Sie. Befördern Sie es hier alles raus. Führen Sie jeden einzelnen angstvollen Gedanken, jedwede ängstliche Reaktion, jeglichen Zweifel und jedes einzelne Stückchen Negativität aus Ihrem Organismus ab.

Streiten Sie bereits in Gedanken mit mir? Vielleicht sagen Sie ja: *Jonathan, das ist behämmert. Sie sprechen die ganze Zeit davon, wie wichtig es ist, positiv zu denken, und hier schlagen Sie mir jetzt plötzlich vor, zum Negativen überzugehen? Das kann ich nicht machen!*

Doch, das können Sie. Sicher, letzten Endes will ich, dass Sie zu einem positiven Ort gelangen. Aber Sie können nicht zu Positivem gelangen, ohne zuerst einmal das Negative anzuerkennen und zu verstehen. Wenn Sie versuchen, das Negative zu ignorieren, und so tun, als ob es nicht vorhanden wäre, wird jederlei positives Denken, das Sie vollziehen, ungefähr so effektiv sein wie ein Chirurg, der ein Heftpflaster auf ein durchtrenntes Glied klebt. Der Negativitätsfluss wird Ihre Bemühungen, positiv zu denken, überfluten und Sie schlussendlich zermürben.

Also nur keine Hemmungen! Schreiben Sie jeden einzelnen negativen, selbst-sabotierenden Gedanken auf. Schreiben Sie jedwede Angst, jedwedes Stückchen mentalen Widerstands und jedwede Ausrede oder Ausflucht auf. Sehen Sie sich Ihre Traumliste an und fragen Sie: »Warum kann ich das nicht tun? Was wird mich davon abhalten, das zu tun? Warum sollte ich das nicht tun? Warum werde ich das nicht tun?«

Werfen wir, zur Hilfe und Anregung, einen Blick darauf, wie drei meiner Klient(inn)en ihren jeweiligen Angsthaufen erstellten.

Beginnen wir mit Lori, einer achtunddreißigjährigen verheirateten Mutter zweier Kinder, im Alter von acht und fünf. Sie arbeitete im Einzelhandel, weil das immer am besten mit der Arbeitszeiteinteilung ihres Ehemanns vereinbar war und ihr ermöglichte, für ihre Kinder da zu sein. Als ich sie nach ihrem Job fragte, war ihre Stellungnahme wie eine kaputte Schallplatte. Sie sagte nur immerzu: »Er funktioniert.« Als ich sie fragte, was sie würde tun wollen, wenn sie nicht bloß täte, was funktioniert, antwortete sie mit großer Begeisterung: »Ich wollte immer Lehrerin werden!« Sie hatte eine Leidenschaft für Kunst und Kinder, und sie wollte Kunsterzieherin werden. Ich schlug vor, sie könnte das als einen Traum verfolgen, und ich half ihr, die mit dem Berufewechseln verbundene Angst zu überwinden.

Was folgt, ist Loris Angsthaufen. Aus ihm können Sie leicht ersehen, wie viel Energie Lori doch in das Aufrechterhalten eines Lebens steckte, das für sie nicht funktionierte. Sobald sie endlich diese ganze Negativität abgeladen hatte, war sie imstande zu erkennen, dass dieser Traum wirklich etwas war, das sie verfolgen wollte.

Loris Angsthaufen

- Ich kann mir nicht leisten, zur Schule zu gehen. Wir werden die Rechnungen nicht bezahlen können.

- Ich habe nicht genügend Zeit, das zu machen. Ich sollte warten, bis die Kinder älter sind.

- Ich bin zu alt, um nochmals zur Schule zu gehen.

- Ich verdiene das nicht. Ich habe mich entschieden, eine Hausfrau zu sein, und ich muss mich an den Plan halten.

- Es ist egoistisch von mir, das zu wollen. Ich sollte mich einfach mit meinem Leben, so wie es ist, zufriedengeben.

- Ich bin nicht stark genug, das zu verfolgen.

- Ich war eine so schlechte Schülerin. Wie komme ich denn darauf, dass ich eine Lehrerin werden kann?

Werfen wir jetzt einen Blick auf Jake. Jake wollte aus einer Sackgassenbeziehung zu seiner Langzeitfreundin aussteigen. Er wusste, dass sie nicht die Richtige für ihn war, und er wollte die Beziehung beenden, damit er ungebunden jemanden finden könnte, der vielleicht besser zu ihm passte. Dennoch hielt Angst ihn zurück. Er hatte in der Vergangenheit ein paarmal mit seiner Freundin Schluss gemacht, nur um dann wieder zu ihr zurückzukehren. Er sagte mir, dass er während der letzten sechs Monate mit ihr endgültig habe Schluss machen wollen, aber sich einfach nicht durchringen könne, es zu tun. Er schrieb Folgendes in seinen Angsthaufen:

Jakes Angsthaufen

- Wir haben Spaß miteinander.

- Wir kennen einander so gut. Will ich das wirklich aufgeben?

- Ich habe viel Zeit in diese Beziehung investiert.

- Ich habe viel Energie in diese Beziehung investiert.

- Der Sex ist toll. Der beste, den ich je hatte. Wenn wir Schluss machen, kriege ich vielleicht eine Weile keinen Sex.

- Und was, wenn ich nicht jemand Neues finden kann? Womöglich kann ich niemand Besseren finden.

- Und was, wenn ich schließlich für den Rest meines Lebens allein bin?

- Der Gedanke, da rauszugehen und neue Leute zu treffen, ängstigt mich.

- Ich weiß ja nicht einmal, wie man Schluss macht.

- Sie wird böse sein auf mich.

- Ich will ihr nicht wehtun.

Werfen wir zuletzt einen Blick auf noch einen Angsthaufen. Dieser stammt von Stacy. Sie war zweiunddreißig Jahre alt, als ich sie zu beraten begann, und sie sagte mir, dass sie schon immer einen Marathon habe laufen wollen. Dennoch hielt Angst sie zurück. Auf der Highschool lief sie Geländeläufe sowie Kurz- und Mittelstreckenläufe. Außerdem absolvierte sie auf dem College und in ihren späten Zwanzigern ein paar 10 000-Meter-Läufe. Aber sie redete schon seit Jahren über diesen Marathon und konnte sich augenscheinlich nicht dazu verpflichten. Ständig teilte sie Freund(inn)en vage mit, sie werde sich zum New York City Marathon anmelden. Dann verstrich wiederum die Anmeldefrist, ohne dass sie ihre Anmeldung einsandte. Stacy schrieb Folgendes in ihren Angsthaufen:

Stacys Angsthaufen

- Ich bin dermaßen außer Form.

- Ich bin zu alt dafür.

- Meine Freunde werden denken, ich sei verrückt.

- Ich habe keine Zeit zum Trainieren.

- Ich habe keine Ahnung, wie man überhaupt für einen Marathon trainiert.

- Meine Beziehung wird leiden.

- Niemand, den ich kenne, ist jemals einen Marathon gelaufen. Warum zum Teufel glaube ich, dass ich das kann?

- Es wird mich den ganzen Tag kosten, ihn zu absolvieren!

Verwenden Sie Stacys, Loris und Jakes Angsthaufen als Hilfsmittel zur Erstellung Ihres eigenen. Denken Sie dran: Nur keine Hemmungen! Setzen Sie alles da raus. Das sollte ein Wohlgefühl erzeugen. Schaffen Sie diese Angst aus Ihrem Organismus raus!

Übung #2:
Überwinden Sie Ihre Traumstopper

Ihr Angsthaufen ist wichtig, weil er Ihnen helfen wird, Ihre Traumstopper zu identifizieren. Traumstopper sind emotionale Hindernisse, die verhindern, dass Sie vorankommen. Sie sind wie Stoppschilder für den Geist, die Psyche, aber darin unnötigerweise aufgestellt. Ihre Traumstopper sind eingefleischt, habituell und selbsttätig. Seit Jahren übernehmen Sie diese Stopper als Standardeinstellung und verlassen sich darauf. Sie wissen wahrscheinlich noch nicht einmal, dass Sie sie verwenden.

Stellen Sie sich Ihre Traumstopper wie einen Lichtschalter vor, der nicht funktioniert, wenn der Strom aus ist. Wie viele Male haben Sie den Lichtschalter angeknipst, obwohl Sie wissen, dass das Ding nicht funktionieren wird? Wahrscheinlich langen Sie ständig danach und drücken ihn in die Einschaltstellung. Sie tun das nicht, weil Sie denken, dass das Anknipsen des Schalters

Sie tatsächlich zu Ihrem gewünschten Ergebnis bringen wird. Nein, Sie tun es, weil es automatisiert ist. Sie tun es, ohne zu überlegen.

Traumstopper sind genauso. Sie sind so sehr an sie gewöhnt, dass es Ihnen möglicherweise nicht einmal bewusst ist, dass Sie sie verwenden oder dass sie Sie weiterhin in der Klemme sitzen und feststecken lassen. Ebendeswegen wird diese Übung so befreiend und wirkungsvoll für Sie sein. Sie wird Ihnen helfen, Ihre Traumstopper zu identifizieren und abzuschwächen, sodass Sie sie endlich zu überwinden vermögen und vorankommen können.

Beim Beraten vieler angstvoller Klient(inn)en im Lauf der Jahre habe ich sechs häufig anzutreffende Stopper dokumentieren können. Sollten Sie feststecken, so übernehmen Sie regelmäßig einen oder mehrere dieser Stopper als Standardeinstellung. Und wenngleich die Traumstopper sich alle ein wenig voneinander unterscheiden, teilen sie doch ein gemeinsames Merkmal, nämlich Negativität. Erinnern Sie sich an den Negativitätsbias, den ich früher erwähnte. Traumstopper veranlassen Sie, die Gefahren zu sehen, die zum Tragen kommen bzw. kämen, wenn Sie sich Ihrer Angst stellen. Ihre Traumstopper füllen Ihren Geist, Ihr Denken mit *Ich kann (es) nicht, weil…* Wenn Sie zu viel Zeit damit verbringen, die negativen Aspekte und sämtliche Gründe, warum Sie etwas *nicht (tun) können*, in den Mittelpunkt stellen, nähren Sie Ihre Angst und hungern Sie Ihre Motivation aus. Das endet dann damit, dass Sie sich überreden, festgefahren zu bleiben, und sich ausreden, sich vorwärtszubewegen.

Ihre Traumstopper hindern Sie daran, die gewaltigen Vorteile der Selbstkonfrontation mit Ihrer Angst zu sehen. Ja, sich den eigenen Ängsten zu stellen hat wirklich gewaltige Vorteile, und Sie werden demnächst von ihnen erfahren.

Sobald Sie sich über Ihre Traumstopper im Klaren sind, werden Sie sie besser unterbrechen und außer Kraft setzen können. Sie werden Sie abschwächen und ausschalten, sodass sie ihre Macht über Sie verlieren. Statt sich darauf zu fixieren, warum Sie etwas nicht tun können, werden oder sollten, werden Sie imstande sein, sich fortwährend und eindringlich vor Augen zu halten, warum Sie Ihre Träume verfolgen können, werden und sollten.

Hinter deiner Angst liegt deine Kraft

Richten Sie Ihr Augenmerk darauf, warum Sie Ihren Traum realisieren können, sollten und werden, und nicht darauf, warum Sie es nicht können, nicht sollten oder nicht werden.

Und auf diese Weise werden Sie viel weniger Stress, Beängstigung und Widerstand erleben.

Ich möchte, dass Sie über die folgenden sechs Traumstopper lesen. Werfen Sie bei Ihrer Information über jeden einzelnen Stopper jeweils einen Blick auf Ihren Angsthaufen. Basierend auf Ihrem Angsthaufen, werden Sie identifizieren können, welche Stopper Sie daran hindern voranzukommen.

Stopper #1:
Sie sehen sich von da an unglücklich leben
bis ans Ende Ihrer Tage

Das ist Ihr Stopper, wenn Sie sich bei jedem Mal, wenn Sie an das Verfolgen Ihres Traums denken, mental auf Tragik und Gefahr fixieren. Sie haben das Gemüt eines echten Kriminalschriftstellers, und zwar von einem, der fortwährend Romanhandlungen schreibt, die Sie in einer Hauptrolle, als das Opfer, zeigen.

Wie Sie gelernt haben, mögen unsere Gehirne keine Ungewissheit. Infolgedessen tut das Gehirn, was immer es auch tun kann, um Gewissheit und Vorhersagbarkeit zu schaffen. Wenn Sie im Von-da-an-unglücklich-bis-ans-Ende-Stopper feststecken, versucht Ihr Gehirn, Gewissheit und Vorhersagbarkeit zu schaffen, indem es fälschlich Folgen/Resultate behauptet. Das Problem ist: Sie sind immer negativ.

Sagen wir beispielsweise, dass Sie auf ein Date gehen und finden, dass es sehr gut lief. Dann hören Sie von dem Typ ein paar Tage lang nichts mehr. Falls Sie dann die folgenden Gedanken haben, übernimmt Ihr Gehirn definitiv den Von-da-an-unglücklich-bis-ans-Ende-Stopper als Standardeinstellung: »Er fährt einfach nicht auf mich ab« oder: »Er muss verheiratet sein« oder: »Er muss schwul sein.« Diese Begründungen helfen, die Ungewissheit zu beseitigen, indem sie liefern, was nach einer plausiblen Erklärung aussieht. Und obwohl diese Begründungen plausibel sein könnten, sind sie doch keinen Deut wahrscheinlicher als eine positivere Erklärung. Es ist genauso wahrscheinlich, dass er nicht verheiratet und auch nicht schwul ist und dass er wirklich auf Sie abfährt, nicht wahr? Könnte es nicht genauso möglich sein, dass er einfach viel zu tun gehabt hat, verreist gewesen ist, sich mit einem unvorhergesehenen Ereignis befasst hat oder sogar bloß darauf bedacht war, nicht zu scharf ranzugehen?

Sie könnten diesen Stopper haben, wenn Ihr Angsthaufen viele negative Vorhersagen aufweist. Beispielsweise können Sie in Jakes Angsthaufen den Von-da-an-unglücklich-bis-ans-Ende-Stopper erkennen, wenn Jake schreibt: »Und was, wenn ich schließlich für den Rest meines Lebens allein bin?«, und: »Sie wird böse sein auf mich.« In dem Stacys können Sie ihn in ihrer Bemerkung erkennen: »Meine Beziehung wird leiden.« In dem Loris können Sie diesen Stopper in ihrer Bemerkung: »Wir werden die Rechnungen nicht bezahlen können« erkennen.

Warum er Sie stoppt: Der Von-da-an-unglücklich-bis-ans-Ende-Stopper erzeugt Angst und killt gleichzeitig Zuversicht/Selbstvertrauen. Negative Vorhersagen sind ziemlich demotivierend. Indem Sie Ihr Von-da-an-unglücklich-bis-ans-Ende skripten, bevor es tatsächlich geschieht, animieren Sie sich selbst aufzugeben, ein Schritt, der letztendlich zu dem unerwünschten Resultat führt, das Sie am meisten fürchten.

Wie man das Muster durchbricht: Fragen Sie sich, wenn Sie sich das nächste Mal dabei ertappen, dass Sie diesen Stopper anwenden: *Wo sind die Indizien, die diese Überzeugung stützen? Gibt es Indizien für das Gegenteil? Welches sind alternative, positivere Erklärungen? Gibt es eine Möglichkeit für mich, ein mich betreffendes Von-da-an-glücklich-bis-ans-Ende zu schreiben, und eben nicht ein Von-da-an-unglücklich-bis-ans-Ende?* Was beispielsweise Loris Vorhersage: »Ich werde die Rechnungen nicht bezahlen können« angeht, ist sie keineswegs wahrscheinlicher als: »Ich werde eine Möglichkeit finden, das hinzukriegen, indem ich mit meinem Geld sparsam umgehe und die Kosten kürze.«

Stopper #2:
Sie geben sich selbst eine Nicht-bestanden-Note

Gründen sich Ihre Ausreden/Ausflüchte aus Ihrem Angsthaufen auf einem persönlichen Makel, den Sie an sich selbst sehen? Ist Ihr Angsthaufen beispielsweise voller tadelnder Aussagen wie: »Ich bin nicht gut genug«, und: »Ich verdiene das nicht«?

Wenn ja, dann könnte es sein, dass Sie übermäßig personalisieren. Wenn Sie den Nicht-bestanden-Note-Stopper als Standardeinstellung übernehmen, sind Sie zu schnell mit Selbstbeschuldigungen bei der Hand und schlussfolgern voreilig, dass Sie der Grund dafür sind, weshalb etwas geschah oder nicht geschah. Beispielsweise gab eine Bekannte von mir früher Klavierunterricht. Sie hatte einen Schüler, der einfach nicht lernte. Woche um Woche war es das Gleiche. Der Schüler erschien und war beim Spielen desselben Notenmaterials genauso schlecht wie das letzte Mal. Es schien ohne Bedeutung zu sein, was sie ihm sagte oder was sie vorschlug. Dieser Schüler wurde einfach nicht besser.

Meine Bekannte begann, das Selbstvertrauen zu verlieren. »Ich bin eine schlechte Lehrerin«, sagte sie mir. »Ich weiß noch nicht einmal, was ich verkehrt mache. So schlecht bin ich.« Ihre Probleme mit diesem einen Schüler begannen, ihre Selbstsicherheit zu untergraben. Bald war sie vor jeder einzelnen Unterrichtsstunde nervös, und die Nervosität zeigte sich. Das wurde zu einem Teufelskreis, und bald fürchtete sie sich vor dem Unterrichtgeben.

Sie hatte Angst davor, etwas zu tun, worin sie eigentlich ziemlich gut war.

In Wirklichkeit war sie nie das Problem. Der Schüler war nicht daran interessiert, das Klavierspielen zu lernen, und erschien jede Woche nur, weil seine Eltern ihn zwangen, den Unterricht zu nehmen. Er achtete nicht auf das, was meine Bekannte ihm beibrachte, und er übte auch nicht zu Hause. Folglich wurde er nie besser. Doch meine Bekannte gab sich selbst die Schuld, und das untergrub ihr Selbstvertrauen. Das ist der Inbegriff der Personalisierung.

Sie könnten diesen Stopper haben, wenn Ihr Angsthaufen offensichtlich viele Aussagen enthält, in denen Sie als das Problem beschuldigt werden. Ihre Ausflüchte/Ausreden werden Sie veranlassen zu glauben, dass Sie der Grund sind, weshalb dieser Traum nicht realisierbar ist. Sie werden Formulierungen sehen wie: »Ich kann das nicht (tun)« und: »Ich bin nicht gut in ...«, und: »Meinetwegen kann das nicht geschehen.« Beispielsweise können Sie in Loris Angsthaufen den Nicht-bestanden-Note-Stopper in der Ausrede sehen: »Ich war eine so schlechte Schülerin. Wie komme ich denn darauf, dass ich eine Lehrerin werden kann?«

Warum er Sie stoppt: Diese Personalisierung kann Sie ängstlich machen und zögerlich, neue Dinge zu versuchen. Indem Sie sich selbst die Schuld geben, lassen Sie sich nur einen beschränkten Blick. Dieser beschränkte Blick erlaubt Ihnen nicht, andere Gründe zu erkunden, die für Ihr Selbstwertgefühl und Selbstvertrauen weniger schädlich sind. Indem Sie diese negative Sichtweise aufrechterhalten, demotivieren Sie sich und halten sich davon ab, sich größere Mühe zu geben oder vorwärtszubewegen.

Wie man das Muster durchbricht: Das Gegenmittel ist hier so ähnlich wie das Gegenmittel gegen Stopper #1. Reißen Sie sich heraus aus einer nur einseitigen Sicht der Dinge. Fragen Sie sich: *Welches sind andere mögliche Erklärungen? Könnte es einen anderen Grund dafür geben? Ist es möglich, dass ich in Wirklichkeit zu mehr befähigt bin, als ich mir zutraue?* Denken Sie an sämtliche Gründe, die nichts mit Ihnen zu tun haben.

Hier ist etwas anderes, was Sie versuchen können. Denken Sie im Hinblick auf jede Nicht-bestanden-Note, die Sie sich gegeben haben, an Ihr bisheriges Leben zurück und suchen Sie nach Indizien für das Gegenteil. Falls Sie, beispielsweise, geschrieben haben: »Ich bin nicht stark genug, um zu ...«, dann denken Sie an Ihr bisheriges Leben zurück, und besinnen Sie sich auf Gelegenheiten oder Momente, wo Sie stärker waren, als Sie überhaupt von sich vermutet hätten. Oder wenn die Aussage lautet: »Ich kann nicht ...«, so denken Sie über eine Zeit in Ihrem Leben nach, als Sie dachten, dass Sie etwas nicht könnten und es dann trotzdem fertigbrachten. Beispielsweise konnten Sie vielleicht bei Ihrem ersten Versuch nicht Rad fahren, aber am Ende beherrschten Sie es. Vielleicht konnten Sie eine neue Sprache anfangs nicht erlernen, aber am Ende kriegten Sie sie runter.

Denken Sie an Ihr Leben zurück, und denken Sie dabei an alles, was Sie durchgestanden, erlernt und vollbracht haben, von dem Sie anfangs nicht dachten, dass Sie dies könnten. Listen Sie so viele Beispiele in Ihrem *Angstfrei*-Notizbuch auf, wie Sie können. Halten Sie diese Liste griffbereit, weil Sie womöglich immer und immer wieder darauf zurückgreifen müssen, um sich selbst vor Augen zu halten, dass Sie stärker, gescheiter und beharrlicher sind, als Sie glauben.

Sie können außerdem die folgenden Ratschläge verwenden:

- Testen Sie Ihre Überzeugung, dass Sie Ihren Erfolg nicht verdienen. Fragen Sie sich: *Wie gelangte ich dorthin, wo ich bin? Wer half mir?* Wenn Sie das alleine fertigbrachten, sprechen die Anzeichen dafür, dass Sie verdienen, dort zu sein, wo Sie sind.

- Stellen Sie Ihre Stärken in den Mittelpunkt. Listen Sie Ihre Fertigkeiten, Stärken und Talente auf, die Sie bis jetzt angewendet haben, um Ihren gegenwärtigen Erfolgslevel möglich zu machen.

- Normalisieren Sie Ihr Denken. Es ist okay, dass bzw. wenn Sie das Gefühl haben, der Sache nicht gewachsen zu sein. Ebendieses Gefühl haben viele Menschen jedes Mal, wenn sie etwas Neues beginnen. Sie sind nicht der/die Einzige. Was wichtiger ist: Das Gefühl ist temporär. Sobald Sie sich an Ihre neuen Verantwortlichkeiten gewöhnen, wird es vorbeigehen.

- Stellen Sie Ihr Denken um. Denken Sie nicht: *Was werde ich machen, falls sie herausfinden, dass ich inkompetent bin?* Denken Sie vielmehr: *Ich mag ja eben jetzt nicht in 100-prozentiger Höchstform sein, aber ich werde mein Bestes geben. Es ist normal, sich anfangs nicht ganz auf der Höhe zu fühlen.*

Stopper #3:
Sie malen immer innerhalb der Linien

Wenn ich einer Mutter beibringen müsste, ihrem Kind Angst anzuerziehen, würde ich ihr sagen, sie solle dem Kind eine Reihe von absoluten Regeln erteilen – Regeln, die stets befolgt werden müssen, unabhängig von den jeweiligen Umständen. Möglicherweise sind Sie Kindern begegnet, denen man solche Regeln erteilt hat. Dann wissen Sie, was ich meine. Sie sind furchtsam und ängstlich. Sie bangen ständig darum, das Falsche zu tun und in Schwierigkeiten zu geraten. Sie bemühen sich, die Regeln zu befolgen, die sie nicht verstehen und nicht aufstellten. Weil sie diese Regeln nicht verstehen, sind sie von Ängstlichkeit erfüllt und werden zu schluchzen anfangen, wenn sie eine brechen – beispielsweise indem sie über die Linien malen.

Kinder sind aber nicht die einzigen Menschen, die den Male-innerhalb-der Linien-Stopper haben. Auch sehr viele Erwachsene haben ihn. Wenn Sie an diesem Stopper laborieren, sehen Sie das Leben als eine Reihe von Regeln oder Geboten – Regeln, die in 100 Prozent der Zeit befolgt werden müssen. Entweder Sie befolgen sie genau, oder Ihr Leben wird auseinanderfallen. Wenn ich Aussagen höre wie etwa: »Ich muss unbedingt…«, »Ich sollte…« oder: »Ich könnte nie…«, dann weiß ich, dass ich es mit jemandem zu tun habe, der nur innerhalb der Linien malt. Das ist eine Person mit hohen Standards, rigidem Denken und Erwartungen, die übertrieben oder unrealistisch sind.

Hinter deiner Angst liegt deine Kraft

So etwas wie vollkommen gibt es nicht – es geht immer nur um das unentwegte Bemühen zu entdecken, was mit etwas nicht in Ordnung ist.

Alles, was von diesen Regeln abweicht, wird Beängstigung hervorrufen. Sobald Sie anfangen, über Möglichkeiten nachzudenken – Möglichkeiten, die außerhalb der Abgrenzungen liegen –, verspüren Sie Angst und Beklommenheit und stellen sich ganz unwillkürlich Fragen wie: *Wie soll ich das tun können? Wie könnte ich mich dem je stellen?*

Sie könnten diesen Stopper haben, wenn Ihr Angsthaufen offensichtlich viele Sätze enthält, die mit den Worten *muss unbedingt, sollte* und *Ich könnte nie* anfangen. Beispielsweise können Sie in Loris Angsthaufen diesen Traumstopper erkennen, wenn sie schreibt: »Ich sollte warten, bis die Kinder älter sind«, »Ich habe mich entschieden, eine Hausfrau zu sein, und ich muss mich an den Plan halten«, und »Ich sollte mich einfach mit meinem Leben, so wie es ist, zufriedengeben.«

Warum er Sie stoppt: Falls Sie auf dem Vollkommenen bestehen, werden Sie ewig warten. Die einzige Person, die denkt, dass Sie etwas tun sollten oder nicht tun sollten, sind Sie. Es ist wirklich okay, die Regeln zu ändern und über die Linien zu malen. So zu handeln eröffnet mehr Optionen.

Wie man das Muster durchbricht: Ich möchte, dass Sie für jede Regel (bzw. jedes Gebot) auf Ihrem Angsthaufen eine neue Regel aufschreiben, die ihr (bzw. ihm) widerspricht. Beispielsweise könnte man in Loris Angsthaufen ihrer Regel: »Ich sollte warten, bis die Kinder älter sind« damit widersprechen: »Aber wenn ich es jetzt mache, werde ich in einer besseren Lage sein, mich mit den Kindern abzugeben, wenn sie im Teenageralter sind. Wenn ich eine Lehrerin bin, werde ich den gleichen Terminplan haben wie sie auch, sodass ich sie im Auge werde behalten können.«

Stopper #4:
Sie haben eine Kompliment-Amnesie
Ich berate viele arrivierte, fähige Leute, die scheinbar alles haben, um sich deswegen gut zu fühlen. Sie sind an der Spitze ihrer Karriere. Sie sehen gut aus. Sie sind von aufrichtig bewundernden Angehörigen und Freund(inn)en umgeben. Man sagt ihnen oft: »Ich finde dich/Sie klasse.« Dennoch kommen diese Leute sich nicht klasse vor. Wenn sie mich in meinem Sprechzimmer aufsuchen, sagen sie mir, dass sie Loser und Versager sind und dass niemand sie mag. Sie sind von Angst erfüllt, weil sie eine negative Auffassung von sich selbst entwickelt haben. Sie sind außerstande, zu wachsen oder Fortschritte zu machen. Sie lassen eigenen Erfolg und Komplimente grundsätzlich unberücksichtigt, und deshalb bleiben sie festgefahren.

Ich frage Personen mit Kompliment-Amnesie häufig: »Hat Ihnen schon mal irgendjemand gesagt, dass Sie in dem, was Sie tun, gut sind?« Sie spielen diese Komplimente herunter oder weisen sie zurück, indem sie Dinge sagen wie etwa: »Die sind ja bloß nett und liebenswürdig«, oder: »Die sagen diese Dinge bloß, weil ich ihnen leidtue.«

Dann fasse ich nach mit: »Wie beschreibt Ihr(e) Cousin(e) Sie? Wie beschreibt Ihre Mutter Sie? Wie beschreiben Ihre Freund(inn)en Sie? Wie beschreiben Ihre Mitarbeiter(innen) Sie?«

Häufig beginnen sich daraufhin die Indizien zu häufen, wobei sich zeigt, dass der/die Betreffende diese Komplimente also doch wirklich verdient.

»Haben diese Personen irgendeinen Grund zu lügen? Haben sie Gründe, die Wahrheit zu sagen?«, frage ich. »Wenn mehrere Personen das Gleiche sagen und sie allesamt Gründe haben, Ihnen die Wahrheit zu sagen, dann ist das vielleicht wirklich die Wahrheit.«

Sie könnten diesen Stopper haben, wenn Sie sich an das Wort *aber* klammern. Sie könnten beispielsweise denken: »Die Leute sagen mir, dass ich gescheit bin, *aber* das ist wirklich nicht wahr.« Oder jemand macht Ihnen ein Kompliment, und Sie sagen: »Ja schon, *aber*...«

Warum er Sie stoppt: Er hindert Sie daran, den Augenblick zu genießen und ein gutes Selbstgefühl zu haben. Wenn Sie kein gutes Selbstgefühl haben, werden Sie mit geringerer Wahrscheinlichkeit Ihre Ziele und Träume verfolgen.

Wie man das Muster durchbricht: Versuchen Sie dies, wenn Sie das nächste Mal bei sich registrieren, dass Sie unter Kompliment-Amnesie leiden. Erstellen Sie eine Liste Ihrer Stärken und der Dinge, in denen Sie gut sind. Behalten Sie diese Dinge im Hinterkopf. Sie sind alle Sie. Besitzen Sie sie! Außerdem rate ich Ihnen, jedes Mal, wenn Sie sich dabei ertappen, dass Sie in diesem Zusammenhang das Wort *aber* verwenden, dieses Wort und alles, was danach kommt, zu eliminieren. Statt, beispielsweise, zu sagen: »Die Leute sagen mir, dass ich brillant bin, *aber* das sagen sie bloß, um mir ein gutes Gefühl zu geben«, machen Sie direkt vor dem *aber* halt und sagen: »Die Leute sagen mir, dass ich brillant bin.« Punkt.

Stopper #5:

Sie denken in zwei Farbtönen: Schwarz und Weiß

Als ich ein Kind war, pflegte meine Familie in eine Bäckerei zu gehen, und wir nahmen dann immer schwarzweiße Plätzchen mit. Das waren Plätzchen, deren Oberseite zur Hälfte mit Schokoglasur und zur anderen Hälfte mit Vanilleglasur überzogen war. Sie fragen sich vielleicht, was zum Teufel ein Plätzchen mit einem Stopper zu tun hat. Wie sich herausstellt, eine Menge!

Ich sehe oft Menschen, die so leben, als ob ihr Leben entweder ein schwarzes oder ein weißes Plätzchen wäre. Sie geben sich selbst stets nur zwei entgegengesetzte Optionen:

- richtig/recht oder falsch/unrecht
- wahr oder unwahr
- Ja oder Nein
- gut oder schlecht
- dick oder dünn
- gescheit oder dumm
- reich oder arm
- Gewinner oder Verlierer
- Erfolg oder Misserfolg

Das führt nicht nur zu einem eintönigen Dasein, es erzeugt zudem auch Angst. Jedwede kleine Schwierigkeit oder Komplikation wird als ein gewaltiger Misserfolg wahrgenommen, weil sie sich selbst nur zwei Optionen geben – entweder sind sie ein völliger Erfolg oder ein(e) totale(r) Versager(in). Sie sehen nicht die riesige Grauzone zwischen jenen zwei Optionen.

Ein(e) Schwarz-oder-Weiß-Denker(in), der/die in einem Test eine Eins minus kriegt, denkt: »Ich tauge nichts.« Ein(e) Schwarz-oder-Weiß-Denker(in), der/die den zweiten Platz belegt, fühlt sich schlecht und sagt so was wie: »Zweiter ist der erste Verlierer.«

Sie könnten diesen Stopper haben, wenn Sie sich beim Mittelweg unwohl fühlen und Sie sein Vorhandensein rasch abtun, sobald jemand auf ihn hinweist. Wenn Sie nicht an der Spitze sind, finden Sie das angsterregend. Aus Ihrem Angsthaufen werden Sie Aussagen entnehmen wie: »Ich weiß nicht, ob ich der/die Beste sein kann« und: »Darin werde ich nie gut sein.« Sie werden außerdem feststellen, dass Sie zum Hinauszögern tendieren. Ihr Verlangen, Dinge tadellos oder am besten zu machen, wird Sie veranlassen, fortwährend Dinge aufzuschieben, bis der Zeitpunkt »genau richtig« ist. Sie könnten womöglich feststellen, dass Sie aufgrund Ihres Verlangens, immer der/die Beste zu sein, zudem auch mit Schreibblockade, Lampenfieber und anderen Arten von Leistungsangst zu kämpfen haben.

Warum er Sie stoppt: Das Leben dreht sich um die Mitte. Es trifft bei jedwedem nur sehr, sehr selten zu, dass er/sie sich am äußersten Ende – entweder an der totalen Spitze oder am totalen Tiefpunkt – befindet. Wenn Sie auf Perfektion abzielen, werden Sie fast immer enttäuscht werden und Angst davor haben, Ihr Ziel nicht zu erreichen. Es wird eine endlose Suche sein.

Wie man das Muster durchbricht: Schauen Sie sich Ihren Angsthaufen genau auf diese Art von extremem Denken hin an. Sehen

Sie zu, ob Sie einen Mittelweg zwischen den zwei Extremen finden können. Listen Sie so viele Optionen, die zwischen Ihre beiden Extreme fallen, auf, wie Sie sich vorstellen können. Probieren Sie dann einige aus. Schauen Sie, was passiert, wenn Sie mit der Mitte leben können.

Stopper #6:
Sie treffen Entscheidungen aufgrund einer einmaligen Einzelprobe

Als meine geliebte Großmutter Helen noch klein war, bekam sie Kopfschmerzen, nachdem sie Schokolade gegessen hatte. Sie aß kein zweites Mal mehr ein Stück Schokolade. Dieser eine Vorfall veranlasste sie, »Schokolade« mit »Kopfschmerzen« zu verknüpfen. Er wurde eine schlechte Referenzerfahrung für sie, eine, die sie bis zu ihrem Tod im Alter von vierundneunzig Jahren mit sich trug.

Eine meiner Bekannten erzählte mir, dass sie, als sie ein Teenager war, während einer Poolparty zu einem Song getanzt hatte. Zwei andere Jugendliche machten sich über sie lustig und sagten ihr, sie könne nicht tanzen. Von jenem Tag an fühlte sie sich auf der Tanzfläche nervös und gehemmt. Den größten Teil ihres Erwachsenenalters über sagte sie den Leuten: »Ich tanze nicht« und: »Ich kann nicht tanzen.« Dann, erst vor Kurzem, wagte sie einen neuen Versuch und machte einen Zumba-Tanzkurs. Ebendort erkannte sie, dass sie am Ende doch keine so schlechte Tänzerin war. Nach dem Kurs kamen verschiedene Frauen auf sie zu und machten Bemerkungen über ihre Tanzbegabung, voller Staunen: »Ich kann nicht fassen, dass das Ihr erster Kurs war. Sie waren so gut!« Und sie hatte sich all jene Jahre über geweigert zu tanzen, bloß wegen dieses einen Vorfalls, der sich ereignet hatte, als sie ein Teenager war!

Hierher gehört auch, was ich Ihnen über mein Kindheitserlebnis erzählt habe, als ich sechs war und der Pudel mich die Straße hinunterjagte. Es ist eine lustige Geschichte, insbesondere wegen der Rasse des Hundes. Aber für mich war sie damals nicht lustig, und sie war viele Jahre lang nicht lustig, da jene eine Erfahrung meine Auffassung von Hunden generell einfärbte. Ich dachte, sie wären alle so bösartig wie jener gemeine Pudel, und ich hielt Abstand.

Das sind alles Beispiele für negative Referenzerfahrungen. Ich habe festgestellt, dass von sämtlichen Traum-Stoppern dieser der häufigste ist. Die meisten Menschen haben in einem Bereich oder mehreren Bereichen ihres Lebens unter diesem Traumstopper gelitten. Sie ziehen einen Schluss aufgrund einer Stichprobe mit Probenumfang eins.

Werfen wir einen Blick darauf, wie man aufgrund *einer* Erfahrung zu einem falschen Schluss kommen kann:

- Ich bekam Kopfschmerzen, nachdem ich Schokolade gegessen hatte = Ich kann keine Schokolade essen.

- Zwei Mädchen machten sich über mich lustig = Ich bin eine schauderhafte Tänzerin.

- Ein Pudel jagte mich einmal = Alle Hunde sind bösartig.

Das Traurige an diesen negativen Referenzerfahrungen ist, dass sie sich, bei den meisten Leuten, vor fünf, zehn oder zwanzig oder noch mehr Jahren ereignet haben. Aber diese isolierten Erfahrungen beeinflussen noch immer, wie die Betreffenden ihr Leben heute leben (oder nicht leben).

Sie könnten diesen Stopper haben, wenn Sie eine Zukunftsvoraussage auf ein vergangenes Ereignis stützen und *ein* viele Jahre zurückliegendes Ereignis Ihre heutige Auffassung Ihrer selbst einfärbt. Aus Ihrem Angsthaufen werden Sie diesen Stopper entnehmen können in Aussagen wie: »Aber ich bin einfach nicht gut in …« und: »Aber ich brächte das nie fertig …« Aus Loris Angsthaufen ist die Aussage: »Ich bin nicht stark genug, das zu verfolgen« ein Anzeichen, dass sie diesen Stopper haben könnte.

Warum er Sie stoppt: Wenn Sie sich nur *einen* Bezugsrahmen geben, filtern Sie andere Möglichkeiten heraus, und Sie halten sich davon ab zu verfolgen, was Sie wirklich wollen und was Sie wirklich zu erreichen vermögen. Sie sagen sich selbst, dass Sie in mehreren Dingen einfach »nicht gut« sind, in denen Sie wahrscheinlich ziemlich gut werden könnten, wenn Sie sich die Chance gäben.

Wie man das Muster durchbricht: Sehen Sie sich Ihren Angsthaufen an und suchen Sie Formulierungen wie: »Ich kann nicht …« und: »Ich bin nicht … genug« und: »Ich könnte nie …« Denken Sie an Ihr bisheriges Leben zurück und versuchen Sie, die negative Referenzerfahrung zu identifizieren, die zu dieser Überzeugung führte. Das könnte ein bisschen Zeit beanspruchen, aber schlussendlich werden Sie die Erfahrung genau bestimmen. Fragen Sie sich, sobald Sie das tun: *War das ein isoliertes Ereignis? Stütze ich ein ganzes Leben voller Entscheidungen auf eine Stichprobe mit Probenumfang eins?* Gute Forscher führen keine Untersuchungen durch, die jeweils auf einer Stichprobe mit Probenumfang eins basieren. Sie wollen Ihre Schlüsse

Schreiben Sie Ihre Stopper auf

Schreiben Sie in Ihrem Angstfrei-Notizbuch auf, welche(n) der folgenden sechs Stopper Sie als Standardeinstellung zu übernehmen neigen, zusammen damit, wie Sie das Muster zu durchbrechen beabsichtigen.

- **Der Von-da-an-unglücklich-bis-ans-Ende-Stopper.** Sie fixieren sich jedes Mal, wenn Sie über das Verfolgen Ihres Traums nachdenken, auf Tragik und Gefahr.

- **Der Nicht-bestanden-Note-Stopper.** Sie überpersonalisieren Misserfolg und Lebensprobleme, indem Sie alles, was schiefgeht oder fehlschlägt, als ein persönliches Versagen ansehen.

- **Der Male-innerhalb-der-Linien-Stopper.** Sie sehen das Leben als eine Reihe von Regeln an, die in 100 Prozent der Zeit befolgt werden müssen. Falls Sie eine Regel brechen, erleben Sie Stress, Beunruhigung und panische Angst.

- **Der Kompliment-Amnesie-Stopper.** Ganz gleich, was irgendjemand über Sie sagt – Sie wissen, dass Sie nichts taugen.

- **Der Schwarzweiß-Stopper.** Sie geben sich immer nur zwei entgegengesetzte Optionen wie etwa richtig oder falsch und gut oder schlecht.

- **Der Einmalige-Einzelprobe-Stopper.** Sie vermeiden Situationen und Personen wegen *einer* schlechten Erfahrung.

gleichfalls nicht aufgrund einer Stichprobe mit Probenumfang eins ziehen. Erlauben Sie sich daher, den Probenumfang zu vergrößern. Hat es andere Erfahrungen gegeben, die dieser Auffassung widersprechen? Dekonstruieren Sie zudem auch die Referenzerfahrung. Gibt es Gründe für diese negative Erfahrung, die nichts mit Ihnen zu tun haben? Als beispielsweise meine Bekannte die ihre dekonstruierte, wurde ihr klar, dass die zwei Mädchen, die sich über sie lustig machten, neidisch auf sie waren und ihr einfach nur einen Dämpfer aufsetzen wollten. Es hatte nichts mit ihrer angeborenen Tanzbegabung zu tun.

Übung #3:
Anerkennen Sie Ihre koabhängige Beziehung zur Angst

Sie werden wahrscheinlich feststellen, dass Ihre Traumstopper Ihnen so lieb und teuer sind, wie sie dysfunktional sind. Wenn Sie daran denken, sich von ihnen zu trennen, könnten Sie ein Gefühl von Leere oder von Kontrollverlust erleben.

Deswegen haben viele Menschen eine koabhängige Beziehung zu ihrer Angst, und sie profitieren davon, sie als eine Ausrede zu benutzen. Beispielsweise könnte eine ängstliche Person es vermeiden, auf eine Party zu gehen, weil sie »nicht gut mit Leuten umgehen« kann, oder sich nicht um eine Stelle bewerben, weil »ich schlecht mit Verantwortung umgehen kann«. Aber diese Ausreden basieren selten, wenn überhaupt je, auf der Realität. Die sozialängstliche Person kann durchaus im Umgang mit Menschen gut sein, und die Person mit einer Angst vor Zurückweisung kann auch durchaus im Umgang mit Verantwor-

Hinter deiner Angst liegt deine Kraft

Wir alle haben eine koabhängige Beziehung zur Angst. Wenn Sie erst einmal anerkennen, wie und warum Sie davon profitieren, dass Sie feststecken, dann können Sie das Langfristige erkennen und Ihr Augenmerk auf all die Gründe richten, warum es besser ist, sich zu ändern, als gleich zu bleiben.

tung gut sein. Sie ziehen es jedoch vor, diese Ausreden zu glauben, weil die Ausreden ihnen ermöglichen, festgefahren zu bleiben und zu vermeiden, sich unwohl zu fühlen.

Wenn Sie sich endlich von der Angst lösen, wird sich das so anfühlen, als ob Sie sich aus irgendeiner dysfunktionalen Beziehung lösten. Sie wissen, dass Sie die Beziehung beenden wollen. Sie wissen, dass Sie die Beziehung beenden müssen. Aber es wird nicht leicht werden. Sie profitieren von dieser Beziehung, und Sie werden sich unwohl, gestresst und/oder beängstigt fühlen, wenn Sie sich von jenen Vorteilen lösen.

Genau aus diesem Grund haben so viele Menschen Schwierigkeiten, sich von dem zu lösen, das, wie sie bereits wissen, schlecht für sie ist. Ebendeshalb haben Raucher Schwierigkeiten aufzuhören. Ebendeshalb bleiben manche Menschen in missbrauchenden Beziehungen. Ebendeshalb halten andere an Junkfood oder einer sitzenden Lebensweise fest. Um zu tun, was gut für uns ist, müssen wir uns ändern, und das bringt emotionalen Widerstand und Beängstigung mit sich.

Ich bin mir sicher, es war bis dato frustrierend für Sie. Ich weiß, dass es dies für die meisten meiner Klient(inn)en ist. Wenn sie mich aufsuchen, wissen die meisten von ihnen, dass sie in einem dysfunktionalen Muster feststecken. Sie wissen aber nicht, warum sie feststecken, und sie nehmen an, das liege daran, dass sie nicht stark genug sind, daraus auszubrechen. Das könnte unzutreffender nicht sein.

Was da wirklich vor sich geht, ist etwas, das kontraintuitv und schwer einzugestehen zu sein scheint. Es ist dies: Sie haben etwas davon, dass sie feststecken. Sie profitieren irgendwie davon.

Beispielsweise können Sie in Loris Angsthaufen ersehen, dass sie vom Vermeiden, wieder zur Schule zu gehen, in vielerlei Hinsicht profitiert. Indem sie wieder zur Schule geht, wird sie finanziell weniger gut gestellt sein und ihre Ausgaben reduzieren müssen. Außerdem wird sie einiges von ihrer Erholungszeit aufgeben müssen, um ihre Rollen als Elternteil, Ehefrau und jetzt die als Studentin unter einen Hut zu bringen. Offen gesagt wird es stressig sein, aber es wird auch die Mühe wert sein.

Diese koabhängige Beziehung ist in Jakes Angsthaufen noch offensichtlicher. Er hat nach wie vor Spaß mit seiner Freundin und wird das aufgeben müssen, falls er mit ihr Schluss macht. Er

Hinter deiner Angst liegt deine Kraft

Wie lange wollen Sie sich noch mit dem Zweitbesten begnügen? Wie viel wollen Sie sich noch gefallen lassen? Fragen Sie sich: *Wann ist das Maß voll?*

hat auch nach wie vor Sex mit ihr. Ohne diesen Sex auskommen zu müssen wird noch ein weiterer Wermutstropfen für ihn sein, wenn er Schluss macht. Und obwohl sie nicht die Richtige für ihn ist, ist sie doch immerhin jemand. Ohne sie in seinem Leben wird er sich damit anfreunden müssen, allein zu sein – zumindest eine Zeit lang. Als ich ihn fragte, was er dadurch gewönne, dass er in seiner dysfunktionalen Beziehung bliebe, wurde ihm schlussendlich klar, dass das Verbleiben in der Beziehung ihm half, es zu vermeiden, sich gestresst, verunsichert und außerhalb seiner Komfortzone zu fühlen.

In Stacys Angsthaufen können Sie die koabhängige Beziehung ersehen, wenn sie davon spricht, keine Zeit zum Trainieren zu haben und nicht zu wissen, wie man trainiert. Im Moment fühlt sie sich wohl. Um für einen Marathon zu trainieren, müsste sie bereitwillig annehmen, sich unwohl zu fühlen, zumindest eine Zeit lang.

Genauso wie Lori, Jake und Stacy haben auch Sie eine koabhängige Beziehung zu Ihrer Angst. Die Beziehung könnte subtil und schwer auszumachen sein, aber sie ist zweifellos vorhanden. Sie könnte sogar peinlich sein. Zunächst könnten Sie sie nicht eingestehen wollen oder sich nicht damit abfinden wollen.

Aus ebendiesen Gründen ermuntere ich Sie dazu, beim Durchführen der folgenden Übung unvoreingenommen und offen zu sein. Aller Wahrscheinlichkeit nach könnte Ihnen vielleicht nicht gefallen, was Sie in Erfahrung bringen. Aber bleiben Sie einfach für eine Weile damit sitzen. Mit der Zeit, denke ich, werden Sie feststellen, dass die Wahrheit sich offenbaren und Ihnen helfen wird, angstfrei zu sein. Vertrauen Sie mir.

Sind Sie bereit?

Beginnen wir damit, dass wir einen weiteren Blick auf Ihren Angsthaufen werfen. Suchen wir nach sämtlichen Dingen, die Ihnen, wenn Sie sich Ihrer Angst stellen, Unbehagen und Unwohlsein bereiten werden. Finden Sie, unter Verwendung Ihres Angsthaufens, die Antworten auf die folgenden Fragen:

- Inwiefern profitieren Sie vom Aufrechterhalten des Status quo?

- Was werden Sie dadurch gewinnen, dass Sie weiterhin Veränderung in Ihrem Leben vermeiden?

- Inwiefern werden Sie profitieren, wenn Ihr Leben genau gleich bleibt?

- Was gewinnen Sie dadurch, dass Sie nichts unternehmen?

- Was gewinnen Sie dadurch, dass Sie feststecken?

- Von welchen Ausreden im Angsthaufen profitieren Sie? Welche animieren Sie, gleich zu bleiben?

- Welchen Stress oder welche Unannehmlichkeiten müssten Sie überwinden, wenn Sie Ihre gegenwärtige Situation verändern sollten?

Erstellen wir jetzt, basierend auf Ihren Ergebnissen, eine Feststeck-Liste. Listen Sie in ihr sämtliche Vorteile des Festgefahrenbleibens auf. Ich weiß. Das ist kontraintuitiv. Sie könnten denken: *Warum will ich denn sämtliche Gründe bekräftigen, weshalb ich festgefahren bleiben möchte?* Hier geht es nicht darum, die Vorteile des Festgefahrenbleibens zu bekräftigen. Es geht darum, sie zu identifizieren. Erst wenn Sie sie identifizieren und sich ihrer bewusst werden, können Sie anfangen, den unumgänglichen

Stress und die unvermeidlichen Unannehmlichkeiten bereitwillig zu akzeptieren, die sich daraus ergeben, dass Sie sich Ihrer Angst stellen und sie überwinden.

Verwenden Sie diese Feststeck-Liste zur Orientierung und für Einfälle/Ideen.

Warum ich festgefahren bleiben will

- Ich habe die Möglichkeit, den Status quo aufrechtzuerhalten. Ich muss keiner Veränderung ins Auge sehen.

- Ich vermeide die mit ... verbundene Beängstigung.

- Ich muss nicht in die Welt der Partnersuche oder Stellensuche zurück.

- Ich werde nicht einsam sein müssen.

- Ich werde mich nicht darum sorgen müssen, ob/wie ich mit meinen Einkünften auskomme.

- Ich werde mich nicht darum sorgen müssen, dass/ob man mich zurückweist oder mir einen Korb gibt.

- Ich werde nicht neue Leute treffen und mich nach da draußen begeben müssen.

Wie erging es Ihnen? Fühlen Sie sich ein bisschen verunsichert? Ziehen Sie in Zweifel, worauf Sie gekommen sind? Bleiben Sie, wiederum, für ein Weilchen damit sitzen. Entscheiden Sie im Zweifelsfall erst mal zu meinen Gunsten. Der eigenen Angst nachzugeben und festgefahren zu bleiben bringt grundsätzlich immer etwas. Das lohnt sich zwar, wohlgemerkt, nicht, und es ist nie ein hinreichender Grund, sich nicht der eigenen Angst zu stellen und sich nicht vorwärtszubewegen. Aber es ist vorhanden, und um voranzukommen, müssen Sie es identifizieren und sich damit auseinandersetzen.

Übung #4:
Festigen Sie Ihre Gewinnliste

Um Ihre Traumstopper und Ihre koabhängige Beziehung zur Angst zu überwinden, werden Sie die Vorteile des Festgefahrenbleibens durch die stärkeren, wirkmächtigeren und länger anhaltenden Vorteile der Veränderung ersetzen wollen. Das ist leicht, weil Sie in Schritt 1 bereits die Basis dafür geschaffen haben. Holen Sie jene Gewinnliste hervor, die Sie bereits erstellt haben.

Ihre Gewinnliste wird Ihnen helfen, Ihre Koabhängigkeit zu beenden, indem Sie Ihnen hilft, über das Kurzfristige – und sämtliche Ängste und Beängstigungen, die Sie in diesem Kapitel identifiziert haben – hinaus zu schauen und stattdessen das Langfristige zu sehen. Sie wird Ihnen helfen, sich fortwährend vor Augen zu halten, was Sie letzten Endes gewinnen werden, wenn Sie sich Ihrer Angst stellen und sich über sie hinausbewegen.

Hinter deiner Angst liegt deine Kraft

Sie können das Wahrwerden eines Traums nicht herbeiwünschen. Sie müssen es bewerkstelligen.

Werfen Sie einen Blick auf Ihre Liste. Können Sie noch mehr Gewinne hinzufügen? Wie wird sich Ihr Leben verändern, wenn Sie Ihre Traumliste absolvieren? Was werden Sie dadurch gewinnen, dass Sie sich Ihren Ängsten stellen und diese Träume zu einer Wirklichkeit für Sie werden lassen? Inwiefern wird sich Ihr Leben zum Besseren verändern?

Ihr Angsthaufen hat Ihnen geholfen, genau zu bestimmen, warum Sie meinen, dass Sie diesen (jeweiligen) Traum nicht erreichen können, sollten oder werden. Widersprechen Sie allem aus Ihrem Angsthaufen, indem Sie auflisten, warum Sie sich über diese (jeweilige) Angst hinausbewegen **können, sollten** und **werden**. Verwenden Sie die folgenden Beispiele aus Loris, Jakes und Stacys Gewinn-Listen zur Anregung beim Ergänzen Ihrer eigenen.

Loris Gewinnliste

- Ich werde auf einen Beruf hinarbeiten, von dem ich weiß, dass er mir gefallen wird.

- Ich werde mich geistig stimuliert fühlen.

- Ich werde mit Gleichgesinnten zusammen sein.

- Ich werde etwas tun, für das ich mich sehr begeistere.

- Ich werde glücklicher sein.

- Ich werde ein besseres Gefühl und Vertrauen haben, was meine Ehe angeht.

- Ich werde Balance in meinem Leben haben.

- Es wird mir und meinem Mann beibringen, wie man Probleme löst und auf kreative Lösungen kommt.

Jakes Gewinnliste

- Ich werde mich völlig lösen, damit ich die Möglichkeit schaffen kann, jemanden kennenzulernen, mit dem ich besser zusammenpasse.

- Ich werde mich für jemanden entscheiden können, mit dem es eine Zukunft gibt.

- Ich werde ein gutes Gefühl dabei haben, dass ich zu meiner Freundin ehrlich bin.

- Es wird mir ein gutes Gefühl geben zu wissen, dass ich zu mir selbst ehrlich war.

- Ich werde inneren Frieden erlangen, indem ich tatsächlich Maßnahmen ergreife, mein Leben zu verbessern.

Stacys Gewinnliste

- Ich werde ein Gefühl der Bewältigung erlangen.

- Ich werde in großartiger Form sein.

- Ich werde Kräfte erschließen und kann sie für künftige Unternehmungen nutzen.

- Ich werde einen Weg gefunden haben, meine Interessen mit denen meiner Beziehung auszubalancieren.

Tolle Arbeit!

Sie haben gerade Schritt 2 des Fünf-Schritte-Plans abgeschlossen! Inzwischen dürfte die Angst etwas von ihrer Macht über Sie verlieren. Gleichwohl könnten Sie feststellen, dass diese neue

Verhaltens- und Denkweise noch ein bisschen unangenehm ist. Viele meiner Klient(inn)en berichten mir, dass der Wechsel vom angstvollen Denken zum angstfreien Denken anfangs mit einem unbehaglichen Gefühl verbunden ist. Sie gewöhnen sich jedoch im Lauf der Zeit durchaus an ihn. Das werden Sie auch.

Zur Unterstützung Ihrer Selbstmotivation ermuntere ich Sie, mehrere Kopien Ihrer Gewinnliste zu erstellen, die Sie in Ihrer Brieftasche oder Handtasche bei sich tragen können. Fertigen Sie Kopien an, die Sie am Arbeitsplatz oder zu Hause an strategischen Orten verstecken können. Holen Sie diese Liste hervor und lesen Sie sie, wann immer Sie sich durch Angst und kurzfristigen Stress in die Klemme gebracht fühlen. Halten Sie sich vor Augen, warum Sie auf diese neue Weise agieren. Motivieren Sie sich, ständig voranzuschreiten. Verwenden Sie die Gewinnliste als eine ständige Gedächtnishilfe dafür, warum Sie sich entschlossen haben, Ihre Angst zu überwinden, und warum Sie Ihren Traum weiterhin verfolgen werden.

Angstfrei-*Komplettveränderung*

Frank war total gestresst, ein Problem, das von seinem Perfektionismus herrührte, einer Eigenschaft, die ihm in jungen Jahren anerzogen worden war. Seine Eltern hatten von ihm erwartet, dass er perfekt war – in der Schule Einser bekam, sich im Sport hervortat, superliebenswürdig und höflich war, in der Schule mehrere Sprachkurse belegte, und so weiter. Jetzt war er in ständiger Sorge, einen Fehler zu machen.

Das Ziel: Frank wollte sich entspannter und gelöster fühlen, insbesondere bei der Arbeit, und generell weniger gestresst.

Der Gewinn: Frank wusste, dass, wenn er seinen Stress würde verringern können, er mehr Energie haben und in der Lage sein würde, klarer zu denken. Er würde bei der Arbeit bessere Entscheidungen treffen, sich in seinem Beruf hervortun und sich glücklicher fühlen.

Das Programm: Seiner inneren Einstellung nach war Frank entweder perfekt oder das Gegenteil (Stopper #3 aus Schritt 2). Ich sagte Frank, dass er sein Denken auflockern und sich damit anfreunden müsste, schludrig zu sein, Fehler zu machen und suboptimal zu sein. Ich gab ihm eine paradoxe Verordnung. Ich bat ihn, sich seiner Angst davor, Mist zu bauen, eine Woche lang zu stellen, indem er tatsächlich vorsätzlich Mist baute (Schritt 5). Ich schlug vor, er solle zu spät zur Arbeit kommen, Grammatikfehler in E-Mails einfügen, nicht zusammenpassende Kleidung tragen und seine perfekt gefalteten Handtücher verwurschteln.

Er drängte natürlich zurück: »Das kann ich nicht machen.«

Ich fragte: »Warum nicht? Sie können allemal zu der Art, wie Sie vorher waren, zurückkehren.«

Er sagte: »Ich komme bestimmt in Schwierigkeiten. Ich kriege garantiert keine Arbeit fertig. Ich werde bis in die Nacht hinein arbeiten müssen, um die Zeit wieder reinzuholen.«

Ich drängte weiter. Später erfuhr ich, dass sie in seiner Firma einen gleitenden Arbeitsbeginn zwischen 9:00 und 9:30 Uhr hatten, dass er aber normalerweise spätestens um 8:30 Uhr zur Arbeit erschien.

»Also, selbst wenn Sie verspätet um 8:45 Uhr zur Arbeit erscheinen, sind Sie eigentlich noch immer früh dran«, redete ich ihm zu. Gegen Ende des Termins willigte er schließlich widerstrebend ein, es mit dem »Schludrigsein« zu versuchen.

In der darauffolgenden Woche sagte er mir, das Schludrigsein wäre »angsterregend, aber ich brachte es fertig«.

Das Ergebnis: Woche um Woche fuhren wir fort, die Norm zu ändern und Frank zu helfen, sich an die Vorstellung, schludrig zu sein, zu gewöhnen. Im Verlauf von sechs Sitzungen entwickelte er einen neuen Standard: Weniger war mehr. Er hatte einen neuen Behaglichkeitsbereich gefunden. Er hatte sein Denken aufgelockert, war nicht mehr gestresst und hatte infolgedessen mehr Energie und Klarheit.

Kapitel 8

Schritt 3:
Schreiben Sie Ihre innere
Erzählung neu

Als John mich zum ersten Mal zur Therapie aufsuchte, war er drauf und dran, zu einem Arzt zu gehen, um sich ein Rezept zu holen. Er war nicht an einem Rezept für Xanax oder Prozac (Fluoxetin) interessiert. Er war vielmehr überzeugt, dass er Viagra brauchte. »Er schlafft mir immer wieder ab«, flüsterte er fast. »Ich weiß nicht, was mit mir los ist.«

Ich wusste, dass John ein gesunder fünfzigjähriger Typ war, keine Medikamente einnahm und keine medizinischen Probleme hatte. Er hatte sogar innerhalb des vergangenen Jahres einen ärztlichen Check-up gehabt, und alles war bestens. Ich war mir ziemlich sicher, dass er kein Viagra brauchte, aber ich stellte ein paar Fragen, nur um sicherzugehen.

Ich: »Das ist normal. Es passiert vielen Männern. Wie kommen Sie darauf, dass Sie Viagra brauchen?«

John: »Na ja, das geht jetzt schon lange so. Es wird immer schlimmer. Sie glauben nicht, dass ich ein Rezept brauche?«

Ich: »Wenn Sie masturbieren, können Sie da eine Erektion bekommen?«

John: »Ja, kein Problem.«

Ich: »Schlaffen Sie jemals ab, wenn Sie masturbieren?«

John: »Nein.«

Ich: »Was ist der Unterschied zwischen Sex mit Ihnen selbst und Sex mit jemand anderem?«

Er war ratlos.

Ich erklärte, dass der Unterschied zwischen den beiden, abgesehen vom Offensichtlichen, in seinem Verstand entstünde, nicht in seinem Penis. Erregung sei Erregung, und es sei der Verstand, der diese Empfindung interpretiere.

»Ich bin mir ziemlich sicher, dass sich das alles in Ihrem Kopf abspielt. Viagra könnte vielleicht einem Problem in Ihrem Penis helfen, aber es kann kein Problem in Ihrem Kopf beheben«, sagte ich.

Als wir uns unterhielten, erfuhr ich, dass John seine Erektion zum ersten Mal etwa ein Jahr zuvor verloren hatte. Es passierte nach einem langen Abend, während dessen er eine Menge Alkohol konsumiert hatte. Es war eine durchaus normale Situation gewesen, eine, wie sie wahrscheinlich unzähligen Männern passiert ist. Es wäre eine isolierte Begebenheit in Johns Leben gewesen, wenn sein Verstand ihr nicht mehr Macht gegeben hätte.

Für John war dieser Vorfall zu einer negativen Referenzerfahrung geworden, einer, die sein Verstand immer und immer wieder abspielte. Jedes Mal, wenn er versuchte, Sex zu haben, erinnerte er sich an die Nacht, in der er schlaff geworden war. Erinnern Sie sich: Unser Verstand/Gedächtnis tendiert dazu, sich zuerst und vorrangig an negative Ereignisse zu erinnern, und diese negativen Erinnerungen überschatten die positiven. Die negativen Erinnerungen sind stärker, insbesondere, wenn Sie sich mit ihnen nicht angemessen auseinandergesetzt haben. Für John beschwor diese Erinnerung Angst und Beklemmung herauf. Jedes Mal, wenn er versuchte, Verkehr zu haben, dachte er: *Verdammt, ich muss das aufrecht erhalten. Ich darf das nicht verlieren. Ich sollte besser nicht wieder abschlaffen! Meine Frau wird weniger von mir halten, wenn ich noch nicht mal einen hochbekommen kann. Sie wird einen neuen Liebhaber finden. Ich weiß nicht, was ich machen werde, wenn ich nicht hart bleiben kann. Was für ein Mann bin ich?*

Er konzentrierte sich auf alles, was er nicht wollte, statt auf das, was er tatsächlich wollte. Ich wusste, dass ihm das nicht half. Wenn Sie sich auf das konzentrieren, was Sie nicht wollen, tendieren Sie dazu, ebendies geschehen zu lassen.

Als John mir von den diversen Gedanken berichtete, die ihm durch den Kopf gingen, sagte ich: »Wow, ich weiß nicht, ob ich eine Erektion aufrecht erhalten könnte, wenn mir das durch den Kopf ginge!«

TESTEN SIE ES AUS

Was auch immer Sie tun – denken Sie nicht daran, wie ein Zebra aussehen würde, wenn es rosa und blaue Streifen hätte. Woran denken Sie jetzt? Ich wette, Sie denken an ein Zebra mit rosa und blauen Streifen. Stimmt's? Wenn Sie versuchen, nicht an etwas zu denken, denken Sie schließlich nur noch mehr daran.

Ich fragte ihn, wer seine Sporthelden seien. Er nannte den Profi-Basketballspieler Kobe Bryant und Michael Phelps, den Olympia-Schwimmer, der 2008 in Peking achtmal Gold gewann. Ich fragte: »Was wäre, wenn Kobe jedes Mal, wenn er den Ball kriegte, bei sich dächte: *Ich tauge nichts* oder: *Diesen Korbtreffer schaff' ich nie?* Und was wäre, wenn Michael Phelps dächte: *Ich bin dermaßen außer Form* oder: *Ganz unmöglich, dass ich gewinnen werde?* Was für eine Leistung, glauben Sie, würden sie bringen?« Ich erklärte, dass in beiden Fällen diese Weltklasseathleten keine ihrem Niveau entsprechende Leistung hätten bringen können, wenn sie ihrem Denken Zweifel eingeimpft und ihr Selbstbewusstsein destabilisiert hätten.

»Sie sind kein bisschen anders«, sagte ich John. »Jedes Mal, wenn Sie in eine Situation kommen, die zu Intimität führen könnte, ist Ihre innere Erzählung negativ, bewirkt genau das Gegenteil des Gewünschten und macht es Ihnen strikt unmöglich, ein selbstsicherer Liebhaber zu sein oder sich auch nur in Ihrer eigenen Haut wohlzufühlen.«

Hinter deiner Angst liegt deine Kraft

Richten Sie Ihr Augenmerk auf das, was Sie wollen, nicht auf das, was Sie nicht wollen. Wenn Sie sich auf das konzentrieren, was Sie wollen, werden Sie sich von Natur aus darauf zubewegen. In ähnlicher Weise werden Sie sich, wenn Sie sich auf das konzentrieren, was Sie nicht wollen, darauf gleichermaßen zubewegen. Sie haben die Wahl.

Ich arbeitete mit John, indem ich ihm half, mit der Zeit die negative Erzählung, die ständig in seinem Verstand und Denken spielte, neu zu schreiben, und schließlich war er dann in der Lage, es wieder zu genießen, Sex zu haben, statt sich davor zu fürchten.

Welches ist Ihre Erzählung?

Wie John haben wir alle eine innere Erzählung, die in unserem Kopf spielt. Sie ist fast wie ein Hintergrundkommentar zu dem, was wir tun, und dazu, wie wir uns fühlen. Diese Gedanken sind beständig und gleichbleibend. Sie brauchen nur stillzusitzen und zu versuchen, keine Gedanken zu haben, um wahrzunehmen, wie viele doch tatsächlich präsent sind.

Es gibt jede Menge Theorien darüber, woher Gedanken kommen und warum. Manche dieser Theorien wurzeln in Religion und Spiritualität. Im Lauf der letzten paar Jahre sind einige New-Age-Theorien aus dem Boden geschossen, darüber, wie Gedanken von einer Person zu einer anderen gechannelt werden oder inwiefern Schwingungen bei der Hervorbringung unserer Gedanken eine Rolle spielen könnten. Einige Leute glauben, dass es da draußen im Universum einen Gedankenpool gibt, den die Menschen anzapfen. Die Gedanken gehen dann durch Sie hindurch, als ob Sie bloß ein Medium wären. Dieser Ansatz wurde von *The Secret* und anderen, ihm ähnlichen Büchern entschieden gefördert. Das kommt für Sie wahrscheinlich nicht völlig überraschend, aber jedenfalls unterstütze ich diese Theorie nicht. Das Problem damit ist, dass sie irgendeiner äußeren Entität die Kontrolle zuordnet. Was für einen Nutzen wird Ihnen das bringen, wenn Sie versuchen, emotionale und mentale Gesundung zu erlangen, einen bestimmten Bereich Ihres Lebens zu verbessern oder irgendwo eine Höchstleistung zu erreichen? Keinen!

Wenn Sie es bis hierher geschafft haben, dann haben Sie wahrscheinlich eine ziemlich gute Vorstellung von meinem Stil und davon, wie ich vorgehe und die Menschen betrachte. Sie können wahrscheinlich erahnen, dass ich den oben erwähnten Theorien nicht viel Glauben schenke. Ich wähle einen pragmatischeren, praxisnäheren Ansatz, einen, der in der Kognitionswissenschaft und kognitiven Psychologie wurzelt.

Hier ist meine Ansicht: Wir haben eine unbewusste Psyche, das Unbewusste, und eine bewusste Psyche, das Bewusstsein. Das Bewusstsein ist allen möglichen Außenreizen wie etwa Empfindungen, Anblicken, Gerüchen, Geschmäcken und Tönen ausgesetzt. Das Unbewusste beherbergt tiefer liegende Erinnerungen, Gefühle und Emotionen – deren Sie sich während irgendeines bestimmten Moments großenteils nicht bewusst sein mögen. Manchmal jedoch werden die aus dem Bewusstsein hereinkommenden Reize einen Gedanken auslösen oder eine Emotion aus dem Unbewussten hochblubbern lassen. Als ich beispielsweise vor ein paar Jahren in Manhattan auf Apartmentsuche war, betrat ich eine Etagenwohnung, die einen sehr ausgeprägten Geruch hatte. Der Geruch erinnerte mich an die Wohnung meiner Großmutter. Es war eine Altbauwohnung, genau wie die ihre. Ich driftete mental wohl zehn Sekunden lang davon, während ich daran dachte, wie ich mich früher immer zu ihr hinsetzte und Wackelpeter oder Plätzchen aß. Ich dachte daran, wie sie im Lauf der Jahre zunehmend zittriger geworden war, wenn sie mit heißem Wasser Tee aufgoss. Ich dachte dann, worüber sie und ich uns heute vielleicht unterhalten würden, wenn sie noch da wäre. Bald war ich in meinem Kopf dort bei ihr und berichtete ihr von meinem Leben und allem, was sie verpasst hatte, seit sie verstorben war.

Das bloße Betreten dieser einen Wohnung, hatte mein Unbewusstes angesteuert und eine ganze Reihe von Gedanken und Emotionen ausgelöst.

Ich bin mir sicher, dass Sie ähnliche Erfahrungen gemacht haben. Vielleicht spazierten Sie die Straße hinunter und sahen da jemanden, der Sie an jemand anderen erinnerte. Oder vielleicht beförderte Sie wie mich ein bestimmter Geruch zurück zu einem speziellen Ort in der Vergangenheit. Was immer es auch war, es fühlte sich so an, als ob die Gedanken aus dem Nichts auftauchten, aber das war in Wirklichkeit nicht der Fall. Sie waren die ganze Zeit über im Unbewussten.

Ebendort entsteht Ihre innere Erzählung. Ihre Herkunft aus dem Unbewussten bedeutet jedoch keineswegs, dass Sie sich ihrer nicht bewusster werden können, und es bedeutet nicht, dass Sie sie nicht neu schreiben können.

Erst dann, wenn ich die Leute darauf hinweise, wird ihnen klar, wie negativ ihre Gedanken doch sind. Diese negativen Gedanken sind automatisiert. Sie sind tief eingewurzelt und so habituell wie Ihre morgendliche Körperpflegeroutine. Aber das Unwillkürlich-Automatische und Habituelle dieser Gedanken bedeutet keineswegs, dass Sie dies nicht ändern können. Sie können aus dem negativen Denken, das zu Angst führt, ausbrechen, und genau das werden Sie in diesem Schritt des Programms tun.

Sie werden eine neue, positivere innere Erzählung schaffen, eine, die die negativen habituellen Gedanken ersetzen wird, welche bislang immer und immer wieder Ihre Angstreaktion auslösen. In diesem Schritt des Programms werden Sie die Geschichte neu schreiben, die wieder und wieder in Ihrem Denken, Ihrer Psyche spielt. Im Augenblick hat diese Geschichte einen Plot wie ein Horrorfilm, mit einer Nahtoderfahrung nach der anderen. Nachdem Sie die innere Erzählung neu geschrieben haben, wird sie sich mehr wie ein erfreuliches, aber glaubhaftes Märchen lesen – eines mit einem Glücklich-bis-ans-Ende.

Indem Sie Ihre innere Erzählung neu schreiben und sie positiver, glaubhafter und ermutigender gestalten, werden Sie zu der Angstfreiheit finden, die Sie brauchen, um der Held bzw. die Heldin Ihrer eigenen Geschichte zu werden.

Verändern Sie Ihr Leben in einer Woche!

Schritt 3 umfasst fünf Übungen, zu deren Durchführung Sie, über den Lauf einer Woche verteilt, insgesamt jeweils ungefähr eine Stunde brauchen werden. Haken Sie sie ab, während Sie vorrücken.

☐ *Übung #1:* Beobachten Sie Ihre Gedanken und werden Sie sich ihrer Negativität deutlicher bewusst.
Geschätzte Zeit: 10 bis 15 Minuten.

☐ *Übung #2:* Vollziehen Sie regelmäßige Körperscans, um mehr Einsicht in Ihre Gedanken und Gefühle zu gewinnen.
Geschätzte Zeit: 5 bis 10 Minuten pro Körperscan.

☐ *Übung #3:* Identifizieren Sie Ihre Redefallen. Achten Sie auf das, was Sie sagen, und auf das, was andere zu Ihnen sagen. *Geschätzte Zeit:* Über den Lauf einer Woche verteilt jeweils ein paar Sekunden.

☐ *Übung #4:* Transkribieren Sie Ihre mentale Erzählung. Denken Sie an Ihr Ziel und schauen Sie, welche negativen Gedanken an die Oberfläche steigen. *Geschätzte Zeit:* 10 Minuten.

☐ *Übung #5:* Schreiben Sie Ihre mentale Erzählung neu. Machen Sie sie positiv. Prägen Sie sie sich ins Gedächtnis ein. *Geschätzte Zeit:* 10 Minuten zum Neuschreiben, ein paar Tage zum Einprägen.

Übung #1: Nehmen Sie Ihre Gedanken wahr

Sie könnten glauben, wie dies viele Leute tun, dass Ihre Reaktionen und Gefühle sich Ihrer Kontrolle entziehen. Das stimmt nicht. Ihre Gedanken und Gefühle, seien sie nun bewusst oder unbewusst, sind Ihrer Kontrolle zugänglicher, als Sie sich vorstellen.

Beispielsweise geht jener schweißnassen Empfindung, die Sie überkommt, wenn Sie nervös sind, normalerweise ein Gedanke voraus, einer, der wahrscheinlich etwa so lautet: *Ich kann das nicht. Ich kann nicht fassen, dass ich das zu tun versuche. Ich sollte noch nicht einmal hier sein. Was hab' ich mir dabei gedacht?*

In ähnlicher Weise wird die Muskelverspannung, die Sie verspüren, wenn Sie unter Stress stehen, gleichfalls durch einen Gedanken (oder mehrere Gedanken) verursacht. Selbst in jenen Momenten, wo Sie so verängstigt sind, dass Ihr Verstand auszusetzen scheint, fing alles mit einem Gedanken an, einem, der angstbasiert war.

Das Problem für die meisten von uns ist jedoch, dass wir uns unseres eigenen Denkens nicht bewusst sind. Denken Sie über sämtliche alltägliche Aufgaben nach, an deren jeweilige Verrichtung Sie sich nicht erinnern. Haben Sie die Tür abgeschlossen, als Sie heute Morgen weggingen? Wahrscheinlich taten Sie es, weil Sie das immer tun. Aber erinnern Sie sich daran, es getan zu haben? Wahrscheinlich nicht. Das kommt daher, weil das Zusperren der Tür eine automatisierte Reaktion ist, eine, die Sie immer und immer wieder vollzogen haben. Sie denken nicht bewusst: *Okay, ich werde eben jetzt die Tür abschließen*, bevor Sie dies tun. Aber Sie denken es unbewusst.

Hier sind weitere Dinge, die heute getan zu haben Sie sich wahrscheinlich nicht erinnern:

- das Putzen Ihrer Zähne;

- das Nachsehen, ob Post gekommen ist;

- das Einschalten Ihres Computers;

- das Zubinden Ihrer Schuhe;

- das Anziehen Ihrer Socken;

- das Zuknöpfen Ihrer Hose.

Mit Ihren negativen Gedanken verhält es sich genauso. Sie sind da, aber wahrscheinlich nehmen Sie sie nicht wahr und erinnern sich auch nicht an sie. Diese Übung soll Ihnen helfen, mit den vielen – bewussten und unbewussten, positiven und negativen – Gedanken in Kontakt zu treten, die zu jedem gegebenen Moment in Ihrem Kopf sind.

Setzen Sie sich und schließen Sie die Augen. Bringen Sie Ihre Aufmerksamkeit zu Ihrem Gesamtbewusstsein, Ihrem Geist. Stellen Sie sich Ihren Geist als eine Leinwand vor und Ihre Gedanken als den Kinofilm, der auf dieser Leinwand spielt. Was sehen Sie? Was denken Sie?

Vielleicht denken Sie, dass das eine doofe Übung ist und Sie nicht fassen können, dass Sie sie machen. Gut! Sie nahmen gerade einen Gedanken wahr. Oder vielleicht denken Sie, dass Sie diese Übung überspringen werden, weil Sie keine Lust haben, eben jetzt die Augen zu schließen. Prima! Sie nahmen einen weiteren Gedanken wahr.

Es gibt hier keine Beurteilung. Es spielt keine Rolle, welche Gedanken Sie wahrnehmen. Machen Sie sich keine Sorgen darüber, ob es gute Gedanken oder schlechte Gedanken sind, oder darüber, was sie bedeuten. Analysieren Sie sie nicht und versuchen Sie nicht, sie zu verändern. Nehmen Sie sie einfach nur wahr.

Machen Sie sich in Ihrem *Angstfrei*-Notizbuch Notizen über einige der Gedanken, die Sie entdeckten. Gehen Sie dann direkt zu Übung #2 weiter, ohne eine Pause einzulegen.

Angst-Gegenmittel: Falls diese Übung schwierig war – es Ihnen zum Beispiel schwer fiel, einen einzelnen Gedanken, eine einzelne Empfindung oder ein einzelnes Gefühl wahrzunehmen –, dann versuchen Sie es über einen Zeitraum von Tagen noch ein paarmal, bis Sie im Wahrnehmen Ihrer Gedanken besser werden.

Übung #2:
Nehmen Sie Ihre Gefühle und Empfindungen wahr

Ihre Gedanken führen oft zu Gefühlen und Empfindungen, aber Sie mögen sich der Verbindung nicht bewusst sein. Beispielsweise könnte dieses Kopfweh, das Sie jeden Nachmittag bekommen, die Folge stressiger Gedanken sein, die Sie über Arbeit generell haben. Oder das traurige Gefühl, das Sie an den Abenden haben, könnte mit Gedanken in Zusammenhang stehen, die Sie über Ihre Ehe haben, aber ohne sich dessen bewusst zu sein.

Erkunden wir, um die Verbindung herzustellen, wie Ihre Gedanken Gefühle, Emotionen und Empfindungen hervorbringen. Sie werden diese Übung in zwei Teilen ausführen.

Teil #1: Schließen Sie die Augen. Konzentrieren Sie sich darauf, wie Sie sich fühlen. Scannen Sie Ihren Körper mental von Kopf bis Fuß. Gibt es irgendwelche Anspannungs-, Unbehaglichkeits- oder Schmerzbereiche? Nehmen Sie zudem auch Ihre Stimmung wahr. Fühlen Sie sich gereizt? Besorgt? Gelangweilt? Oder sonstwie? Notieren Sie sich in Ihrem Angstfrei-Notizbuch, was Sie entdeckt haben.

Sehen Sie sich jetzt die Gedanken an, die Sie sich aus Übung #1 notierten. Sehen Sie sich die Emotionen an. Wie passen sie zusammen?

Teil #2: Tragen Sie Ihr Tagebuch bei sich. Pausieren Sie drei- bis fünfmal am Tag von allem, was Sie jeweils gerade tun. Bringen Sie Ihre Aufmerksamkeit zu Ihren Gedanken. Nehmen Sie wahr, was Ihnen durch den Sinn geht. Nehmen Sie zudem auch wahr, wie Sie sich fühlen. Notieren Sie sich das alles. Spielen Sie am Ende der Woche Detektiv(in) und schauen Sie, ob Sie zwischen Ihren Gedanken und Ihren Gefühlen und körperlichen Empfindungen einen Zusammenhang herstellen können.

Übung #3:
Identifizieren Sie Ihre Redefallen

Seit nunmehr fünfzehn Jahren beobachte ich, wie die Leute reden und wie ihre Sprache mit dem zusammenhängt, wie sie denken und fühlen. Infolgedessen bin ich oft in der Lage, auf die Worte und Formulierungen, die ein(e) Klient(in) immer und immer wieder verwendet, hellhörig zu reagieren und dem/der Klient(in) einsehen zu helfen, inwiefern die betreffenden Worte zu Angst führen.

Die Worte, die Sie verwenden, sind wahrhaftig wirkmächtig. Sie können Sie motivieren, sich zu ändern, oder sie können Sie feststecken lassen. Sie können Sie dazu führen, die Möglichkeiten zu sehen oder dazu, stattdessen nur Unmöglichkeiten zu sehen.

Zum Verständnis, wie durchaus wirkmächtig Ihre gesprochenen Worte wahrlich sind, möchte ich mit Ihnen eine Geschichte über eine Klientin teilen.

Sie hieß Donna. Zwei kleine Wörtchen veranlassten sie, in einem Beruf ohne Aufstiegschancen zu verbleiben.

Donna war Anfang dreißig. Sie arbeitete hart als Verwaltungsassistentin und wurde ordentlich vergütet. Ihr Job bezahlte die Rechnungen und ermöglichte ihr, ein reiches Sozialleben zu finanzieren. Ihr Problem war jedoch, dass sie sich überhaupt nicht erfüllt fühlte, was natürlich zu ihrer Depression beitrug. Ich bat sie, darüber nachzudenken, was sie *wirklich* tun wollte.

Wie sich herausstellte, begeisterte Donna sich für Fitness und dafür, anderen zu helfen, in Form zu kommen. Ihr Gesicht leuchtete auf, als sie über Fitness, Gesundheit und Ernährung redete.

Ich fragte: »Haben Sie sich schon mal überlegt, irgendwelche Kurse zu machen, in Richtung Zertifikatserwerb, als Fitnesstrainerin?«

Sie erwiderte: »**Ja, aber** ich konnte nie die Zeit finden.«

Wir unterhielten uns weiter, darüber, wie sie diese Zeit vielleicht finden könnte. Sie kriegte raus, dass Wochenendkurse eine praktikable Option sein würden.

»Glauben Sie, dass Sie glücklich sein würden, wenn Sie wöchentlich ein paar Klienten empfingen?«, fragte ich.

»**Ja, aber** wie soll ich das mit meinem Job bewerkstelligen?«

Während wir uns unterhielten, tauchten noch etliche weitere *Ja-abers* auf.

Die *Ja-aber*-Redefalle hält viele Menschen in Geiselhaft. Ich wies Donna darauf hin. »Diese zwei Worte sind so wirkmächtig«, sagte ich. Ich erklärte, dass jedes *Ja-aber* Angst erzeuge, ihr Selbstvertrauen verletze und sie daran hindere, ein wichtiges und realistisches Risiko einzugehen. Ich wies darauf hin, dass *ja, aber* bloß eine Ausflucht sei. Donna verstecke sich hinter diesen Worten. Die Sprache veranlasse sie, sämtliche Warum-nicht-Aspekte in den Mittelpunkt zu stellen, statt sich auf sämtliche Gründe zu konzentrieren, warum sie etwas tun konnte, sollte und würde. Jedes Mal, wenn sie den Drang verspürte, »ja, aber« zu sagen, ließ ich sie die Worte ersetzen.

Ich bat sie, ihren *Ja-abers*, und bei welchen Gelegenheiten sie ihr unterliefen, auf der Spur zu bleiben.

In der darauffolgenden Sitzung berichtete sie, dass sie zehn *Ja-abers* hatte, alle während des Arbeitstags. Sie träumte also mindestens zehnmal am Tag davon, in einem andersartigen Beruf zu sein, einem, der, ihrer Ansicht nach, unerreichbar zu sein schien. Später erkannte sie dann, dass er das keineswegs war.

Wir arbeiteten zusammen, uns für jedes *Ja-aber* in ihrem Notizbuch jeweils eine alternative Wortfolge einfallen zu lassen, die motivierender und mental kraftgebender war. Hier sind ein paar Beispiele dafür, wie wir ihre *Ja-abers* neu formulierten.

»Ja, aber…«	Ja, besser
»Ja, ich möchte Trainerin werden, aber ich verstehe nichts von Personal Training.«	»Ich möchte Trainerin werden, also werde ich wieder die Schulbank drücken und meine Zertifikate erwerben.«
»Ja, ich möchte Trainerin werden, aber wie will ich jemals meinen Stundenplan mit der Arbeit abgleichen?«	»Ich möchte Trainerin werden, und ich werde meinen Stundenplan abgleichen, indem ich kreativ und flexibel bin.«
»Ja, ich möchte Trainerin werden, aber wie will ich meine Klientel aufbauen?«	»Ich werde mich an große Apartmenthäuser vermarkten.«

Donna fing daraufhin an, das Unmögliche möglich zu machen, und jetzt ist sie eine der gefragtesten Trainerinnen in New York City. Kürzlich checkte ich mit ihr ein und fragte sie: »Wenn ich

Ihnen vor ein paar Jahren gesagt hätte, dass Sie das hauptberuflich und ganztags machen würden, was hätten Sie da gesagt?«

Ohne viel nachzudenken, sagte sie: »Ja, aber.«

Ich würde Sie liebend gern zu einer Sitzung reinkommen lassen, Ihnen beim Reden zuhören und Ihnen Ihre Redefallen aufzeigen. Das ist aber offensichtlich nicht realistisch. Daher möchte ich Ihnen helfen, Ihre Redefallen zu identifizieren, indem ich die Übungen #1 und #2 ein bisschen weiterführe. Tragen Sie Ihr Angstfrei-Notizbuch ein paar Tage bei sich und machen Sie sich Aufzeichnungen über Folgendes:

- Die Momente, wenn Sie spüren, dass Sie sich vor Angst, Beklemmung oder Stress zusammenkrampfen; und versuchen Sie, die Worte bzw. Formulierungen genau zu erfassen, die Sie verwendeten, bevor Sie sich zusammenkrampften.

- Die von anderen um Sie herum verwendete negative Sprache/Redeweise; und schauen Sie, in welchem Zusammenhang diese Sprache/Redeweise mit den Entscheidungen steht, die Sie tagtäglich treffen. Studieren Sie die Menschen in Ihrer unmittelbaren Umgebung. Welche Arten von Worten verwenden sie? Wiederholen sie bestimmte Worte und Formulierungen? Welche Körpersprache und Mimik und welchen Tonfall verwenden sie, um jenen Worten Ausdruck zu verleihen? Sind ihre Worte kraftgebend oder negativ? Gibt es häufig vorkommende Themen?

Sehen Sie am Ende der Woche Ihr Tagebuch durch und schauen Sie, ob Sie irgendwelche Trends ausmachen können. Suchen Sie insbesondere nach Folgendem:

Den von anderen in Ihrer unmittelbaren Umgebung gemachten negativen und demotivierenden Aussagen. Stellen Sie den Zusammenhang her zwischen der Negativität und dem, wie sie das Leben der Betreffenden beeinflusst. Welche Arten von Menschen machten diese Aussagen? Sind es glückliche und selbstsichere Menschen? Oder sind es ängstliche und verärgerte Menschen? Sind es die Arten von Menschen, die nach dem streben, was sie im Leben wollen, und es bekommen? Oder sind es die Arten von Menschen, die nie zu bekommen scheinen, was sie wollen? Wie lauten die von den Betreffenden verwendeten Worte? Perpetuieren oder entschärfen diese Worte ihre Angst, ihren Ärger und ihre Niedergeschlagenheit?

Worten oder Formulierungen, die dazu tendieren, bei Ihnen immer und immer wieder hochzukommen. Gibt es irgendwelche häufig vorkommenden Themen? Welche Worte und Formulierungen scheinen bei Ihnen habituell zu sein? Welches sind Ihre *Ja-aber*-Ticks?

Worten und Formulierungen, die dazu tendieren, Sie in eine negative Schleife zu schicken. Was veranlasst Ihre negativen Gedanken, sich zu verfestigen?

Angst-Gegenmittel: Anfangs könnten Sie sich bei dem Versuch, diese Übung auszuführen, herausgefordert oder frustriert fühlen. Sie könnten möglicherweise zwar einiges von Ihren Worten/ Formulierungen, Ihrer Sprache einfangen, aber nicht imstande sein, auch die Gefühle einzufangen, die Sie in jedem jeweiligen Moment haben. Ein anderes Mal könnten Sie die Gefühle einfangen, aber nicht imstande sein, sich an die Sprache zu erinnern. Das ist okay. Gehen Sie nicht zu hart mit sich um. Nehmen Sie sich ein paar Tage zum Ausführen dieser Übung. Ich möchte, dass Sie genügend Zeit zum Ausüben und Vervollkommnen der Methode haben, Ihre Sprache/Redeweise wahrzunehmen und festzustellen, in welchem Zusammenhang sie mit Ihren Gefühlen und täglichen Entscheidungen steht. Am Ende werden Sie sich Ihres Denkens, Ihrer Sprache, Ihrer Gefühle und Ihrer Handlungen bewusster werden. Vertrauen Sie mir.

Übung #4:
Transkribieren Sie Ihre mentale Erzählung

Bislang haben Sie daran gearbeitet, Ihre Negativität ganz allgemein zu identifizieren. Jetzt ist es Zeit, eine spezielle Reihe negativer Gedanken genau zu erfassen – ebenjene, die zwischen Ihnen und dem Ziel stehen, das Sie zu erreichen wünschen.

Als ich John beriet, war sein Ziel simpel. Er wollte verlässliche Erektionen haben. Seine negative Erzählung gründete sich auf die Meinung, die er von sich selbst hatte, wegen seiner Unfähigkeit, eine Erektion aufrechtzuerhalten, und sie hörte sich so an:

- Was für eine Art Mann bekommt bei seiner Frau keinen hoch?

- Du hast deine Männlichkeit verloren.

- Ich bin alt.

- Irgendwas Gravierendes stimmt mit mir nicht.

- Meine Frau wird mich verlassen.

Kein Wunder, dass er im Schlafzimmer Probleme hatte!

Wie John haben auch Sie eine negative Erzählung, die in Ihrem Kopf spielt, und diese Erzählung steht zwischen Ihnen und Ihrem Ziel. Bevor Sie sie neu schreiben, müssen Sie sie zuerst ausfindig machen, anhören und verstehen.

Visualisieren Sie, zum Auffinden und Anhören der Erzählung, sich selbst: wie Sie so tun, als ob Sie Ihren Traum realisieren würden. Beispielsweise ließ ich John nach Hause gehen und ihn in Gedanken vollziehen, dass er Sex mit seiner Frau hatte. Ich bat ihn, es sich lebhaft und umfassend zu vergegenwärtigen. Ich bat ihn, die Augen zu schließen und alles in jenem Moment zu sehen, zu fühlen, zu hören und zu berühren. »Wie würde es aussehen? Wie würde es sich anfühlen? Wie würde es riechen?«, fragte ich. Diese Fragen halfen ihm, sich in das Erlebnis hineinzuversetzen, und machten es so real wie möglich.

Wie im Fall von John möchte ich, dass Sie sich Ihr Ziel erreichen sehen. Wie sieht es aus, wenn Sie das tun? Wie hört es sich an? Wie fühlt es sich an?

Machen Sie sich nicht jetzt schon Sorgen darüber, womöglich das Ergebnis zu manipulieren. Decken Sie fürs Erste einfach nur die unbewusste Erzählung auf. Führen Sie sich gedanklich vor Augen, was Sie zuwege bringen wollen. Vielleicht vollziehen Sie in Gedanken, dass Sie jenen speziellen Jemand zu einem Date einladen. Oder vielleicht visualisieren Sie, dass Sie gegenüber Ihrem Ehepartner Durchsetzungsvermögen beweisen oder dass Sie Ihren Chef (bzw. Ihre Chefin) um eine Gehaltserhöhung bitten. Was auch immer es ist – vergegenwärtigen Sie es.

Während Sie sich Ihren Traum vor Augen führen, werden Gedanken hochblubbern. Was für welche sind es? Sind sie negativer Natur? Was sollen Sie diesen Gedanken zufolge tun oder nicht tun? Was für ein Gefühl geben sie Ihnen?

Notieren Sie sich diese Gedanken und Gefühle in Ihrem *Angstfrei*-Notizbuch. Gehen Sie dann weiter zu Übung #5.

Übung #5:
Schreiben Sie Ihre innere Erzählung neu

Jetzt, da Sie die mit Ihrem Traum verknüpfte negative Erzählung identifiziert haben, ist es Zeit, sie in eine umzuwandeln, die motivierender ist.

Mit John beispielsweise arbeitete ich, ihm einsehen zu helfen, dass sein Penis nicht seinen Selbstwert definierte. Zunächst einmal bat ich ihn, Sex zu definieren.

»Es meiner Frau besorgen«, sagte er.

Es ist nicht verwunderlich, dass sein Selbstgefühl bei einer derartigen Denkweise so erschüttert war. Er erlegte sich solche starren Standards auf und setzte sich dermaßen unter Druck, indem er Sex lediglich als eine Methode ansah, seine Frau zum Orgasmus zu bringen. Sein Penis war direkt mit seinem Ego verknüpft, und leider wurden sein Ego und sein Selbstgefühl durch seinen Penis bestimmt. Das ist weitverbreitet. Bei vielen Männern ist das Ego an den Penis gebunden. Wenn also der Penis die gewünschte Leistung bringt, dann fühlen sie sich pudelwohl, wenn er sie hingegen nicht bringt, dann fühlen sie sich genau umgekehrt, und es kann zu Niedergeschlagenheit oder Depression, geringem Selbstvertrauen und, bei John, Vollzugsproblemen führen.

»Wie wär's mit der Erfahrung, einfach nur mit Ihrer Frau zusammen zu sein?«, fragte ich.

John sah verdutzt drein. Wie viele Männer war er eng auf seine Genitalien und die ihren ausgerichtet, wohingegen er den restlichen Körper vernachlässigte. Ich erklärte John, dass der ganze Körper potenziell orgasmisch ist oder zumindest ein wirkliches Wohlgefühl empfinden kann. Im Lauf der Zeit war John in der Lage, den Sex neu zu definieren und ihn allumfassend zu machen, sodass darin mit enthalten war, einfach nur seiner Frau nahe zu sein, intime Küsse zu tauschen, einander umarmt zu halten, zu kuscheln und so weiter. Er war in der Lage, seine starre Denkweise zu beseitigen und seine sexuellen Horizonte zu erweitern.

Ich bat John, sich Worte einfallen zu lassen, die einen guten Liebhaber beschreiben. Er kam auf *selbstsicher, durchsetzungsfähig, sensibel* und *liebevoll.* Er sagte auch, ein guter Liebhaber würde wissen, was seine Frau möge, und ihre Bedürfnisse im Bett kennen.

Dann untersuchten wir Erwartungen. Er erwartete, sie jedes einzelne Mal zu erderschütternden Wahnsinnsorgasmen zu bringen, und er dachte, dass sie das gleichfalls erwartete – eine Überzeugung, die sich als irrig erwies.

Ich wies John dann an zu vergessen, dass er einen Penis hatte und dass seine Frau eine Vagina hatte. Es war eine schwierige Aufgabe, ich weiß. Ich animierte ihn, neue Möglichkeiten zu finden, seiner Frau nahe zu sein und die Erfahrung zu teilen. Ich forderte ihn heraus, neue Möglichkeiten zu finden, seine Frau zu erregen.

Wir arbeiteten zudem auch daran, wie er mit sich selbst sprach. Ich ließ John dann eine Tabelle erstellen. Auf der einen

Seite listete er sämtliche negativen Formulierungen auf, die dazu tendierten, ihm durch den Kopf zu gehen, wenn er mit seiner Frau Sex hatte. Ich bat ihn, auf der anderen Seite diese Gedanken zu etwas Positiverem, Motivierenderem zu reframen, zu etwas, das ihm mit größerer Wahrscheinlichkeit das Selbstvertrauen geben würde, das er brauchte, um sich zu entspannen und eine Erektion zu bekommen. Seine Tabelle sah so aus:

Meine negative Erzählung	Meine positive Erzählung
Du bist kein richtiger Mann.	Ich bin stark und viril.
Wenn ich ihn nicht aufrecht halten kann, weiß ich nicht, was ich tun werde.	Jeder Teil ihres Körpers und des meinen ist potenziell erregend und orgasmisch.
Ich bin verachtenswert.	Ich bin supersexy.
Ich bin ein ziemlich jämmerlicher Mann.	Ich bin selbstsicher und stark.
Ich bin schwach.	Blut pumpt durch meinen Körper und versorgt meine Muskeln mit Energie.
Ich bin ein schlechter Liebhaber.	Ich bin verrückt nach meiner Frau.
Ich bin langweilig im Bett.	Ich bin wild und aufregend.

Nach dem Erstellen der Tabelle bestand die Herausforderung für ihn darin, die negativen Gedanken wahrzunehmen, sobald sie plötzlich auftauchten, und sie sofort durch die positiven aus der

Tabelle zu ersetzen. Binnen schon weniger Sitzungen war John in der Lage, über seine Angst hinauszugelangen und – ohne die Hilfe von Medikamenten – eine Erektion aufrecht zu erhalten.

Jetzt ist es Zeit, dass Sie Ihre eigene Erzählung neu schreiben. Ziehen Sie zur Hilfe die nachstehenden Beispiele zurate. Sie umfassen exemplarische negative und positive Erzählungen für drei unterschiedliche Ziele und Träume.

Negative Erzählungen	Positive Erzählungen
Erzählung über das Bitten um eine Gehaltserhöhung	
Ich werde nie eine Gehaltserhöhung kriegen.	Ich werde nie wissen, ob ich eine Gehaltserhöhung kriegen kann, wenn ich nicht frage.
Die Firma hat kein Geld.	Ich bin ein(e) wertvolle(r) Mitarbeiter(in), der/die für diese Firma äußerst wichtig ist.
Mein Chef mag mich nicht.	Wo sind die Beweise, die diesen Gedanken rechtfertigen? Habe ich meinen Chef jemals gefragt, was er von mir denkt?
Ich werde über meine eigenen Worte stolpern.	Ich werde mich auf diese Erfahrung bedacht und sorgfältig vorbereiten.
Erzählung über das Kaufen eines Autos	
Ich verstehe nichts von Autos.	Ich bin ein guter Kunde (bzw. eine gute Kundin).

277

Negative Erzählungen	Positive Erzählungen
Ich werde abgezockt werden.	Ich werde clever sein mit meinem Geld.
Ich fühle mich durch Verkaufs-personal eingeschüchtert.	Ich bin selbstsicher und einfalls-reich.
Ich werde ein schlechtes Gewis-sen haben, wenn ich die Zeit des Verkäufers (bzw. der Verkäuferin) in Anspruch nehme und dieses Auto schließlich doch nicht kaufe.	So funktioniert das Business nun mal, und es ist die Aufgabe dieser Person, mir zu helfen.
Erzählung über das Sich-Bewerben um Arbeit	
Ich werde nie eine Stellung fin-den.	Ich arbeite hart, um eine Stellung zu finden.
Firmen mögen mich nicht.	Das richtig Passende existiert. Ich werde es finden.
Ich fühle mich unter meinen Freund(inn)en wie ein(e) Ausgestoßene(r).	Das ist eine angespannte Wirt-schaftslage. Ich bin nicht allein.
Ich werde draußen auf der Stra-ße landen, wenn ich keine Stel-lung finde.	Ich habe ein starkes Unterstüt-zungsnetzwerk, und keine(r) wird mich Hunger leiden und obdach-los werden lassen.

Wie Sie sich Ihre neue Erzählung ins Gedächtnis einprägen

Vor vielen Jahren hinterließ ich für einen TV-Produzenten eine Nachricht, die ein Projekt betraf, an dem ich gerade arbeitete. Als er zurückrief, erteilte er mir diesen unerbetenen Rat: »Schauen Sie, Jonathan, Sie hinterließen eine einminütige Nachricht, und in nur einer Minute habe ich zwanzig *Ähms* gezählt. Sie müssen das ändern.«

Damals war ich mir all der *Ähms* in meiner Rede überhaupt nicht bewusst, genauso wie Sie sich wahrscheinlich Ihres negativen Denkens nicht bewusst waren, bis Sie die Übungen in diesem Kapitel ausführten. Nachdem mich jedoch jener Produzent darauf aufmerksam gemacht hatte, ging ich daran, meine *Ähms* bewusst wegzulassen.

Es war nicht leicht.

Das Reden ohne meine *Ähms* kam mir anfangs fremdartig, fast unbeholfen vor. Ich hatte das Gefühl, als seien meine Versuche platt und forciert. Es fiel mir wirklich schwer, mich beim *Ähm*-Sagen zu erwischen.

Schließlich nahm ich die Hilfe von Freunden und Angehörigen in Anspruch. Ich bat sie: »Könnt ihr mich jedes Mal, wenn ihr bemerkt, dass ich ›Ähm‹ sage, darauf hinweisen? Ich versuche gerade, es nicht mehr zu sagen, aber das fällt mir schwer. Ich könnte etwas Hilfe brauchen.«

Das taten sie, und es war ein hartes Stück Arbeit, aber schlussendlich änderte ich mich. Dank dieser ständigen Kontrollverstärkung ließ ich am Ende die *Ähms* aus meiner Sprache weg.

Bei Ihnen und Ihrer positiven Erzählung wird es genauso ablaufen. Zu wissen, was Sie sich selbst sagen/erzählen wollen, ist eine Sache. Tatsächlich nicht zu vergessen, dies zu tun, ist eine ganz andere.

Es wird Ihnen viel Übung abfordern, sich Ihre neue Erzählung ins Gedächtnis einzuprägen. Sie sind daran gewöhnt, auf negative, demotivierende Weise zu denken. Es ist eine schlechte Angewohnheit. Bei Ihrem Versuch und Bemühen, Ihre Gedanken zu reframen, werden Sie die Durchführung als unbehaglich und Ihnen fremd empfinden. Bitte vertrauen Sie der Durchführung und üben Sie immer weiter. Je mehr Sie üben, desto besser werden Sie darin werden. Später dann wird sie Ihnen nicht so forciert vorkommen. Viele meiner Klient(inn)en finden sie anfangs unangenehm, aber wie bei vielen Dingen gewöhnen sie sich letztendlich daran. Sind Sie schon einmal vom Zahnarzt gekommen, nachdem Sie eine Füllung bekamen? Zuerst fühlt sie sich komisch an. Ein bis zwei Wochen später bemerken Sie sie dann noch nicht einmal. Genauso wird es bei Ihrer positiven Erzählung sein. Sie werden sich am Ende daran gewöhnen.

Anfangs könnten Sie die positiven Behauptungen, die Sie sich selbst sagen, vielleicht noch nicht einmal glauben. Das ist okay. Just fake it until you make it – tu einfach so als ob, bis du es schaffst –, wie die Redensart lautet. Sagen Sie sich innerlich die motivierenden Gedanken. Am Ende werden Sie sie wirklich glauben.

Nehmen Sie außerdem die Hilfe Ihres Angstfrei-Unterstützungsteams in Anspruch. Geben Sie Ihrem Unterstützungsteam Ihre Liste negativer und positiver Aussagen. Bitten Sie Ihre Teammitglieder, darauf hinzuweisen, wenn Sie bemerken, dass Sie negativ reden.

Im Lauf der Zeit und mit Übung werden Sie anfangen, sich selbst beim Negativ-Denken/Reden zu erwischen und Ihre Gedanken zu reframen, ohne bewusst zu versuchen, dies zu tun. Sie werden darin immer besser werden. Schließlich werden Sie sich justament während eines negativen Gedankens erwischen, genauso wie dies meine Klient(inn)en tun, und Sie werden den betreffenden Denkinhalt sofort reframen können. Danach werden Sie sogar ganz natürlich positive Gedanken haben, ohne sie auch nur im Mindesten reframen zu müssen.

Angstfrei-*Komplettveränderung*

*Michelle hatte Angst vor dem U-Bahn-Fahren. Sie hatte es oh-
ne Erfolg mit angstlösenden Medikamenten versucht und
kam zu mir als ihrem letzten Ausweg. Sie deutete Geräusche
– ein Kreischen, ein Klappern, einen dumpfen Schlag – als dro-
hende Vernichtung.*

Das Ziel: Ohne Angst und Beklemmung mit der U-Bahn zu
fahren.

Der Gewinn: Wenn sie ihre Angst vor der U-Bahn überwände, würde Michelle ihre Pendelzeit zur Arbeit um eine Stunde verkürzen können.

Das Programm: Ich sagte Michelle, dass wir ihr Denken neu
programmieren und die Bedeutung dieser Auslösereize neu
definieren müssten. Ein Lärmgeräusch, ein dumpfer Schlag,
der Stationssprecher, der sagt, dass es zu einer leichten Verspätung kommt, und so weiter wären keine Anzeichen von
Gefahr und Verderben. In der New Yorker U-Bahn seien diese Dinge ganz alltäglich.

Ich bat Michelle, ihre Überzeugungen über die U-Bahn auf
eine Seite eines leeren Blatts Papier zu schreiben. Dann arbeiteten wir daran, sie auf der anderen Seite zu realistischeren und positiveren Behauptungen zu reframen (Schritt 3).

So hatte Michelle beispielsweise die sich schließende Tür mit drohendem Unheil gleichgesetzt. Ihr positiverer Reframe lautete: »Gut, die Tür schließt sich, wie sie soll. Die Bahn funktioniert, wie sie soll, und wir kommen unserem Fahrtziel auf effiziente Weise näher.«

Dann trafen wir uns in der Nähe der U-Bahn-Station und setzten uns auf eine Bank. Ich bemerkte, dass Michelle nervös wurde. Ihre Atmung wurde flach, ihr Gesicht wirkte angespannt, und sie war in sich gekehrt. Ich brachte Michelle ein paar Entspannungstechniken bei (Schritt 4), und dann fragte ich sie, ob sie einfach nur die Treppe hinuntergehen würde (Schritt 5).

Wir gingen die Treppe hinunter und betrachteten einen U-Bahn-Linienplan. Ich bat sie, mir zu zeigen, wo sie wohnte, wo sie arbeitete und welche U-Bahn-Linien sie zur Arbeit und von dort zurückbringen würden.

Wir hörten Geräusche von den Schienen her. Michelle verkrampfte sich. Ich bat sie, daran zu denken, was jene Geräusche sonst noch bedeuten könnten, wie etwa eine normale, zum Stehen kommende Maschinerie, Metall auf Metall und sich öffnende und schließende Türen. Wir blieben zwanzig Minuten lang in der Station, damit sie die gleichen Geräusche ein paarmal hören konnte. Optimistisch gestimmt und stolz auf ihre Leistung ging sie weg. Sie war acht Jahre nicht mehr in einer U-Bahn-Station gewesen!

Als Hausaufgabe trug ich Michelle auf, unter der Woche in die U-Bahn-Station in der Nähe ihres Zuhauses zu gehen und dasselbe zu tun: sich zwanzig Minuten lang in der Station aufzuhalten und neu zu programmieren, was die Geräusche für sie bedeuteten. Sie tat dies wieder und wieder, bis sie eine Station gefühlsmäßig ruhig und gefasst betreten konnte.

Das Ergebnis: Als dann der Zeitpunkt kam, mit der Bahn zu fahren, war Michelle verkrampft, aber nicht so sehr, dass sie fliehen wollte. Sie war wie ein Kind, das zum ersten Mal lernte, mit einem Fahrrad zu fahren, und bemerkt, dass sein Papa nicht mehr eine Hand am Sitz hat. Auf dem Bahnsteig forderte ich Michelle auf, den Erfolg zu visualisieren. Innerlich sah sie sich dabei zu, wie sie jeden einzelnen Schritt vollzog, den sie tun musste, um ihr Ziel zu erreichen: eine erfolgreiche Fahrt zu machen. Wir bestiegen die Bahn. Michelle definierte und bewertete die Geräusche, die sie hörte, fortwährend neu. Wir hatten eine leichte Verspätung, und Michelle vermochte sogar einzusehen, dass Verspätungen normal waren. Sie schaffte es! Michelles nächste Aufgabe war, zusammen mit einer Freundin mit der U-Bahn zu fahren, und dann, schlussendlich, alleine. Binnen nur weniger Wochen war sie in der Lage, ihre Angst vollständig zu überwinden.

Kapitel 9

Schritt 4:
Beseitigen Sie Ihre Angstreaktion

Vor vielen Jahren, als ich die Graduiertenschule gerade hinter mir hatte, arbeitete ich in einer Krankenhaus-Notaufnahme in einer kleinen Arbeiterstadt mit Textilindustrie in Connecticut. Dort beriet ich Hunderte von Patient(inn)en, die psychotisch, schwer depressiv, suizidgefährdet sowie drogen- und alkoholabhängig waren. In meiner Verantwortung lag es, sie klinisch zu beurteilen und die beste Behandlungsmethode zu bestimmen.

Manche dieser Patient(inn)en begaben sich mit Störungen wie etwa Schizophrenie in die Notaufnahme; und zum Zeitpunkt ihrer Beratung bei mir hörten sie Stimmen und sahen Dinge, die nicht wirklich da waren. Wie Sie sich wohl vorstellen können, fühlten sie sich verwirrt, überwältigt, gestresst und verängstigt.

Vor allem fühlten sie sich außer Kontrolle.

Von den Hunderten solcher Patient(inn)en, die ich beriet, ragte eine wirklich heraus. Ich werde ihren Anblick nie vergessen. Die Polizei brachte sie in die Notaufnahme, nachdem sie ihre Hauskatze totgestochen hatte. Sie war eine reizende, zerbrechlich wirkende, weißhaarige Omi mit Blut an den Händen. Ich war traurig ihretwegen, und zugleich jagte sie mir Angst ein. Was, wenn ihre zwei Enkelkinder gerade bei ihr zu Besuch gewesen wären? Was, wenn sie gerade auf sie aufgepasst hätte? Hätte sie dann auch noch auf sie eingestochen?

Ich fragte: »Warum haben Sie das getan?«

Sie sagte: »Die Stimmen haben es mir befohlen.«

»Hören Sie diese Stimmen jetzt?«, fragte ich.

»Ja«, sagte sie, und fügte hinzu, dass sie im Hintergrund verweilten.

Einer Intuition folgend, fragte ich sie: »Das ist interessant. Können Sie die Stimmen lauter stellen?«

Sie sah mich an, als ob ich die Person wäre, die verrückt war. Sie schien wirklich total verblüfft zu sein. Ich konnte nur mutmaßen, dass man ihr eine solche Frage noch nie gestellt hatte. Sie saß still da, mit einem versunkenen, nachdenklichen Ausdruck im Gesicht. Ich konnte erkennen, dass etwas vor sich ging.

Ich bat sie, sich einen Drehknopf an einem Radio vorzustellen, der die Lautstärke regelt. »Stellen Sie sich vor, dass Sie den Knopf sacht im Uhrzeigersinn drehen, um den Ton ein bisschen lauter zu stellen.«

Sie tat ebendas. Ich bat sie, damit fortzufahren, die Stimmen lauter zu stellen, wobei ich ganz grundsätzlich wusste, dass sie im Krankenhaus in Sicherheit war (und ich auch). Sie tat es.

Ich konnte sehen, dass ihr Gesicht immer mehr Bedrängnis zeigte, aber seltsamerweise schien sie mehr Kontrolle zu haben.

»Wenn Sie sie lauter stellen können, dann können Sie sie wahrscheinlich auch leiser stellen«, sagte ich. »Wollen Sie's versuchen?«

Sie nickte.

Ich gab ihr mit der Hand ein Zeichen, dass sie den Knopf sacht gegen den Urzeigersinn drehen solle.

Sie tat es und hatte einen Ausdruck von Faszination im Gesicht.

Wir gingen hin und her. Sie drehte die Lautstärke ihrer Stimmen auf. Dann drehte sie sie leiser. Sie drehte sie auf. Dann erneut leiser, wieder und wieder.

Diese scheinbar simple Übung war wirkmächtig. Sie gab ihr Kontrolle über etwas, von dem sie glaubte, sie hätte keine Kontrolle darüber. Sie glaubte, die Stimmen kontrollierten sie. Wie sich herausstellte, konnte sie die Stimmen kontrollieren. Sie hatte es nur nicht gewusst.

Nun, diese Übung war sicherlich kein Heilmittel, aber sie war eindeutig eine Möglichkeit für diese Frau zurechtzukommen. Wahrscheinlich zum ersten Mal schien es ihr, dass sie tatsächlich eine gewisse Kontrolle über ihre Dämonen hatte.

Ich erzähle Ihnen diese Geschichte nicht, weil ich denke, dass Sie sich damit identifizieren können, wie es ist, Stimmen zu hören, die nicht wirklich da sind. Aber ich denke sehr wohl, dass Sie sich vielleicht mit der Empfindung des Außer-Kontrolle-Seins identifizieren könnten. Haben Sie sich schon einmal so gefühlt, als ob die Reaktion Ihres Körpers auf Stress, Angst und Beklemmung unkontrollierbar wäre? Viele meiner Klient(inn)en sagen mir, dass sie sich so fühlen. Sie gebrauchen Formulierungen wie: »Da kann ich nichts dagegen machen« und: »Mein Körper reagiert einfach. Ich kann es nicht stoppen.« Wenn es wirklich schlimm ist, fühlen sie sich so, als ob sie von ihrem Körper getrennt wären, als ob sie außerhalb ihrer selbst umherschwebten und zusähen, wie ihre Körper ausflippen. Das ist Dissoziation. Auf ebendiese Art schützt sich der Körper unter extremem Stress und Trauma. Dissoziation ist eines der Wunder der Psyche, und sie bewirkt bei vielen Menschen, dass sie sich abkoppeln und sich auch außerhalb der Kontrolle über ihre Angstreaktion fühlen. Dissoziation ist adaptiv, ja sogar schützend.

Wie sich jedoch herausstellt, üben Sie die Kontrolle aus. Genauso wie mehrere meiner schizophrenen Patient(inn)en die Stimmen in ihrem Kopf zu manipulieren lernten, können Sie es beeinflussen, wie Ihr Körper auf Stress reagiert. Beispielsweise haben Sie eigentlich wirklich eine gewisse Kontrolle darüber:

- ob Ihre Hände oder Arme zittern oder nicht;
- ob Ihre Stimme zittert oder nicht;
- ob Sie sich plötzlich an nichts mehr erinnern können oder nicht;
- ob Ihre Handflächen schwitzen oder nicht;
- ob sich Ihr Herz so anfühlt, als würde es aus Ihrer Brust heraushämmern, oder ob das nicht passiert.

Viele dieser Reaktionen erfolgen automatisch. Ihr Herz schlägt, ohne dass Sie ihm sagen, es solle schlagen. Sie schwitzen, ohne bewusst darüber nachzudenken. Genauso ist es mit dem Erröten. Aber dennoch haben Sie eine gewisse Kontrolle über diese automatischen Reaktionen. Sie werden vielleicht nicht imstande sein, sie zu stoppen oder zu unterdrücken, aber Sie können sie weniger intensiv machen. Es sieht ja möglicherweise im Augenblick nicht danach aus, aber es stimmt. Sie erröten, beispielsweise, wenn Sie nervös sind. Nun können Sie zwar nicht mental die rosige Farbe aus Ihrem Gesicht herauszwingen, aber Sie *können* die Nerven entspannen, die das Erröten in erster Linie verursachten, und, Ihrerseits wiederum, bewirken, dass diese rosige Gesichtsfärbung abklingt. Die Geist-Körper-Verbindung ist unbestreitbar stark.

Es ist wichtig für Sie zu wissen, dass diese Empfindungen eigentlich mehr in Ihrem Kontrollbereich sind, als Ihnen vielleicht klar ist. Ihr Körper ist nicht Ihr Chef. Sie sind der Chef (bzw. die Chefin) Ihres Körpers. In diesem Kapitel werden Sie eine einfache Übung lernen, die Ihnen das beweisen und Ihnen helfen wird, die Kontrolle zu erlangen. Außerdem werden Sie eine Angstreaktionsstrategie entwickeln und ausüben, die Sie je nach Bedarf verwenden können, um sich zu beruhigen.

Wichtiger als das Erlangen der Kontrolle über die Angstreaktion ist jedoch dies: Die Angstreaktion kann sogar hilfreich sein. Sie kann zu Ihren Gunsten wirken statt gegen Sie. In diesem Schritt des Programms werden Sie nicht nur lernen, wie Sie die Angstreaktion kontrollieren können – durch das willentliche Verlangsamen jenes rasenden Herzschlags –, sondern Sie werden auch lernen, wie Sie die Angstreaktion so verwenden können, dass sie Sie vorwärtstreibt, sie mit Energie und Motivation befeuert und Ihnen den Extra-Vorteil gibt, den Sie brauchen, um in allem, was Sie versuchen, erfolgreich zu sein. Spätestens am Ende dieses Kapitels werden Sie keine Angst mehr vor der Angst haben. Sie werden nicht in Panik geraten, wenn Sie spüren, dass Ihr Herz heftig in Ihrer Brust pocht oder dass Ihre Handflächen schweißnass werden. Sie werden vielmehr wissen, dass es normal ist, warum es geschieht, was man dagegen tun kann und wie man es als eine Stärke benutzt. Fangen wir an.

Verändern Sie Ihr Leben in einer Woche!

Schritt 4 umfasst sechs Übungen, für deren Erprobung man nicht sehr lange braucht, die man aber im Zeitablauf wiederholen und ausführen muss, um sie zu meistern. Sie sind alle sehr einfach und lassen sich problemlos, fast so wie das Putzen Ihrer Zähne, in Ihr Leben einfügen. Achten Sie darauf, dass Sie die Übungen #2 und #3 nacheinander ohne eine Pause ausführen.

☐ *Übung #1:* Beweisen Sie sich selbst, dass niemand gegen Angst immun ist. Jeder verspürt sie. Beobachten Sie andere Menschen und reden Sie mit ihnen. Recherchieren Sie ein wenig im Internet, um Berühmtheiten ausfindig zu machen, die Angstgefühle, Phobien oder Lampenfieber haben.
Geschätzte Zeit: 30 Minuten.

☐ *Übung #2:* Versetzen Sie sich selbst in größtmögliche Beängstigung.
Geschätzte Zeit: 10 Minuten.

☐ *Übung #3:* Versetzen Sie sich selbst in größtmögliche Gelassenheit. Praktizieren Sie tagtäglich eine Entspannungsmethode. (Siehe die einfache, die wir im Abschnitt »Wie man sich entspannt« in Übung 3 dieses Kapitels vorlegen.)
Geschätzte Zeit: 10 Minuten täglich.

☐ *Übung #4:* Finden Sie Möglichkeiten, Ihre Angst in eine Stärke zu verwandeln.
Geschätzte Zeit: 15 Minuten.

☐ *Übung #5:* Entwickeln Sie Ihre Angstreaktionsstrategie. Verwenden Sie sie jedes Mal, wenn Sie in eine angespannte Situation hineinsteuern.

Geschätzte Zeit: 10 bis 15 Minuten.

☐ *Übung #6:* Verringern Sie den Stress in Ihrem Leben.
Geschätzte Zeit: 10 Minuten zum Nachdenken über mögliche stressvermindernde Optionen.

Übung #1:
Normalisieren Sie Ihre Angstreaktion

Wir fürchten, was wir nicht verstehen.

Aus ebendiesem Grund fürchten die meisten Leute die Angstreaktion mehr, als sie die Situationen fürchten, die sie auslösen. Was vielen Leuten durch den Kopf geht, ist nicht unbedingt: *Dieses Publikum wird mich in der Luft zerreißen* oder: *Sie wird mich abweisen* (obwohl es eindeutig auch davon einiges gibt, und Sie werden in Schritt 4 lernen, wie man damit fertig wird). Was die Leute wirklich in Panik geraten lässt, sind Gedanken wie diese:

• Meine Güte! Meine Handflächen schwitzen. Das ist nicht gut.

• Ich schwitze, und das ist eine Katastrophe. Mein Hemd ist klitschnass. Ich zittere.

• O nein! Meine Hände zittern. Sie wird es bemerken, und das ist schrecklich, und ich kann nichts machen, dass es aufhört, und ich bin dermaßen außer Kontrolle, und, meine Güte, jetzt zittern sie noch schlimmer!

• Ich kann spüren, wie mein Gesicht rot wird. Ich kann das nicht stoppen. Alle starren mich an. Das ist so peinlich.

Wenn Sie Gedanken wie diese haben, erzeugen Sie noch mehr Angst, die nur dazu dient, die anfängliche Angst zu verfestigen – wodurch sie stärker und noch lähmender wird.

Das trifft auf *jede beliebige* Empfindung zu, nicht bloß auf Verängstigung. Ich beispielsweise neige dazu, Migränekopfschmerzen zu bekommen. Wenn ich in der Vergangenheit eine Aura bekam – das Verschwommen- oder Schleiersehen, das ein Anzeichen einer kommenden Migräne ist –, brachte mich das immer zum Ausflippen. Ich geriet dann aus der Fassung, in beklommene Erregung und in Panik, wobei ich Gedanken dachte wie: *O nein! Ich habe keine Zeit für eine Migräne! Das ist schrecklich! Was werde ich tun?*

Diese Gedanken führten zu Beklommenheit und Angst, was seinerseits wiederum zu Muskelverspannung führte – Muskelverspannung, durch die sich die Migräne noch verschlimmerte. Jetzt verstehe ich es, mein Denken umzuschalten, sobald die ersten Andeutungen eines bevorstehenden Kopfwehs einsetzen. Ich sage mir selbst: *Ich werd' wohl eine Migräne kriegen. Klar ist das echt Scheiße, aber es wird mich nicht umbringen. Ich werd' mich berappeln. Ich hab' das schon früher durchgestanden, und ich werde das wieder durchstehen.*

Das ermöglicht mir, etwas Kontrolle zurückzugewinnen. Infolgedessen ist die Erfahrung, eine Migräne zu haben, nicht so schlimm, wie sie gewesen wäre, wenn ich in Panik geraten wäre.

Vergleichbarerweise diagnostizierte vor mehreren Jahren ein Mediziner bei mir leicht erhöhten Blutdruck. Die Diagnose war nicht besonders einleuchtend. Da war ich: ein junger, magerer, gesunder Typ. Ich rauchte nicht. Ich ernährte mich gesund. Ich war die letzte Person, von der Sie erwarten würden, dass sie Bluthochdruck hat. Dennoch nahm ich die Diagnose ernst. Ich nahm blutdrucksenkende Medikamente und begann, meinen Blutdruck häufig zu kontrollieren, in dem Bemühen, genau festzustellen, was ihn denn in die Höhe schnellen ließ.

Das Problem war, dass ich begann, jeweils mit einem negativen Messwert zu rechnen, und das wurde zu einer selbsterfüllenden Prophezeiung für mich. Je mehr ich mit dem schlechten Messwert rechnete, desto höher stieg mein Blutdruck an.

Erst nachdem ich eine zweite Meinung von einem anderen Arzt einholte, der mir sagte, dass mein Blutdruck normal sei und einfach nur etwas höher geht als andere, wurde mir klar, dass es meine vorwegnehmenden Gedanken waren, die den Druck in die Höhe schnellen ließen!

Mit Ihrer Angstreaktion verhält es sich genauso. Es könnte bei Ihnen zunächst mit einer normalen, harmlosen und *sehr häufigen* physiologischen Reaktion anfangen. Diese Reaktion veranlasst Sie jedoch, eine Reihe von Gedanken zu denken, die die Reaktion verstärken, wodurch ein Teufelskreis zustande kommt.

Kommt Ihnen das bekannt vor? Ich wette, das tut es. Die überwiegende Mehrheit der Menschen fürchtet die Angst mehr, als sie irgendetwas sonst fürchtet. Für sie ist die Angstreaktion – ein rasender Herzschlag, Erröten, ein trockener Mund und Weiteres – beängstigender als Veränderung, Bindung, Verspottung, Kritik, Misserfolg und vieles mehr.

Das traf auf mich jahrelang zu, und es traf auch auf die Mehrheit der Personen zu, die ich beraten habe, sowie gleichfalls auf mehrere Freunde, Freundinnen und Kolleg(inn)en. Es ist normal zu fürchten, was man nicht versteht. Erinnern Sie sich: Ungewissheit erzeugt Beängstigung. Wir wissen nicht, wie die Geschichte ausgehen wird, also füllen wir die leeren Stellen aus, indem wir einen Ausgang erfinden – einen, der gewöhnlich beängstigender ist als das, was uns im realen Leben tatsächlich passiert.

Deshalb werden Sie in dieser ersten Übung die Angst mit einem der wirksamsten vorhandenen Angst-Gegenmittel bekämpfen: mit Wissen. Spätestens am Ende dieser Übung werden Sie verstehen, wie und warum Ihr Körper auf Angst reagiert. Das wird Ihnen helfen, jene Reaktion zu normalisieren, und helfen, Sie aus dem Angstreaktionskreislauf herauszubrechen.

Wie ich schon erwähnte, ist Ihre Angstreaktion aus einer Zeit übrig geblieben, in der diese Empfindungen dafür fungierten, uns am Leben zu erhalten. Ihre Angstreaktion ist eigentlich nur eine physiologische Reaktion, die Sie am Leben erhalten soll, wenn Sie sich einer unmittelbaren Bedrohung gegenübersehen. Für unsere Vorfahren erfüllte sie einen Zweck. Sie rettete ihnen das Leben.

Wir stehen in der heutigen Zeit selten lebensbedrohlichen Wildtieren gegenüber, aber die Angstreaktion bleibt bestehen, und sie bereitet uns vor, davonzulaufen oder zu kämpfen, selbst wenn diese Reaktionen nicht in unserem besten Interesse sind. Beispielsweise wollen Sie nicht von einer Netzwerkveranstaltung davonlaufen, und Sie wollen auch nicht der Person, mit der Sie Visitenkarten auszutauschen versuchen, einen Fausthieb verpassen. Deswegen übernehmen viele Leute die dritte instinktmäßige Option als Standardeinstellung: Sie erstarren.

Sie bitten nicht um die Gehaltserhöhung. Sie laden diese schnucklige Süße nicht zu einem Date ein. Sie klicken nicht auf den »Senden«-Button auf der Online-Stellenbewerbung. Sie stellen nicht den Ehepartner wegen eines brisanten Problems zur Rede.

Sie ignorieren. Sie bleiben stecken. Sie tun nichts.

Das heißt: bis jetzt. Sie in Ihrer alten Form ignorierten, blieben stecken und taten nichts. Sie in Ihrer neuen Form werden die Angstreaktion dazu benutzen, zum Handeln zu schreiten.

Das Wichtigste für Ihr Verständnis Ihrer Angstreaktion ist dies: Es ist alles in Ihrem Kopf. Ebendies gibt Ihnen die Kontrolle.

Ja, die Angstreaktion mag ohne Ihre Einwilligung ausgelöst werden. Sie könnten bemerken, dass Sie sich verängstigt fühlen, und denken: *Ich hab' das nicht in Gang gesetzt. Mein Körper macht das ganz von selbst.*

In Wirklichkeit jedoch haben Sie die Reaktion sehr wohl in Gang gesetzt, und Sie setzten sie mit einem Gedanken in Gang – einem, der angstvoller und negativer Natur war. Sie setzten sie in Gang mit einem Gedanken wie:

- Alle werden denken, dass das, was ich zu sagen habe, bescheuert ist.

- Sie wird mich einfach nur auslachen.

- Ich kann das nicht.

- Mein(e) Chef(in) wird mich feuern.

- Er wird denken, dass ich dick bin.

- Ich kann meine Frau nicht befriedigen.

- Ich werde meine Erektion verlieren.

- Ich werde auf der Versammlung vergessen, was ich eigentlich sagen sollte.

In Schritt 3 haben Sie gelernt, die Kontrolle über ein solches Denken zu gewinnen, sodass Sie die Angstreaktion stoppen oder abschwächen können, bevor sie einsetzt. Und durch diesen Schritt hier werden Sie lernen, Ihre Angstreaktion noch mehr abzuschwächen.

Das beginnt mit der Einsicht, dass Angst normal, zu erwarten und wahrscheinlich keine große Sache ist. Das Normalisieren Ihrer Reaktion ist entscheidend. Es ist der Gedanke, Sie seien abnormal, der der Angstreaktion Stärke hinzufügt.

Das Gleiche gilt für jedwede negative Emotion. Zum Beispiel, wenn ich Klient(inn)en habe, die gerade einen geliebten Menschen verloren haben, sind sie sehr aufgelöst und bestürzt. Ich sage ihnen immer: »Das ist normal. Wenn Sie sich nicht bestürzt fühlen würden, wäre das nicht normal.« Sobald ich diese Worte sage, kann ich erkennen, dass sie sich ein kleines bisschen besser fühlen. Indem sie sich selbst sagten, dass sie zu traurig oder zu gefühlvoll seien, stärkten sie ebenjene Emotion, die sie abschwächen wollten.

Jeder verspürt Angst. Sie sind nicht die einzige Person, die das tut. Wenn Sie keine Angst verspürten, wären Sie abnormal! Beispielsweise habe ich Ihnen einiges über den großen Basketballspieler Michael Jordan berichtet. Wussten Sie, dass er offen zugibt, vor den meisten seiner Spiele nervös zu sein?

Das ist bloß *ein* Beispiel. Ich hätte Dutzende auflisten können. Wenn Sie möchten, dann suche Sie online nach den folgenden Prominenten, und zwar in Verbindung mit dem Wort *fear**, und

---

* Eine Web-Suche in Verbindung mit dem Wort »fear« ergibt bei den von Alpert ausgewählten Prominenten logischerweise wesentlich mehr »Treffer« als eine Web-Suche in Verbindung mit dem deutschen »Angst«.

schauen Sie, was herauskommt. Ich glaube, Sie werden sich wundern darüber, wie gewöhnlich und alltäglich ängstliche Nervosität doch eigentlich ist:

- Whoopi Goldberg
- Jennifer Aniston
- Marilyn Monroe
- Sheryl Crow
- Howie Mandel
- Madonna
- Aretha Franklin
- Justin Timberlake
- Kim Basinger
- Donny Osmond
- Harrison Ford

Die Liste geht weiter.

Aber machen Sie da nicht halt. Ich möchte, dass Sie rausgehen und noch mehr finden. Sammeln Sie noch mehr Beispiele dafür, wie normal Angst doch ist, indem Sie sich mit Freund(inn)en und Angehörigen und Mitarbeiter(inn)en beiläufig über Angst und Nervosität unterhalten. Sie könnten beispielsweise Fragen stellen wie:

- Fragst du dich jemals, was andere Leute wohl von dir denken?
- Machst du dir jemals Sorgen, dass man dich beurteilen könnte?

- Machst du dir Sorgen, dass die Leute denken, du seist inkompetent oder dumm?

- Wirst du jemals nervös, bevor du ...?

Je mehr Beispiele Sie haben, desto besser, denn ich möchte, dass Sie sich schlussendlich jedes Mal, wenn Sie Angst verspüren, sagen: *Das ist normal. Das ist bloß mein sich vorbereitender Körper. Das zusätzliche Blut, das im Augenblick durch meinen Körper pumpt, ist gut für mich. Das ist normal und vorteilhaft. Wenn ich mich nicht so fühlen würde, wäre ich nicht normal.*

Diese Übung mag auf den ersten Blick simpel erscheinen. Doch das Normalisieren Ihrer Angstreaktion ist tatsächlich durchaus wirkmächtig. Einfach nur zu begreifen, dass Sie nicht alleine, kein Freak und nicht abnormal sind, wird viel dazu beitragen, Ihnen zu helfen, etwas Kontrolle zurückzugewinnen.

Aber Sie brauchen mehr. Sie brauchen einen Beweis – einen Beweis, dass Sie tatsächlich diese Empfindungen kontrollieren können und eben nicht von ihnen kontrolliert werden.

Geben wir Ihnen also etwas Kontrolle. Gehen wir, um es Ihnen zu beweisen, weiter zu Übung #2.

Übung #2:
Beweisen Sie, dass Sie Kontrolle über Ihre Angstreaktion haben

In meiner Praxis sage ich meinen Klient(inn)en häufig, dass sie ruhig loslegen und sich regelrecht beängstigen sollen, und zwar mit der ihnen größtmöglichen Intensivierung. Es ist eine paradoxe und vielleicht eine sogar völlig unorthodoxe Empfehlung, aber die Übung hilft, ihnen zu beweisen, dass sie – wie die katzenmordende Dame, die ich am Anfang dieses Kapitels beschrieb – wirklich durchaus Kontrolle über etwas haben, das für gewöhnlich unbewusst erfolgt.

Ich werde Sie auffordern, das Gleiche zu tun. Diese Übung könnte Ihrem Logikempfinden und allem, was nach Ihrem Dafürhalten rational ist, zuwiderlaufen. Bitte haben Sie etwas Geduld mit mir. Ich schlage Ihnen aus einem guten Grund vor, dies zu tun. Hätte ich nicht bei so vielen meiner Klient(inn)en erlebt, dass sie mit dieser Übung ausgesprochen dramatische Ergebnisse erlebten, würde ich sie nicht weiterhin empfehlen.

Ich möchte, dass Sie sich selbst in Ihnen größtmögliche Beängstigung versetzen. Setzen Sie sich hierzu hin, schließen Sie die Augen und denken Sie an eine Situation, die Sie normalerweise beklommen und angstvoll machen würde. Vielleicht besteht sie darin, vor eine große Personengruppe zu treten und zu sprechen, oder womöglich besteht sie darin, auf die Tanzfläche zu gehen. Versuchen Sie, sich jede Einzelheit dieser Angst auslösenden Situation so deutlich vorzustellen, wie Sie können. Gebrauchen Sie Ihre sämtlichen Sinne. Sehen Sie sie, hören Sie sie, schmecken Sie sie, spüren Sie sie, berühren Sie sie.

Falls Ihnen kein Angst hervorrufendes Szenario aus Ihrem Leben einfällt, dann verwenden Sie das folgende. Es ist frei erfunden, aber es sollte gleichwohl die Angstreaktion in Gang setzen.

Stellen Sie sich vor, dass Sie in einem einsamen Viertel einer Großstadt eine Straße hinuntergehen. Es ist dunkel und sehr spät abends. Sämtliche Geschäfte sind geschlossen. Es ist niemand in der Nähe. Sie hören Schritte hinter Ihnen. Die Schritte werden lau-

ter und lauter. Jetzt können Sie schweres Atmen hören. Sie spüren tatsächlich die Gegenwart von jemandem hinter Ihnen. Da ist die Empfindung einer kühlen Klinge an Ihrem Nacken.

Was geht in Ihrem Körper vor sich? Wenn Sie wie die meisten meiner Klient(inn)en sind, könnten Sie bemerken, dass Ihr Herz laut in Ihrer Brust pocht. Ihre Handflächen könnten schweißig sein. Ihr ganzer Körper könnte sich angespannt anfühlen.

Das ist Ihre anlaufende Angstreaktion.

Gut. Intensivieren Sie sie jetzt. Machen Sie sich zehnmal verängstigter, als Sie in einer solchen Situation normalerweise werden würden. Wenn Sie sich beispielsweise einen Vortrag aus Ihrem eigenen Leben vorstellen, sind da jetzt statt zehn Sie ansehenden Augen vierzig Augen. Mit einem festen, intensiven Blick starren sie Sie an. Ihr Herz hämmert noch schneller. Sie schwitzen, und es zeigt sich an Ihrem Hemd. Man kritisiert Sie heftig, und Sie fühlen sich mit Fragen bombardiert. Die Leute sehen so aus, als seien sie aufgebracht über sie.

Machen Sie es wirklich plastisch-lebendig. Wie würde sich das für Sie anfühlen? Denken Sie darüber nach, wie Ihr Körper normalerweise reagiert, wenn Sie sich ängstigen, und erzeugen Sie diese Reaktion. Pressen Sie Ihre Kiefer aufeinander. Spannen Sie Ihre Muskeln an. Atmen Sie kurzatmig und flach. Ballen Sie die Fäuste.

Wie ist das für Sie? Sind Sie wirklich übermäßig angespannt? Gut!

Und machen Sie sich keine Sorgen. Ich werde Ihnen beibringen, wie man diese Anspannung insgesamt rückgängig macht. Klopfen Sie sich erst einmal auf die Schulter. Diese Übung erforderte Mut. Sie besitzen mehr Tapferkeit, als Sie sich vorstellen.

Und was bedeutsamer ist: Sie haben sich gerade eine lebenswichtige Information bewiesen – eine Information, die Sie bezweifelt hätten, wenn Sie diese Übung nicht durchgeführt hätten. Sie haben gerade Kontrolle über etwas erlangt, das für gewöhnlich unbewusst vor sich geht. Sie haben Ihre Angstreaktion manipuliert. Sie schalteten sie gerade ganz allein an – obwohl nichts vorhanden war, um sie auszulösen. Sie intensivierten sie auch ganz allein.

Sie haben wirklich durchaus etwas Kontrolle über sie, nicht wahr? Ich möchte aber nicht, dass Sie sich noch viel länger so beängstigt und angespannt fühlen; gehen Sie also direkt zu Übung #3 weiter, um herauszufinden, wie man die Wählscheibe in die entgegengesetzte Richtung dreht.

Angst-Gegenmittel: Fiel Ihnen diese Übung schwer? Waren Sie außerstande, sich selbst angespannt zu machen? Das könnte daran liegen, dass Sie entweder vor der Übung Angst haben oder dass Sie sich mit Visualisierung schwertun. Was Sie in beiden Fällen stattdessen tun können, ist, sich in eine Situation aus dem wirklichen Leben zu versetzen, die normalerweise bei Ihnen Nervosität und Unbehagen auslösen würde; versuchen Sie dann, das nervöse Unwohlsein zu verstärken. So oder so – sobald Sie bewiesen haben, dass Sie Ihre Stressreaktion kontrollieren können, ist es Zeit zu lernen, wie man sie abstellt.

Übung #3:
Erlangen Sie Kontrolle über Ihre Angstreaktion

Viele Leute versuchen, mit fremder Hilfe Kontrolle über ihre Angstreaktion zu erlangen. Sie nehmen vor einer zu haltenden Rede angstlösende Medikamente, oder sie kippen vor einem Date ein Bier runter.

Ich werde Ihnen beibringen, die Angstreaktion ohne Medikation und ohne Alkohol abzumildern.

Es ist alles sehr einfach. In der vorausgehenden Übung krampften Sie sich willentlich zusammen, indem Sie Ihr sympathisches Nervensystem aktivierten. Das sympathische Nervensystem ist der Ursprungsort der Angstreaktion. Es ist das Nervensystem, von dem Ihr Körper hinsichtlich Wachsamkeit, Stärke und Schnelligkeit abhängig ist.

Ihr Nervensystem hat aber genau genommen zwei Teile. Sie haben auch ein parasympathisches Nervensystem – das Nervensystem, das für Klarheit, Gelassenheit/Ruhe, Gefasstheit und Entspannung verantwortlich ist. Geradeso wie Sie eine einfache Visualisierungsübung anwendeten, um Ihr sympathisches Nervensystem (die Angstreaktion) anzuschalten, werden Sie eine zweite Übung anwenden, um das parasympathische Nervensystem anzuschalten. Sie nennt sich Progressive Muskelentspannung (PME) und ist nicht komplizierter als das Anspannen und Lösen der Muskeln in Ihrem Körper. Wie Sie sehen, wird die Angstreaktion teilweise durch Muskelanspannung ausgelöst und verstärkt. Deshalb neigen Sie dazu, Kopfschmerzen, Nackenschmerzen oder Rückenschmerzen zu bekommen, nachdem Sie einen Anfall von Beklommenheit oder Angst erlebt haben.

Im Augenblick sind Ihre Muskeln wahrscheinlich angespannter, als Sie bewusst wahrnehmen. Ihre Muskeln erhalten diese Anspannung ständig aufrecht, sodass Sie sich daran gewöhnen und noch nicht einmal wahrnehmen, dass Sie so angespannt sind. Das hat Ähnlichkeit mit dem Wohnen an einem Ort, an dem rund um die Uhr, sieben Tage die Woche, Low-Level-Lärm herrscht. Ich beispielsweise wohne in New York City, wo der Verkehrslärm konstant ist. Ganz gleich, wo ich mich befinde, mir klingt das Getön von Sirenen, Hupen und ständigem Geratter und Geplapper entgegen. Es ist so konstant, dass ich es noch nicht einmal merke. Erst wenn ich New York City verlasse, ein paar Tage wegfahre und dann zurückkomme, registriere ich deutlich, wie laut es hier ist.

TESTEN SIE ES AUS

Haben Sie einen engen Freund (bzw. eine enge Freundin) oder eine(n) Angehörige(n), der/die von Natur aus gelassen, ruhig und gesammelt ist – jemand, der eine zenartige heitere Befindlichkeit ausstrahlt? Wenn ja, so fragen Sie, ob Sie in seine oder ihre Muskeln hineindrücken dürfen. Vielleicht geben Sie dieser Person sogar eine schnelle Schultermassage. Was Sie bemerken werden, ist, dass seine oder ihre Muskeln weich und nachgiebig sind – in etwa wie Brotteig. Fassen Sie dann Ihre eigenen an. Wenn Sie hochgradig ängstlich sind, werden Sie wahrscheinlich feststellen, dass Ihre Muskeln sich hart, fest und angespannt anfühlen.

Muskelanspannung ähnelt dem Lärm der Großstadt. Obwohl Sie sie nicht bewusst wahrnehmen, beeinträchtigt sie Sie dennoch, und sie führt zu Kopfschmerzen, Rückenschmerzen, Bluthochdruck und anderen chronischen Problemen.

Um Ihre Muskeln zu entspannen, werden Sie sie zuerst noch mehr anspannen. Diese zusätzliche Anspannung dient als ein physischer Auslöser, der es Ihnen ermöglicht zu entspannen. Es hat Ähnlichkeit damit, Ihre Schultern hochzuziehen, so hoch wie es irgend geht, und sie dann fallen zu lassen.

Sobald Sie Ihre Muskeln entspannen, triggern Sie Ihr parasympathisches Nervensystem, anzuspringen – und sobald es anspringt, schaltet die Angstreaktion ab. Das hilft, den Spiegel von Stresshormonen zu senken – was seinerseits wieder den Blutdruck, die Herzfrequenz, den Blutzucker, das Schwitzen und noch Weiteres verringert.

Wie man (sich) entspannt

Kommen wir nun zum Ausführen der Progressiven Muskelentspannung (PME). Sitzen oder liegen Sie bequem, irgendwo, wo Sie sich geborgen fühlen und wo man Sie nicht stören wird. Grundsätzlich geht es um das konzentrierte und kraftvolle Anspannen und Lösen/Entspannen der Muskulatur. Spannen Sie die folgenden Muskelgruppen an, und lösen/entspannen Sie sie dann – beginnen Sie bei Ihrem Kopf und gehen Sie systematisch nach unten, bis zu Ihren Füßen.

• **Stirn und Kopfhaut:** Runzeln Sie die Stirn, indem Sie Ihre Augenbrauen zusammenbringen, als ob Sie wütend wären. Versuchen Sie, Ihre Kopfhaut so straff zu machen wie eine Trommel. Halten Sie die Anspannung fünf Sekunden lang. Lösen Sie sie so, dass Ihre Stirn und Kopfhaut sich anfühlen, als ob warme nasse Spaghettinudeln über sie drapiert wären.

- **Augen und Nase:** Pressen Sie die Augen zu. Halten Sie die Anspannung fünf Sekunden lang. Lösen Sie sie.

- **Lippen und Kiefer:** Spannen Sie Ihren Kiefer und die Lippen, als ob Sie versuchten, gemein und beängstigend auszusehen, indem Sie die Zähne aufeinanderbeißen und sie mit auseinandergezogenen Lippen fletschen. Halten Sie die Anspannung fünf Sekunden lang, und lösen Sie sie dann, indem Sie Ihren Unterkiefer gleichsam bis ganz zum Boden fallen lassen und Ihre sämtlichen Gesichtsmuskeln weich lockern.

- **Schultern:** Ziehen Sie sie hoch bis zu Ihren Ohren. Halten Sie sie so fünf Sekunden lang. Lösen Sie die Haltung und stellen Sie sich dabei vor, dass Sie Ihre Schultern bis ganz zum Boden fallen lassen.

- **Arme:** Halten Sie Ihre Arme fest und gerade an Ihren Körper. Lösen Sie sie dann.

- **Hände:** Ballen Sie Ihre Hände zu Fäusten. Halten Sie die Spannung fünf Sekunden lang. Lösen Sie sie.

- **Oberer Rücken:** Ziehen Sie Ihre Schulterblätter (zur Wirbelsäule hin) zusammen. Halten Sie die Spannung fünf Sekunden lang. Lösen Sie sie.

- **Rücken:** Wölben Sie unter straffer Anspannung Ihren Rücken. Halten Sie die Spannung fünf Sekunden lang. Lösen Sie sie.

- **Bauch:** Spannen Sie Ihre Bauchmuskeln an. Lösen Sie die Spannung.

- **Hüften:** Pressen Sie Ihre Hüften und Ihren Po zusammen. Halten Sie die Spannung fünf Sekunden lang. Lösen Sie sie.

- **Schenkel:** Spannen Sie Ihre Schenkel an. Halten Sie die Spannung fünf Sekunden lang. Lösen Sie sie.

- **Füße:** Drücken Sie Ihre Füße und Ihre Zehen, eingewinkelt, nach unten, weg vom Gesicht. Halten Sie die Spannung fünf Sekunden lang. Lösen Sie sie.

Wie fühlen Sie sich? Entspannt? Gut! Sie haben sich gerade selbst bewiesen, dass Sie die Angstreaktion nicht nur willentlich erzeugen können, sondern dass Sie sie auch abschwächen können. (Anmerkung: Sollte die Progressive Muskelentspannung bei Ihnen nicht funktioniert haben, dann versuchen Sie es mit einer der in dem Angst-Gegenmittel auf S. 301, 307f. erwähnten alternativen Entspannungsstrategien.)

Hier kommt nun das Entscheidende. Sie wollen diesen Entspannungszustand jederzeit und insbesondere während einer beängstigenden Situation hervorbringen können. Dazu werden Sie es freilich häufig üben müssen.

Ich empfehle Ihnen, die PME mindestens einmal täglich zu üben. Scannen Sie nach jeder Sitzung Ihren Körper und versuchen Sie sich jeweils anschließend die Empfindung des Entspanntseins ins Gedächtnis einzuprägen. Starten Sie Ihre Übungssitzungen an beruhigenden, nicht-bedrohlichen Orten wie etwa zu Hause. Dringen Sie mit der Zeit in stressigere Situationen, wie etwa das Büro/Geschäftszimmer etc., vor. Versuchen Sie schließlich, diesen Entspannungszustand überall, wo Sie sich gerade befinden, hervorzubringen – und zwar ohne zuerst Ihre Muskeln anzuspannen.

Bedienen Sie sich beim Üben der PME dieser Hinweise:

- Üben Sie nach einem Zeitplan. Das wird Ihnen helfen, nicht zu vergessen, sie auszuführen.

- Führen Sie sie aus, wenn Sie sich hellwach fühlen. Zu viele Leute entscheiden sich, sich unmittelbar vor dem Schlafengehen zu entspannen, damit sie einschlafen. Das ist großartig, wenn Sie die PME als ein Mittel verwenden wollen, das Ihnen hilft einzuschlafen, aber nicht so großartig, wenn Sie versuchen, sie zu verwenden, um Ihre Angstreaktion außer Kraft zu setzen. Sie wollen sie ausführen, während Sie hellwach sind, sodass Sie sie studieren, sie sich ins Gedächtnis einprägen und Sie genau zum jeweils rechten Zeitpunkt anwenden können.

- Führen Sie sie selbst dann aus, wenn Sie finden, dass Sie sich großartig fühlen. Viele meiner Klient(inn)en erkennen erst, wie angespannt sie sind, wenn sie die PME-Übung ausführen. Sie denken: *Ich brauch' mich nicht zu entspannen. Mir geht's bestens.* Dann führen Sie die Übung aus und erkennen, wie angespannt sie doch in Wirklichkeit waren. Ich nehme an, bei Ihnen wird es ähnlich sein.

Angst-Gegenmittel: Manche Leute haben Schwierigkeiten, sich mittels PME zu entspannen. Sind Sie einer/eine von ihnen? Wenn ja, ist das kein Grund zum Verzagen. Sie müssen einfach nur ein paar andere Strategien ausprobieren, bis Sie eine finden, die für Sie funktioniert. Hier sind ein paar, mit denen Sie experimentieren können:

- **Tiefatmung:** Wenn wir uns verängstigt fühlen, neigen wir dazu, schnell und flach zu atmen. Tiefatmung kehrt dies um und hilft dadurch, die Angstreaktion abzuschalten. Versuchen Sie beim Einatmen, Ihre mittlere Körperregion voll auszudehnen. Bringen Sie die Luft zuerst ganz nach unten in die Lungenflügel, indem Sie ihren Bauch nach außen bringen. Dehnen Sie dann Ihren Brustkorb seitlich, in die Breite, aus. Dehnen Sie zuletzt Ihre Schlüsselbeine aus. Lassen Sie dann alles los. Wiederholen Sie das Ganze.

- **Visualisierung:** Schließen Sie die Augen und stellen Sie sich irgendwo vor, wo Sie sich in der Vergangenheit glücklich und entspannt gefühlt haben. Vielleicht ist es ein warmer Strand oder das kühle Gebirge oder sonst irgendein Ort. Wählen Sie einen speziellen aus, einen Ort, in/an dem Sie gewesen sind und sich glücklich, wohl, zufrieden und behaglich fühlten. Visualisieren Sie jede Einzelheit Ihres Anwesendseins in/an diesem Ort – wie es sich anfühlt, wie es riecht, wie es aussieht und wie es klingt.

- **Achtsamkeit:** Das Ziel ist hier, Ihr Denken und Empfinden, Ihren Geist vollständig in den gegenwärtigen Moment zu bringen. Indem Sie das tun, entspannen Sie sich, ohne es wirklich zu versuchen. Sitzen oder liegen Sie. Schließen Sie die Augen. Bringen Sie Ihre Aufmerksamkeit zu Ihrer Atmung. Nehmen Sie beim Einatmen die kühle Empfindung an den Rändern Ihrer Nasenflügel und beim Ausatmen die warme Empfindung an den Rändern Ihrer Nasenflügel wahr. Spüren Sie, wie Ihr Brustkorb sich ausdehnt, während Sie einatmen, und entspannen Sie sich beim Ausatmen. Anstatt auf Ihre Atmung zu achten, können Sie auch versuchen, voll fokussiert auf eine Tätigkeit zu achten. Nehmen Sie beispielsweise, während Sie spazieren gehen, die Empfindung Ihrer Füße wahr: wie sie den Erdboden berühren und sich von ihm wegheben. Oder achten Sie, wenn Sie Geschirr spülen, aufmerksam auf die Empfindung von warmem Seifenwasser an Ihren Händen.

Übung #4:
Verwandeln Sie Ihre Angst in eine Stärke

Kommen wir nun zu einer der wirkmächtigsten Übungen in diesem Kapitel. Lernen wir, wie Sie die Angstreaktion zu Ihrem Vorteil benutzen können.

Die meisten Leute halten die Angstreaktion für etwas Negatives. Sie wollen sie beseitigen. Sie vermögen nicht einzusehen, wie sie denn überhaupt hilfreich sein könnte.

Aber in vielen Fällen kann sie wirklich hilfreich sein.

Denken Sie darüber nach, wie Ihr Körper reagiert, wenn Sie sich ängstigen. Was geschieht? Welche Empfindungen nehmen Sie wahr? Was geht Ihnen durch den Kopf? Rast Ihr Herz? Erröten Sie? Schwitzen Sie? Wird Ihr Mund trocken? Haben Sie das Gefühl, als ob Sie Ihren Stuhl nicht werden zurückhalten können?

Denken Sie darüber nach, warum Ihr Körper denn auf diese Weise reagieren könnte. Was versucht Ihr Körper da zu tun? Könnte diese Reaktion irgendeinen verborgenen Nutzen haben? Einen, an den Sie sich anpassen und ihn zu Ihrem Vorteil verwenden könnten? Wenn Sie keine Angst vor Ihrer Angstreaktion hätten und nicht das Bedürfnis verspürten, diese vollständig zu beseitigen – wäre dann irgendetwas von ihr nützlich für Sie? Hilft

Ihnen die von der Angstreaktion herrührende hellwache Aufmerksamkeit nicht, klarer und schneller zu denken? Oder gibt Ihnen die erhöhte Herzfrequenz nicht mehr Energie – Energie, die Sie dazu verwenden können, effektiver vorwärtszukommen?

Als ich in der *Nancy-Grace*-Show von CNN war, spürte ich, dass mein Herz wirklich heftig hämmerte. Die meisten Moderator(inn)en oder Reporter(inn)en wollen ihre Expertengäste gut aussehen lassen, weil das die Story bereichert. Nancy Grace ist jedoch bekannt dafür, ihren Expertengästen gegenüber antagonistisch zu sein. Ich kenne einige Expert(inn)en, die sich aus ebendiesem Grund weigern, in ihre Show zu gehen. Ich dachte: *Brauche ich wirklich diesen Stress?*

Meine angstfreie Antwort: *Nein, das tue ich nicht, aber es ist gut für mich und könnte zu weiteren Chancen führen.*

Trotz jenes anfänglichen Eifers und Enthusiasmus sah ich mich dennoch mit großer Erwartungsspannung und Angst in ihrem Studio im live ausgestrahlten nationalen Fernsehen sitzen. Mein Herz hämmerte in meiner Brust. Meine Muskeln waren mit Blut gefüllt und angespannt. Ich atmete schwer. Mir war zumute, als ob ich in den Kampf ziehen würde. In gewisser Weise tat ich das. Ich machte mich darauf gefasst, von der Moderatorin attackiert und in Misskredit gebracht zu werden, sodass sich mein Körper und Geist natürlicherweise vorbereiten mussten.

Ich fand es tröstlich zu wissen, dass mein Körper derart automatisch tat, was er ja eigentlich auch tun sollte. Während eines Werbespots nahm ich mir ein paar Sekunden, um etwas zur Ruhe zu kommen. Ich machte eine schnelle Bestandsaufnahme meines Körpers. Mein hämmerndes Herz war auf die Freisetzung von Adrenalin zurückzuführen, ein Hormon, das den Körper auf Handeln/Aktion vorbereitet. Mein trockener Mund war darauf zurückzuführen, dass Flüssigkeiten zu anderen Teilen meines Körpers wanderten. Mir einfach nur die Normalität dieser Empfindungen vor Augen zu halten, half. Dann stellte ich mir vor, dass ich in einem sanften Gewässer auf einem Floß lag. Ich schaukelte ganz, ganz sanft mit den Wellen. Das half, mich zu beruhigen. Dann nahm ich die noch übrig bleibenden Empfindungen und verwendete sie zu meinem Vorteil. Sie wurden zu der zusätzlichen Konzentration und Energie, auf deren Level ich wirklich sein musste, als ich an die Reihe kam zu reden.

Damit Sie Ihre Angstreaktion in eine Stärke verwandeln können, möchte ich, dass Sie eine Liste sämtlicher Erscheinungsformen erstellen, in denen Ihr Körper auf Stress, Beklemmung und Angst zu reagieren tendiert. Denken Sie dann über Möglichkeiten nach, wie Sie diese Reaktionen zu Ihrem Vorteil benutzen könnten. Verwenden Sie die nachstehende Tabelle für Ideen:

Symptom	Was es bedeutet	Wie man es als eine Stärke auffasst
Kurzatmigkeit	Die Nerven rund um Ihren Brustkorb und Torso sind in höchster Alarmbereitschaft, was Sie dazu bringt, sich so zu fühlen, als ob jemand auf Ihrer Brust säße. In Wirklichkeit atmen Sie echt gut, und reichlich Sauerstoff gelangt in Ihren Körper.	*Mein Körper bekommt allen Sauerstoff, den er braucht. Diese erhöhte Atemfrequenz wird meine Muskeln und mein Gehirn mit sauerstoffreichem Blut versorgen, sodass ich imstande sein werde, klarer zu denken und schneller auf das zu reagieren, was rings um mich vorgeht.*

Symptom	Was es bedeutet	Wie man es als eine Stärke auffasst
Hämmern-des Herz	Stresshormone bewirken eine Beschleunigung Ihrer Herzfrequenz, sodass Ihr Herz mehr Blut pumpen kann.	*Viel Blut gelangt zu meinen Muskeln und versorgt mich so mit der Energie und Stärke, die ich für den Job brauche.*
Kloß im Hals	Die Muskeln im Hals ziehen sich häufig zusammen, wenn Sie beängstigt sind.	*Gut, ich bin ein bisschen beängstigt. Na klar ist das ein bisschen unangenehm, aber es wird mich nicht umbringen. Ich würde mir Sorgen machen, wenn ich mich nicht zumindest ein bisschen ängstigen würde. Das bedeutet, dass ich auf Zack sein werde.*
Schwitzen	Der Körper bereitet sich auf Kampf vor – auf eine Ausübung des Kämpfens oder Fliehens. Schwitzen hilft, den Körper während beidem zu kühlen.	*Gut, mein Körper ist bereit für diese Sportveranstaltung namens Leben! Ich brauche mich darüber nicht zu bekümmern. Wenn ich mir Sorgen mache, was andere Leute denken, kann ich einfach darüber witzeln, wie verschwitzt ich bin und das dazu verwenden, Gelächter hervorzurufen.*
Gesichts-anspan-nung	Die Nerven und Blutgefäße in der Gesichts- und Nackengegend sind oft die ersten, bei denen Anspannung auftritt, wenn man sich ängstigt.	*Gut – ich wollte, dass mir ein Anzeichen hilft, nicht zu vergessen, meine Gesichtsmuskeln zu entspannen!*

Symptom	Was es bedeutet	Wie man es als eine Stärke auffasst
Kribbeln in den Glied-maßen	Blut flutet in Ihre Arme und Beine, um Sie für Kampf oder Flucht bereit zu machen.	*Großartig – ich habe so viel Energie dazu zur Verfügung, einen lebhafteren Eindruck zu machen. Ich werde diese Energie beim Halten dieser Rede verbrauchen, und zwar während ich mit meinen Händen rede oder gestikulierend auf und ab gehe!*
Trockener Mund	Flüssigkeiten werden während Kampf oder Flucht zu den Gliedmaßen umgelenkt, woraufhin sich Ihr Mund ausgedörrt anfühlen kann.	*Gut – das wird mir einen Vorwand geben, einen Schluck Wasser zu nehmen. Während ich schlückchenweise das Wasser trinke, habe ich eine Chance, meine Gedanken zu sammeln.*

Übung #5:
Entwickeln Sie eine Angstreaktionsstrategie

Sie sind fast so weit, sich Ihrer Angst zu stellen! Aber zuerst brauchen Sie eine Strategie. Es ist *eine* Sache zu wissen, wie Sie Ihre Angstreaktion anschalten, wie Sie sie abschalten und wie Sie die Reaktion zu Ihrem Vorteil benutzen können. Es ist eine andere, diese Strategien im wirklichen Leben anzuwenden. Dafür benötigen Sie einen strategischen Plan. Sie wollen genau bedenken, wie Sie mit Ihrer Angstreaktion umgehen werden, wenn sie in bestimmten, konkreten Situationen auftritt. Was werden Sie tun? Wie werden Sie es tun? Welches wird Ihre Strategie sein?

Werden Sie Ihre Muskeln anspannen und lösen? Werden Sie sich eine Sekunde lang an Ihren glücklichen Ort begeben? Was werden Sie tun und wann?

Zusätzlich zu Ihrer Entspannungsstrategie werden Sie mehrere andere Angstminderer probieren und in Ihre Angstreaktionsstrategie integrieren wollen. Schreiben Sie das in Ihr Angstfrei-Notizbuch. Hier sind einige Tipps und Tricks, die Klient(inn)en in verschiedenen Situationen, welche jeweils dazu tendieren, ihre Stressreaktion hervorzubringen, angewendet haben. Picken Sie sich darunter das Beste heraus und fügen Sie ein paar von Ihren eigenen hinzu.

- **Entspannen Sie Ihren Kiefer.** Das zu tun wird helfen, Ihren ganzen Körper zu entspannen. Beispielsweise, als ich mir bei meinem erstmaligen Auftritt im Fernsehen Sorgen darum machte, wie ich rüberkommen würde, entspannte ich mich, indem ich meinen Unterkiefer und meine Unterlippe vorschob, um die Gesichtsmuskeln aufzulockern. Es funktioniert jedes Mal!

- **Recken und strecken Sie sich.** Tun Sie es, zum Entspannen Ihrer Muskeln, kurz bevor Sie sich in eine stressige Situation begeben.

- **Gehen Sie auf und ab.** Es ermöglicht Ihnen, etwas von der Energie aus Ihrem Organismus rauszuarbeiten.

- **Reden Sie mit den Händen.** Manche Leute bemühen sich tunlichst, nicht mit ihren Händen zu reden. Sie befürchten, dass diese nonverbale Gestik unprofessionell wirken wird. Ich habe festgestellt, dass das Einschränken unserer Bewegungen dazu tendiert, unser Denken und unsere Sprache einzuschränken. Es ist besser, klar denken zu können und entsprechend Ihre Ansichten ungezwungen, natürlich darzulegen, als Ihre Arme steif angelegt an Ihren Seiten zu halten.

- **Fokussieren Sie sich auf ein freundliches Gesicht im Publikum.** Das wird Ihnen helfen, sich während eigener Reden und Präsentationen entspannter zu fühlen, und verschafft Erleichterung.

- **Konzentrieren Sie sich auf die Person, mit der Sie zusammen sind, und nicht auf sich selbst.** Das ist besonders hilfreich im Schlafzimmer. Zum Beispiel: Vergessen Sie Ihre Genitalien und kümmern Sie sich stattdessen um die Genitalien Ihres Partners bzw. Ihrer Partnerin.

- **Spannen Sie Ihre Pomuskulatur oder eine andere Muskelgruppe an und lösen Sie die Anspannung wieder.** Niemand kann Sie es tun sehen, und es hilft, die Entspannungsreaktion herbeizuführen.

- **Konzentrieren Sie sich auf das Entspannen Ihrer Gesichtsmuskeln.** Ihre Lippen, Ihre Zunge und Ihre Augen sind alle innerhalb Ihrer Kontrolle, und manchmal fällt es leichter, *einen* Muskel aufs Korn zu nehmen als Ihren ganzen Körper.

- **Bringen Sie Ihre Aufmerksamkeit zu etwas im gegenwärtigen Moment Befindlichem/Erfolgendem.** Sie könnten sich beispielsweise auf das fokussieren, was jemand gerade sagt. Das führt Ihre Aufmerksamkeit von Ihrer eigenen Angstreaktion weg. Fokussieren Sie sich auf das, was jemand gerade sagt, und auf seinen/ihren Mund und seine/ihre Lippen, wäh-

315

rend er es sagt. Das liefert visuelle und auditive Anhaltspunk-
te, die Ihnen helfen, sich die Informationen auch zu merken.

- **Sehen Sie sich selbst erfolgreich vorgehen.** So mache ich es.
Bevor ich mich in eine beängstigende Situation hineinbegebe,
visualisiere ich, wie ich tue, wovor ich Angst habe – und es mit
Selbstvertrauen und Gelassenheit tue.

- **Visualisieren Sie, wie Sie locker mit Angst umgehen.** Sehen
Sie sich selbst, bevor Sie sich in eine beängstigende Situation
hineinbegeben: wie Sie vor der Zeit mit trockenem Mund
oder zittrigen Händen fertigwerden und damit klarkommen.
Das wird die Chance erhöhen, dass Sie damit klarkommen,
wenn Sie im wirklichen Leben mit der Angstreaktion konfrontiert werden. Außerdem sorgt es für Vorhersagbarkeit.

Übung #6:
Machen Sie Ihr Leben stressfrei

Viele von uns stehen unter fortwährendem niedrigen Stress. Das
bedeutet, dass wir Stresshormone haben, die ständig durch unseren Körper sausen. Statt dass das Angstsystem sich einschaltet
und sich dann wieder normalisiert, ist es immer an. Das bedeutet, dass Ihre Muskeln angespannt sind, Ihr Blutdruck höher als
normal ist, Ihre Herz- und Atemfrequenz schneller als normal
sind und Ihr Körper leichter in eine völlig verängstigte Verfassung geraten kann. Sie fühlen sich die meiste Zeit über nervös
oder angespannt oder gereizt. Daher reicht schon ein kleines
bisschen aus, um Ihnen den Rest zu geben.

Um die Angstreaktion in bestimmten konkreten Situationen unter Kontrolle zu bekommen, wird es helfen, die allgemeinen Stresslevel niedrig zu halten. Wenn Sie die ganze Zeit über ruhiger und entspannter sind, wird es Ihnen nicht so schwerfallen, bei unmittelbarer Angstkonfrontation ruhig zu bleiben.

Wählen Sie, um Ihr Leben stressfrei zu machen, aus den folgenden Strategien aus, und praktizieren Sie möglichst viele davon.

- **Körperliche Ertüchtigung.** Machen Sie drei- bis viermal wöchentlich Aerobic und ein- bis zweimal wöchentlich Krafttraining. Das braucht nicht intensiv zu sein, und es braucht kein langes Work-out zu sein. Seien Sie kreativ. Nehmen Sie am Arbeitsplatz die Treppe. Gehen Sie während Ihrer Mittagspause spazieren. Arbeiten Sie Bewegung in Ihre Alltagsroutine ein. Gehen Sie nach draußen und bewegen Sie sich.

- **Widmen Sie sich an Ihrem arbeitsfreien Tag einen halben Tag sich selbst.** Die meisten Leute haben so viel zu tun, und ihr Terminplan ist so voll, dass sie von einer Sache zur anderen laufen und nicht einmal mehr Zeit haben, daran zu denken, wie ihr Körper sich fühlt. Sie haben den Kontakt mit sich selbst verloren. Richten Sie es ein, um dem entgegenzuwirken, dass allwöchentlich mindestens ein halber Tag keinerlei Pläne aufzuweisen hat. Nehmen Sie sich einen Block Zeit, in dem Sie planen, nicht zu planen. Sie erledigen keine Posten einer To-do-Liste. Sie machen nicht Ihr Haus möglichst sauber. Sie hängen einfach nur herum. Natürlich können Sie lesen oder kochen oder etwas unternehmen, das Sie unternehmen wollen. Aber es gibt keine Struktur und keine To-do-Liste.

- **Seien Sie gut zu sich selbst.** Gönnen Sie sich regelmäßige Pediküren oder Massagen oder nehmen Sie wöchentlich (oder abendlich) ein genüssliches langes Bad. Sehen Sie sich Filme an, lesen Sie oder entspannen Sie sich auf irgendeine andere Weise. Finden Sie regelmäßige Möglichkeiten, loszulassen und sich zu entspannen.

- **Teilen Sie sich Ihre Zeit ein und priorisieren Sie Aufgaben.** Seien Sie sich darüber im Klaren, dass Sie in einem bestimmten Tag jeweils nur so und so viel bewerkstelligen können und dass es kontraproduktiv ist, auf zu vielen Hochzeiten zu tanzen. Erledigen Sie leichte Aufgaben auf Ihrer To-do-Liste zuerst, um sich selbst das Gefühl zu geben, etwas geschafft zu haben. Teilen Sie Aufgaben auf in das, was heute, das, was diese Woche, und das, was diesen Monat passieren muss. Das Priorisieren gewährleistet frühzeitigen Erfolg und motiviert Sie, sich weiterhin über Ihre Liste herzumachen.

- **Geben Sie sich Chillpausen.** Kreieren Sie fünfminütige Minipausen während Ihres Tages, in denen Sie ohne äußere Stimulierung bleiben. Es gibt kein Gespräch, keine lauten Geräusche und keine visuelle Stimulierung.

Fühlen Sie sich jetzt weniger angespannt?

Das hoffe ich natürlich! Sie haben mit diesem Schritt des Programms eine Menge zuwege gebracht. Ich hoffe, dass Sie bereits einige der Folgen erleben. Vielleicht schlafen Sie tiefer oder fühlen sich weniger schreckhaft, als Sie dies normalerweise tun.

Vielleicht haben Sie sogar festgestellt, dass Sie während verschiedener Lebenskrisen gelassener geblieben sind, als Sie es in der Vergangenheit waren. Vergessen Sie nicht, solche Veränderungen und positiven Nutzeffekte in Ihrem *Angstfrei*-Notizbuch zu notieren. Auf diese Weise können Sie sie wiederholt durchlesen, um sich vor Augen zu halten, wie weit Sie gekommen sind.

Angstfrei-*Komplettveränderung*

Cindy suchte mich auf wegen Nacken- und Rückenschmerzen, die immer am Ende des Arbeitstages einzusetzen schienen. Sie war zu mehreren Ärzten gegangen, die weder an ihrem Rücken noch an ihrem Nacken irgendeine strukturelle Beeinträchtigung feststellen konnten. Ein Arzt hatte ihr gesagt, er glaube, ihre Symptome seien psychosomatisch (was sich auf eine körperlich-organische Störung bezieht, die durch seelische bzw. emotionale Faktoren hervorgerufen oder verschlimmert wird). Er überwies sie an mich.

Cindy war überzeugt, dass die Ärzte etwas übersehen hatten, und war bereit, als Nächstes Akupunktur zu versuchen. Ich riet Cindy nicht davon ab, andere Behandlungen zu versuchen, aber ich pflichtete durchaus der Auffassung bei, dass ihre Symptome wahrscheinlich psychosomatisch waren. Schließlich hatte Cindy ja morgens, am Vormittag, keine Rücken- und Nackenschmerzen. Sie hatte sie nur gegen Ende des Arbeitstags. Ich hatte den Verdacht, dass zu jener Tageszeit irgendetwas passierte, das sie veranlasste, sich psychisch und physisch zu verkrampfen und jene Symptome auszulösen. Ich musste herausfinden, welche Gedanken zu dem schmerzenden Rücken und Nacken führten.

Das Ziel: Cindys Ziel war einfach. Sie wollte schmerzfrei sein.

Der Gewinn: Wenn Cindy die Quelle ihrer Schmerzen würde finden und überwinden können, würde sie sich besser fühlen, mehr zustande bringen und sogar glücklicher sein.

Das Programm: Ich bat Cindy, eine Woche lang ihre Gedanken zu notieren. Ich schlug vor, sie könnte sich zu jeder vollen Stunde ein oder zwei Minuten nehmen, um die Kinoleinwand-Übung aus Schritt 3 (Übung #1) auszuführen. Als wir uns eine Woche später Ihr Angstfrei-Notizbuch ansahen, war es leicht zu erkennen, dass Cindys Gedanken, während der Tag voranschritt, zunehmend negativer wurden. Dies waren einige ihrer Gedanken:

- Wie werde ich rechtzeitig zur Schule kommen, um die Kids abzuholen?

- Meine Kolleg(inn)en werden denken, dass ich wieder bummele.

- Verdammt, ich muss das Abendessen machen und habe keine Ahnung, was ich kochen soll.

Ich erfuhr, dass Cindy frühzeitiger am Arbeitsplatz erschien als die meisten ihrer Kolleg(inn)en, damit sie vorzeitig gehen und mit den Kindern nach Schulschluss zu Hause sein konnte. Ihr Abteilungsleiter wusste von diesem Zeitplan und billigte ihn, aber mehrere von Cindys Kolleg(inn)en wussten nichts davon. Aufgrund dessen nahm Cindy an, ihre Kolleg(inn)en dächten, sie sei eine Bummelantin. »Sie kriegen wahrscheinlich nicht mit, wie früh ich am Arbeitsplatz erscheine«, sagte Cindy. »Sie denken wahrscheinlich, dass ich nie volle acht Stunden arbeite.«

Cindy war sich dieses gesamten Denkens nicht bewusst gewesen. Sie wusste noch nicht einmal, dass sie diese Gedanken über ihre Mitarbeiter(inn)en hatte! Sie spielten einfach nur im Hintergrund – in ihrem Unbewussten –, fast wie eine Subliminal-Kassette*.

Und diese Gedanken führten zu Beklemmung, Beunruhigung und Frustration. Diese Gefühle veranlassten sie, ihre Muskeln anzuspannen, was Kopfschmerzen sowie Nacken- und Rückenschmerzen verursachte, die während der letzten paar Stunden ihres Arbeitstages einsetzten. Cindy arbeitete dann daran, ihr negatives Denken zu reframen (Schritt 3), ihre Muskeln zu entspannen (Schritt 4) und auch gegenüber ihren Mitarbeiter(inn)en mehr Durchsetzungsvermögen zu zeigen (Schritt 5).

Das Ergebnis: Cindys Nacken- und Rückenschmerzen ließen nach, und sie war in der Lage, damit aufzuhören, Schmerzmittel zu nehmen.

---

* D. h. eine Audiokassette mit subliminalen (= »unterschwelligen«, d. h. die Schwelle des Bewusstseins und damit die der bewussten Wahrnehmung nicht überschreitenden, ans Unbewusste gerichteten) Botschaften. Die Unterschwelligkeit von Reizen ist eine psychologische Tatsache; die sogenannten »subliminalen Botschaften« bzw. deren medientechnische Anwendung/Verwertung in Politik, Werbung und Selbsthilfe-Programmen sind hingegen umstritten bzw. fragwürdig oder auch höchst zweifelhaft.

Kapitel 10

Schritt 5:
Leben Sie Ihren Traum

In den vorangegangenen vier Schritten überwanden Sie die mentalen Hindernisse, die Sie bis jetzt festgefahren haben bleiben lassen und davon abgehalten haben, Schritte auf Ihr Ziel hin zu machen. Es ist meine Hoffnung, dass Sie an diesem Punkt im Plan bereits ein Gefühl von Freiheit, Hoffnung und Begeisterung für noch kommende Möglichkeiten verspüren.

In diesem abschließenden Schritt des Programms werde ich Ihnen helfen, einige der physisch-materiellen Hindernisse zu überwinden, die zwischen Ihnen und Ihrem Traum stehen. Zum Verständnis, worum es sich bei diesen physisch-materiellen Hindernissen handelt, möchte ich, dass Sie sich zwei verschiedene Szenarien vorstellen.

Stellen Sie sich in Szenario #1 vor, dass Sie einen Brief mit der Post bekommen. Er ist von der NASA. In ihm steht: »Sie haben eine Chance gewonnen, zum Mond zu fliegen!« Sie erfahren, dass die NASA Sie im Rahmen eines Public-Relations-Stunts aus Millionen anderer Amerikaner stichprobenartig ausgewählt hat. Es ist die einmalige Gelegenheit im Leben. Sie wollten immer schon in einem Raumschiff fahren. Jetzt ist Ihre Chance! Am Ende des Briefs springt Ihnen jedoch ein fett gedruckter Satz ins Auge. Er lautet: »Die Rakete hebt heute in zwei Wochen ab.«

Wie fühlen Sie sich? Ich weiß nichts von Ihnen, aber wenn ich einen Brief wie diesen läse, würde ich mich zu Tode ängstigen. Ich bezweifle, dass ich die Gelegenheit annehmen würde. Ich würde kneifen!

Stellen wir uns jetzt Szenario #2 vor. Sie bekommen den gleichen Brief. Nur teilt Ihnen die NASA dieses Mal mit, dass die Weltraummission nicht vor mindestens einem Jahr erfolgen wird. Was das nächste Jahr angeht, verspricht Ihnen die NASA, Sie in Weltraumflug auszubilden. Sie werden die Raumfahrtschule besuchen, alles, was es gibt, über Raketenreparatur und Raketenflug lernen und in verschiedenen Simulatoren fahren/fliegen. Spätestens am Flugtag werden Sie dann wissen, was zu tun ist, was zu erwarten ist und wie man auftretende Notfälle bewältigt.

Wie fühlen Sie sich jetzt? Ein wenig beängstigt, aber auch ein bisschen begeistert?

Mir geht's genauso.

Ich erwähne diese zwei Szenarien, weil die meisten Leute mit der Erwartung von sich durchs Leben gehen, imstande zu sein, mit Szenario #1 fertig zu werden. Sie denken, dass sie imstande sein sollten, den Mut zu finden, beispielsweise null Beängstigung beim Ausbringen eines Toasts auf einer Hochzeit zu verspüren, trotz der Tatsache, dass sie noch nie zuvor einen Toast ausgebracht oder eine Rede gehalten oder einen diesbezüglichen Kurs gemacht haben. Oder sie denken, dass es ihnen leichtfallen sollte anzufangen, ein Buch zu schreiben, obwohl sie seit der zwölften Klasse nichts Längeres als einen Book Report* geschrie-

---

* Wörtl.: »Buch-Bericht« – ein eigenständiges (inhaltliches, interpretatorisches und persönlich beurteilendes) Referat von ein bis etwa zehn Seiten Umfang über einen literarischen Text, im Schulfach Englisch (an der Highschool).

ben haben. Sie verstehen nicht, warum sie fortwährend »ein Buch schreiben« auf ihre To-do-Liste setzen, aber es nie tatsächlich schreiben. Oder sie verstehen nicht, warum sie nervös werden bei der Aussicht, dass dreißig Personen zu einer aufwendigen Dinnerparty zu ihnen nach Hause kommen, wo sie doch normalerweise nur einfache Mahlzeiten für ihre eigene Familie zubereiten.

Und wenn ihnen der Mut fehlt, solche Meisterleistungen zu versuchen, geißeln sie sich und sagen Dinge wie: »Ist ja unglaublich, dass ich so eine Nulpe bin«, »Ist ja unglaublich, dass ich eine Xanax nehmen musste, bevor ich das tat« und: »Ich verstehe nicht, warum ich die Dinge andauernd aufschiebe.«

Was sie sich nicht bewusst machen, ist, dass die *meisten* Leute nicht den Mut haben, sich mit den #1er-Szenarien im Leben auseinanderzusetzen. Wenn wir Leute mutige Meisterleistungen vollbringen sehen, liegt das normalerweise daran, dass ebendiese Leute Meisterleistungen vollbringen, die – für sie jedenfalls – viel mehr Ähnlichkeit mit Szenario #2 haben.

Mein Bruder beispielsweise ist, wie ich schon erwähnte, Polizeibeamter in Washington, D.C. Im Juni 2004, als Ronald Reagans Leichnam im Kapitol öffentlich aufgebahrt war, kamen Tausende Menschen – von der breiten Bevölkerung bis hin zu Würdenträgern aus aller Welt –, um dem ehemaligen Präsidenten die letzte Ehre zu erweisen. Die Woche hindurch herrschten rege Aktivität und erhöhte Sicherheit.

Mitten in dieser Woche gelangte ein Flugzeug in den beschränkten Luftraum rund um den District of Columbia. Die Leute begannen, in Panik zu geraten. Matthew sagte: »Die Leute liefen in alle Richtungen. Sie dachten, das Flugzeug sei auf direktem Weg in das Weiße Haus oder das Kapitol oder ein anderes wichtiges Regierungsgebäude.« Ich fragte Matthew, ob er verängstigt war. Er erklärte ruhig: »Nein, überhaupt nicht. Ich bin ausgebildet, um in einer Krisensituation Ordnung und Ruhe zu bewahren. Ich bin in solchen Vorgehensweisen trainiert worden und weiß genau, was in dieser Art Situation zu tun ist. Wenn ich ruhig und gesammelt bleibe, überträgt sich das auf die Leute um mich herum.«

Für sämtliche der in Panik geratenen Leute war das ein Szenario #1. Sie hatten sich nie mit einem in beschränktem Luftraum fliegenden Flugzeug befasst. Die Vorstellung davon erfüllte sie mit Ungewissheit und Angst. *Und was, wenn es ein Terrorist ist? Was soll ich denn machen, wenn es ein Terrorist ist? Wo will ich denn hin, wenn es ein Terroranschlag ist?*

Matthew hingegen wusste genau, was zu tun war. Er war zwar wahrscheinlich beunruhigt, aber er war nicht verunsichert. Er hatte für diesen Tag trainiert. Folglich war er nicht in Panik. Er war ruhig. Für ihn war das ein Szenario #2.

Gleichermaßen erzählen mir frischgebackene Eltern, dass es angsterregend war, als sie ihr Neugeborenes zum ersten Mal in einen Autokindersitz setzten. Das kommt daher, weil sie diese Fertigkeit nicht geübt hatten, bevor sie ein Neugeborenes bekamen. Sie hatten diesbezüglich keine Kurse gemacht, keine Bücher gelesen oder sich noch nicht einmal YouTube-Videos über das Thema angesehen. Es war ein Szenario #1.

Was ich sagen will, ist, dass Angst aufsteigt, wenn wir etwas zu tun versuchen, das wir noch nie zuvor getan haben, und insbesondere wenn wir versuchen, es zu tun, ohne zuerst darüber zu lesen oder etwas darüber zu lernen. In diesem abschließenden Schritt des Plans werden Sie ergreifen, was jetzt ein Szenario #1 für Sie ist, und werden es in ein Szenario #2 verwandeln. Auf diese Weise werden Sie Ungewissheit in Gewissheit, Ihre Angst in die Angstfreiheit und das Unmögliche in das Mögliche verwandeln, sodass Sie fortfahren und Ihre Träume erreichen und noch darüber hinausgelangen können.

Verändern Sie Ihr Leben in zwei Wochen!

Schritt 5 umfasst zwei Übungen. Für die eine werden Sie nicht sehr lange brauchen. Die andere wird Zeit beanspruchen, während/da Sie Ihre gesamte harte Arbeit in die Praxis umsetzen. Je nach dem Ziel, das Sie sich gesetzt haben, erreichen Sie dieses möglicherweise sehr schnell – schon in Tagen oder Wochen, von heute an gerechnet. Wenn es ein komplexer Traum ist (wie etwa ein Berufswechsel), wird es länger dauern. Sehen Sie für diesen Schritt eine Menge Platz in Ihrem Angstfrei-Notizbuch vor.

☐ *Übung #1:* Entwickeln Sie Ihren Angstfrei-Aktionsplan. Verwenden Sie zur Orientierung die Musteraktionspläne im Bonus-Abschnitt am Ende dieses Buches.
Geschätzte Zeit: 30–45 Minuten.

☐ *Übung #2:* Beginnen Sie Ihren Plan und modifizieren Sie ihn im Lauf der Zeit bei Bedarf.
Geschätzte Zeit: 2 Wochen und mehr.

Übung #1:
Gestalten Sie Ihren *Angstfrei*-Aktionsplan

Bis jetzt haben Sie Angstfreiheit wahrscheinlich als einen schwer erreichbaren geistigen Zustand betrachtet – einen Zustand, den manche Leute haben und andere nicht.

Ich möchte, dass Sie Angstfreiheit stattdessen als einen Muskel betrachten, einen, der bei Vernachlässigung schwächer und bei Übung und Ertüchtigung stärker wird.

Ihr Angstfrei-Aktionsplan wird Ihnen helfen, diesen Muskel zu trainieren und eben durch Übung zu stärken. Dieser Plan ist nicht viel anders als ein Fitnessplan. Beispielsweise befolgen die meisten Läufer (die geistig gesunden jedenfalls) einen Trainingsplan, um für einen Marathon in Form zu kommen. Sie wachen nicht eines Tages auf und sagen: »Ich werde 42,2 Kilometer laufen«, ohne für diese Laufdistanz trainiert zu haben. Nein, sie fangen zunächst mit einer Distanz an, die sie bewältigen können, und sie fügen mit der Zeit allmählich Kilometer hinzu, bis sie schließlich in Form sind, die vollen 42,2 zu laufen. Auf diese Weise bauen sie langsam und stetig die Stärke und Ausdauer auf, die sie brauchen, um die Distanz zu laufen.

Sie werden einen ähnlichen Plan befolgen, der Ihnen helfen wird, in Form zu kommen – geistig und körperlich –, um Ihr Endziel in Angriff zu nehmen und das Leben zu gestalten, das Sie verdienen. Das ist der krönende Abschluss all der Arbeit, die Sie bis jetzt geleistet haben. Ich habe mehrere Tipps bereitgestellt, die Ihnen helfen werden, Ihren Plan zu entwickeln. Im Bonus-Abschnitt am Ende dieses Buchs werden Sie außerdem mehrere *Angstfrei*-Muster-Aktionspläne finden, die Sie zur Orientierung und gedanklichen Anregung verwenden können. Benutzen Sie die Tipps und Muster-Aktionspläne dazu, Ihren Plan zu entwickeln.

Skizzieren Sie Ihren Plan auf Papier. Wie ich schon sagte, hilft das Niederschreiben, Sie verantwortlich zu machen; es hält Sie organisiert und hilft Ihnen zu erkennen, wo wichtige Teile fehlen und wo es eventuell unnötige Überschneidungen gibt. Planen Sie nicht in Ihrem Kopf. Planen Sie auf Papier – immer.

Denken Sie in kleinen Dimensionen. Meine erste Fernseherfahrung lief nicht so gut, wie ich gehofft hatte, und das lag daran, dass ich zu früh einen zu großen Schritt machte. Ich versuchte, mir das Live-Auftreten so beizubringen, wie früher manche Leute Kindern das Schwimmen beibrachten. Ich warf mich mit fast keiner Vorbereitung hinaus auf die landesweite Bühne. Erst nach dieser eher weniger grandiosen Erfahrung, wurde mir klar, dass ich kleinere, realistischere Schritte machen musste! Ebendann begann ich, öffentliches Reden, Kommunikation und Selbstpräsentation zu lernen, und ebendann begann ich, meinen Text vor einem Spiegel und vor anderen Leuten zu üben.

Denken Sie dagegen an die Geschichte, die ich Ihnen über David erzählte. Denken Sie daran, wie mühelos er Fortschritte zu machen und sich seiner Angst davor, Frauen anzusprechen, zu stellen schien. Stellen Sie sich vor, was womöglich passiert wäre, wenn ich während der ersten Sitzung vorgeschlagen hätte, er solle auf die schönste Frau, die er sähe, zugehen und sie einladen, mit ihm auszugehen. Er wäre in Panik geraten, stimmt's? Und diese Panik hätte seine Meinung bekräftigt, dass er bei Frauen eine Niete sei.

Ebenso ging es Erica: Als sie ihre Angst vor öffentlichem Reden überwinden wollte, erschien sie nicht einfach vorn in einem Saal mit vierhundert Personen, um zu versuchen, dort eine Rede zu halten. Nein, sie begann klein, wobei der erste Schritt ein passiver war – Lesen über öffentliches Reden. Dann übte sie vor einem Spiegel und später vor ihrem Ehemann. Als sie dann tatsächlich Reden hielt, tat sie es vor kleineren Menschenmengen und in Umgebungen, in denen sie sich wohlfühlte. Außerdem fing sie auch mit einfacheren Präsentationen, wie etwa Frage-und-Antwort-Sitzungen, an und rückte allmählich zu komplizierteren Vorträgen vor.

Das Gleiche gilt für Sie. Sie wollen mehrere Miniziele entwickeln, die Sie letztendlich zu Ihrem Endziel bringen werden. Jedes einzelne kleine Miniziel sollte Sie gerade weit genug aus Ihrer Komfortzone hinausbringen, dass Sie sich ein bisschen aufgeregt fühlen, aber nicht so weit aus Ihrer Komfortzone hinaus, dass Sie das Gefühl haben, als ob Sie gleich eine Panikattacke bekommen würden. Sie könnten sich ein wenig unwohl fühlen, und das ist okay. Sie sollten sich jedoch nicht am Rande einer Panik fühlen.

Auf einer Skala von 1 bis 10, auf der 1 »keine große Sache« ist und 10 »Ich bin derartig in Panik, dass ich glaube, ich bekomme einen Herzanfall« ist, sollte sich jedes Miniziel wie eine 2 oder 3 anfühlen. Ist ein Miniziel höher als eine 6, dann haben Sie nicht genügend Miniziele in Ihren Aktionsplan eingearbeitet. Sie haben die Trittsteine zu weit auseinander gesetzt, und wenn Sie versuchen von einem zum nächsten zu hüpfen, werden Sie wahrscheinlich ins Wasser fallen!

Denken Sie über das nach, was überhaupt erst zu Ihrer Angst führte. Denken Sie an vergangene Misserfolge und Herausforderungen. Was können Sie aus ihnen lernen? Was führte zu ihnen? Welches sind einige von Ihnen in Ihren Aktionsplan einarbeitbare Miniaktionen, die Ihnen helfen werden, jene Herausforderungen zu überwinden?

Rechnen Sie mit herausfordernden und schwierigen Zeiten. Wenn Sie dabei sind, eine Sackgassenbeziehung zu verlassen, wird sich ein Teil Ihres Aktionsplans auf das Finden von Möglichkeiten konzentrieren, Ihre Angst vor dem Alleinsein zu überwinden. Vielleicht sollten Sie im Voraus bedenken, wie Sie sich während potenziell problematischer Zeiten fühlen werden. Wann würden Sie wahrscheinlich einen Rückzieher machen wollen? Welche Gefühle werden bei Ihnen zu emotionaler Schwäche führen? Was werden Sie machen, wenn Ihr Jahrestag/Hochzeitstag heranrollt? Was werden Sie über die Feiertage machen? Wie werden Sie sich selbst beschäftigen, sodass Sie nicht versucht sind, rückfällig zu werden und ihre(n) Ex während dieser schwierigen Momente anzurufen? Lassen Sie sich eine Strategie für diese problematischen Zeiten einfallen und planen Sie diese Strategie in Ihren Aktionsplan ein.

Teilen Sie Ihren Plan Ihrem Angstfrei-Unterstützungsteam mit. Besprechen Sie jedes einzelne Miniziel. Wird jedes Miniziel als ein Trittstein zum nächsten dienen? Sind die Steine im richtigen Abstand voneinander platziert? Sollten Sie zusätzliche Miniziele hinzufügen, um Ihren Plan realistischer zu machen und Ihre Erfolgschancen zu verbessern?

Setzen Sie Fristen für jedes einzelne Miniziel an. Das wiederum wird Ihnen helfen, Sie verantwortlich zu machen, und Sie davon abhalten zu kneifen.

Nützliche Hilfsmittel

Nachstehend folgen ein paar Hilfsmittel, Strategien und Techniken, die Sie vielleicht in Ihren Aktionsplan mit einbeziehen sollten.

- **Entspannungstraining.** In Schritt 4 haben Sie einige Entspannungsstrategien kennengelernt. Erwägen Sie, sie in Ihren Aktionsplan mit einzubeziehen. Wenn Sie eine Angst vor öffentlichem Reden haben, könnten Sie Ihre Entspannungsstrategie (wenn möglich) in dem Raum/Saal üben, in dem Sie eine Rede zu halten beabsichtigen. Sie könnten dies mehrere Male tun, bis Sie sich in jenem Raum/Saal behaglich fühlen. Dann könnten Sie sie, kurz bevor Sie die Rede halten, nochmals üben.

- **Visualisierung.** Bevor Sie irgendein großes Ziel oder auch einige Ihrer kleineren in Angriff nehmen, kann es hilfreich sein, darüber nachzudenken und mental zu sehen, wie Sie das tun. Stellen Sie sich vor, wie Sie tun, wovor Sie sich fürchten – und es erfolgreich tun. Falls Sie Angst davor haben, Ihre(n) Chef(in) wegen eines heiklen Arbeitsproblems zu konfrontieren, so stellen Sie sich die Begegnung zuerst vor, und sehen Sie sie gut verlaufen. Stellen Sie sich auch vor, wie Sie verschiedene Herausforderungen mit Anstand bewältigen, und so, dass Sie mit ihnen leben können. Das wird Ihnen helfen, Herausforderungen vorwegzunehmen und in Bezug darauf zu planen.

- **Rollenspiel.** Üben Sie das, wovor Sie Angst haben, vor einem Spiegel, in einem leeren Raum oder mit einem Freund bzw. einer Freundin. Wenn Sie einen Konflikt mit einem Kollegen bzw. einer Kollegin haben, könnten Sie vorzeitig üben, was Sie sagen werden.

- **Belohnungen.** Ziehen Sie in Betracht, sich für kleine Erfolge, die Sie auf Ihrem Weg erzielen, selbst zu belohnen. Das wird Sie motiviert halten. Es wird Ihnen außerdem helfen zu erkennen, wie viele Fortschritte Sie gemacht haben. Es ist leicht, Misserfolge oder das, was Sie bisher noch nicht erreicht haben, in den Mittelpunkt zu stellen und dann in Niedergeschlagenheit zu verfallen. Diese Belohnungen werden Ihnen auch helfen, die vielen positiven Referenzerfahrungen zu festigen, die Sie auf Ihrem Weg machen werden. Hier sind ein paar Belohnungen, die einige meiner Klient(inn)en verwendet haben, wenn sie kleine Siege vollbracht haben: Maniküre oder eine Pediküre, ein Abendessen auswärts, ein Kinofilm, ein toller Urlaub und extra arbeitsfreie Zeit.

- **Recherche.** Wissen ist eines der besten Angst-Gegenmittel, die es gibt. Zum Beispiel wurde vor ein paar Jahren bei meinem Papa Prostatakrebs diagnostiziert. Ich schlug meinen Eltern vor, dass er und Mama alles darüber in Erfahrung bringen sollten, was sie konnten. Ich schlug ihnen sogar ein Buch vor, das sie gemeinsam lesen sollten, bevor sie mit dem Chirurgen zusammentrafen. Sie sagten, sie fänden die Sachkenntnisse hilfreich, und dass sie ihren Stress wegen der Diagnose verringerten.

Übung #2:
Beginnen Sie Ihren *Angstfrei*-Aktionsplan

Sobald Sie den Plan auf Papier haben, ist es Zeit, ihn zu realisieren! Nützen Sie beim Verfolgen Ihres Plans diese Empfehlungen:

Seien Sie flexibel und passen Sie Ihre Ziele den jeweiligen Umständen entsprechend an. Es ist möglich, dass Sie, ganz gleich, wie sorgfältig Sie Ihren *Angstfrei*-Aktionsplan konzipieren, trotzdem ins Wasser fallen werden. Beispielsweise arbeitete ich vor vielen Jahren mit Ed, einem Mann, der eine Sozialphobie hatte. Ich führte ihn zu einem Lebensmittelladen und forderte ihn auf, sich die am wenigsten bedrohlich wirkende Person auszusuchen, die er finden konnte, dann auf diese Person zuzugehen und nach der Uhrzeit zu fragen. Er entschied sich, auf eine kleine alte Dame zuzugehen. Schließlich sind ja kleine alte Damen ziemlich unbedrohlich.

Na ja, Ed war ein großer Typ, etwa einen Meter fünfundachtzig groß und 105 Kilo schwer. Außerdem war er Afroamerikaner. Was ich nicht im Voraus bedacht hatte, als ich ihn bat, diese Übung auszuführen, war die vorurteilsbedingte Angst, die manche Leute vor afroamerikanischen Männern, vor allem großen Männern wie Ed, haben.

Also fragte Ed diese kleine alte Dame nach der Uhrzeit. Sie drehte sich auf dem Absatz um und ging schnurstracks zum Sicherheitsdienst und meldete denen, dass Ed sie bedrohe. Bevor Ed und ich uns versahen, verhörte uns schon ein Sicherheitsbeamter. Ed sagte: »Ich hab' sie bloß nach der Uhrzeit gefragt.« Schlussendlich kriegten wir das geregelt. Ed erholte sich und fing dann an, seine Phobie zu überwinden, aber die Geschichte zeigt, dass hin und wieder Ihre besten Bemühungen nach hinten losgehen werden. Kein Aktionsplan ist ausfallsicher. Seien Sie bereit, den Ihren bei Bedarf anzupassen.

Falls Sie sich beim Auf- und Hinausschieben ertappen, so arbeiten Sie es durch. Eine häufige Ursache der Aufschieberei sind unrealistische Ziele, von denen man sich im Endeffekt überfordert fühlt. Gehen Sie also zurück und überprüfen Sie jenen *Angstfrei*-Aktionsplan. Liegen Ihre Trittsteine zu weit auseinander?

Eine weitere Ursache der Aufschieberei ist einfaches Zögern. Dies wird dadurch bewirkt, dass man zu viel denkt und zu wenig tut. Im Grunde genommen ist es die Denkzeit, welche die Leute fertigmacht und zu Verzögerung führt. Sie könnten feststellen, dass Sie das auf die gleiche Weise behandeln müssen, wie Sie an einem warmen Tag wahrscheinlich das Hineinspringen in kaltes Wasser behandeln: Sie halten sich die Nase zu und machen eine Arschbombe. Wagen Sie den Sprung. Denken Sie nicht. Tun Sie es einfach nur!

Schließlich könnte es auch helfen, den Stress und die Enttäuschung, festgefahren zu bleiben, gegen das überwältigend gute Gefühl und die ebenso tiefe Befriedigung abzuwägen, die Sie überkommen werden, sobald Sie endlich handeln und tätig werden. Holen Sie Ihr *Angstfrei*-Notizbuch wieder heraus. Ziehen Sie mittig längs durch eine Seite eine Linie. Listen Sie auf der einen Seite des Blatts auf, inwiefern das Leben heute in einer Woche, heute in einem Monat und heute in einem Jahr anders sein wird, sobald Sie zum Handeln schreiten. Listen Sie auf der anderen Seite auf, wie das Leben heute in einer Woche, heute in einem Monat und heute in einem Jahr sein wird, wenn Sie nichts unternehmen.

Welches Ergebnis würden Sie lieber erzielen?

Beziehen Sie Ihr Unterstützungsteam ein. Das ist die entscheidendste Zeit, sie einbezogen zu halten! Teilen Sie ihnen Ihren Angstfrei-Aktionsplan mit. Lassen Sie sie wissen, wie Sie vorankommen. Teilen Sie ihnen bei jedem einzelnen Schritt jeweils mit, wenn Sie im Begriff sind, ihn zu beginnen. Schon allein die Vorstellung zu wissen, dass Ihr Team sie anrufen wird, Ihnen e-mailen wird und Sie persönlich nach Ihren Fortschritten fragen wird, wird Ihnen helfen, den Mut zu finden, weiter voranzuschreiten!

Führen Sie Buch über Ihre Erfolge. Erinnern Sie sich an den Negativitätsbias, den ich früher erwähnte? Lassen Sie ihn nicht Ihr Selbstvertrauen untergraben. Jedes Mal, wenn Sie in Bezug auf Ihren Angstfrei-Aktionsplan einen Rückschlag erleiden, stellen Sie womöglich fest, dass Sie sich zwanghaft damit beschäftigen und gedanklich bei Ihrem Misserfolg verweilen. Deshalb ist es so wichtig, dass Sie sich fortwährend jeden einzelnen Erfolg vor Augen halten, weil diese Erfolge Ihr Selbstvertrauen nähren werden. Haken Sie es jedes Mal in Ihrem Angstfrei-Notizbuch ab, wenn Sie in Bezug auf Ihren Plan vorankommen, und schreiben Sie sich ein paar Stichworte auf, inwiefern die betreffende Erfahrung positiv für Sie war. Sehen Sie sich dann, falls Sie jemals eine Selbstvertrauenskrise durchmachen, wieder jene Notizen durch, um sich zu vergegenwärtigen, wie weit Sie schon gekommen sind.

Gehen Sie jetzt nach da draußen und leben Sie!

Jetzt wissen Sie alles, was Sie wissen müssen, um jenen Traum zu realisieren. Niemand hält Sie zurück. Nichts steht Ihnen im Weg. Sie können das vollbringen. Sie können es wirklich! Für weitere Anregung und Hilfe besuchen Sie mich bitte gern auf JonathanAlpert.com.

Es ist so weit. Der Rest Ihres Lebens wartet. Gehen Sie nach da draußen und leben Sie es.

Angstfrei-*Komplettveränderung*

Als er achtzehn war, wurde bei Mike Leukämie diagnostiziert, und er machte äußerst strapaziöse Behandlungen durch, die tägliche Dosen Chemotherapie umfassten. Anfangs war seine Prognose düster. Einmal hatte Mikes Arzt sogar gesagt: »Ich bin mir nicht so sicher, ob Sie dieses Krankenhaus je verlassen werden.« Aber er starb nicht. Nach monatelanger qualvoller Behandlung besiegte Mike den Krebs!

Aber jetzt, mit dreiundzwanzig Jahren, lebte er so, als ob er auf der Flucht wäre, immer den Blick über die Schulter rückwärts gewandt. Er sorgte sich: »Wird der Krebs zurückkommen? Werde ich wieder krank werden? Was ist, wenn der Krebs nicht wirklich weg ist? Was ist, wenn die Tests danebenliegen? Was ist, wenn ich eben jetzt Krebs habe und es nur nicht weiß? Wie viel Zeit habe ich wirklich? Ob es wohl alles zu Ende gehen würde?«

Infolgedessen nahm er Unterricht an einem Junior College, aber nichts davon begeisterte ihn. Er arbeitete in einem Restaurant, aber er machte den Job bestimmt nicht leidenschaftlich gern. Er lebte zu Hause, und sein Sozial- und Datingleben war fast nicht vorhanden. Mike war deprimiert und ziellos. Sein Leben war eintönig und routinemäßig. Er hatte Angst davor, sich für irgendetwas zu stark zu interessieren, weil er sich sorgte, dass er es verlieren würde. Er lebte nicht wirklich. Er kam bloß über die Runden.

Das Ziel: Mike wollte das Leben täglich in seiner größten Fülle leben. Er wollte etwas tun, das er leidenschaftlich gern tat, und seiner Zukunft mit Optimismus und Zuversicht entgegensehen.

Der Gewinn: Mike würde sein Leben zurückbekommen, sich souverän, Herr seiner Lage fühlen und Zufriedenheit und Glück finden.

Das Programm: In den Sitzungen half ich Mike, seine Gedanken und Überzeugungen zu verstehen. Jedes Mal, wenn er sich schwach fühlte, ließ ich ihn seine Stärken aufschreiben (Schritt 2). Jedes Mal, wenn er negativ dachte oder seine Zweifel hatte, verwies ich ihn auf die Tatsachen seines medizinischen Status (Schritt 3) zurück. Immer wenn er sich verloren und ziellos fühlte, erinnerte ich ihn daran, was für ein bemerkenswerter junger Mann er sei, und an die großen Widrigkeiten, über die er sich bereits hinweggesetzt habe.

Ich sagte ihm, dass alles möglich sei, sogar das Unmögliche. Er habe das bereits bewiesen, einfach indem er den Krebs besiegte. Schließlich war es Mike ja nicht fremd, den Widrigkeiten zu trotzen.

Mikes Stimmung fing an, sich zu verbessern. Er fühlte sich stark und war in der Lage, darüber zu reflektieren, wie weit er in nur dreiundzwanzig Jahren im Leben gekommen war. Später dann erkannte er, dass er eine Gabe besaß. Seine Geschichte war eine der Hoffnung und Inspiration. Immer wenn er über seine bemerkenswerte Reise redete, änderte sich seine Stimmung dramatisch. Seine Augen öffneten sich weit und leuchteten auf. Ich glaubte wirklich, dass er eine Gabe besaß.

»Sie könnten wahrscheinlich vielen Leuten helfen«, sagte ich ihm.

Er schien von dieser Aussicht begeistert zu sein. Verschwunden war der apathische Mike, dem ich zuerst begegnet war. An seiner Stelle war ein leidenschaftlicher junger Mann, der etwas bewegen wollte und der das, was vormals eine Einschränkung gewesen war, in eine Stärke verwandeln wollte. Ich forderte ihn dazu auf, genau das zu tun (Schritt 5).

Das Ergebnis: Mike ist gesund und ambitioniert. Er hat Medieninterviews gegeben, um das Bewusstsein und die Unterstützung für Krebspatient(inn)en erhöhen zu helfen, und er setzt sich hohe Ziele. Er plant, mit seinem Rad von Kalifornien nach New York zu fahren, um Geld für Krebsprogramme beschaffen zu helfen. Kürzlich schrieb ich ihm eine E-Mail, um ihn zu fragen, wie denn alles liefe. Er schrieb Folgendes zurück:

»Ich bin ein angstfreier, motivierter und leidenschaftlicher Fürsprecher für Krebspatient(inn)en geworden. Tagtäglich nach dem Aufwachen versuche ich auszuknobeln, wie ich meinen Erfolg und meine Erfahrung für andere um mich herum rüberbringen kann. Ich habe vor, auf meiner Radreise unterwegs bei verschiedenen Krebskrankenhäusern haltzumachen, um derzeitige Krebspatienten zu besuchen. Mir geht es darum, diese Patienten dazu zu motivieren, für ihre Träume zu leben und alles nur irgend Erforderliche zu tun, um zu überleben.«

Kapitel 11

Werden Sie angstfrei auf Lebenszeit

Während meiner letzten Sitzung mit Klient(inn)en sehe ich oft nochmals Notizen aus unserer ersten gemeinsamen Sitzung durch. Das gibt ihnen Gelegenheit, darüber zu nachzudenken, wie weit sie doch gekommen sind. Meine Klient(inn)en sind oft erstaunt darüber, wie anders sie am Ende der Therapie sind, als sie an deren Anfang waren. Häufig rufen sie aus: »Ich kann nicht fassen, dass ich dermaßen feststeckte«, »Ich kann nicht fassen, dass ich damals so negativ war« und: »Ich hätte mir nie träumen lassen, dass das für mich je möglich sein könnte.«

Und immer wieder mal kommt es eben während dieser abschließenden Erörterung dazu, dass ein(e) Klient(in) mir sagt: »Wissen Sie, ich war überzeugt, dass ich ein hoffnungsloser Fall war. Selbst als Sie so zuversichtlich zu sein schienen, dass Sie mir würden helfen können, war ich mir total sicher, dass ich eine Ausnahme von der Regel war. Ich glaubte, dass ich die eine Person sein würde, die zu verkorkst war, als dass Sie ihr hätten helfen können.«

Diese mentale Empfindung ist in Wirklichkeit viel weiter verbreitet, als Sie es je für möglich halten würden. Sie ist eine weit verbreitete Befürchtung, eine, die von dem Negativitätsbias herrührt, über den wir die ganzen Seiten dieses Buchs hindurch so viel gesprochen haben.

Vielleicht empfanden sogar Sie selbst es so. Vielleicht zweifelten Sie an sich selbst, als Sie dieses Buch zum ersten Mal in die Hand nahmen. Aber sehen Sie sich an, wo Sie jetzt sind. Sehen Sie sich an, wie weit Sie gekommen sind!

Ich hoffe, dass Sie jetzt die Kraft dessen verspüren, was möglich ist. Sie haben gerade etwas Erstaunliches vollbracht. Sie haben einen Traum verwirklicht – einen, von dem Sie nicht dachten, dass Sie ihn je würden realisieren können. Ich hoffe, Sie fühlen sich großartig aufgrund dessen, was Sie erreicht haben.

Im Verlauf dieses Programms haben Sie nicht nur ein wichtiges Ziel erreicht, Sie haben sich auch viele lebensverändernde Lehren selbst bewiesen. Es sind die folgenden:

- Jeder verspürt Angst. Die Empfindung von Angst ist keine Entschuldigung dafür zu vermeiden, was Sie im Leben wirklich wollen.

- Sie sind zu mehr fähig, als Sie sich je hätten träumen lassen.

- Nichts steht zwischen Ihnen und dem Leben, das Sie wirklich wollen, außer einem: Sie.

- Abgewiesen/abgelehnt zu werden macht Sie nicht zu einem/einer Ausgemusterten. Bei irgendetwas zu versagen macht Sie nicht zu einem/einer Versager(in). Zu verlieren macht Sie nicht zu einem/einer Verlierer(in). Es ist besser, abgewiesen/abgelehnt zu werden, zu versagen und zu verlieren, als festgefahren zu bleiben und nicht zu versuchen, Ihr Leben zu verändern.

- Wenn Sie zurückweichen, wird die Angst stärker. Wenn Sie sich ihr stellen, schwächt sich die Angst ab.

- Angst ist kein Grund, aufzuhören, festgefahren zu bleiben oder zu vermeiden, was Sie wollen. Sie ist ein Wink, es zu erreichen!

- Sie sind größer und stärker als Ihre Angst.

- Sie können Ihre Angstreaktion kontrollieren, und Sie können sie in eine Stärke verwandeln.

- Was Sie vormals für unmöglich hielten, ist in Wirklichkeit möglich.

Wie fühlt sich das an, angstfrei zu sein? Ich hoffe, Sie fühlen sich eben jetzt ganz obenauf. Nehmen Sie sich einen Moment Zeit, um dieses Gefühl der Bewältigung zu genießen.

Aber hören Sie hier nicht auf.

Sie mögen dieses Buch ursprünglich zur Hand genommen haben, weil Sie daran interessiert waren, ein spezielles angstbezogenes Problem zu überwinden. Vielleicht wollten Sie über eine Angst vor öffentlichem Reden oder eine Angst vor Zurückweisung/Ablehnung hinauskommen. Und das haben Sie geschafft. Das ist fantastisch!

Aber machen Sie weiter. Jetzt, wo Sie *ein* Ziel von Ihrer Traumliste gestrichen haben, ist es Zeit, ein weiteres Ziel zu finden, um daran zu arbeiten. Vergessen Sie nicht: Angstfreiheit ist wie ein Muskel. Je mehr Sie den Muskel gebrauchen, desto stärker wird er. Je weniger Sie ihn gebrauchen, desto schwächer wird er. Wenn Sie hier aufhören, werden Sie sich rückwärtsbewegen. Statt hinsichtlich Ihrer Angstfreiheit kontinuierlich zu wachsen, werden Sie letztlich rückfällig werden und dort enden, wo Sie anfingen. Sicher, Sie werden vielleicht nicht das Ziel verlieren, das Sie zuerst erreichten, aber Sie werden wahrscheinlich bei sich feststellen, dass Sie sich vor Angst wegen etwas anderem lahmgelegt fühlen.

Ich will nicht, dass Ihnen das passiert! Ich will nicht, dass Sie sich in Ihr altes »Ich« zurückentwickeln. Nein, ich will, dass Sie wie Lisa sind, eine meiner vielen Klient(inn)en, die von angstvoll zu angstfrei gingen. Was folgt, ist ihre erstaunliche Umwandlungsgeschichte.

Lisas Suche nach Angstfreiheit

An einem Sonntagnachmittag im August 2011 bekam ich einen Anruf. Es war Lisa. Sie war ekstatisch und weinte Freudentränen. Sie war so aufgeregt, dass sie Mühe hatte, Worte rauszubringen.

»Ich hab's geschafft! Ich hab's geschafft! Ich hab's geschafft!«, sagte sie atemlos. Sie brauchte nicht noch mehr zu sagen. Ich wusste, was sie geschafft hatte. Sie hatte gerade den New York City Triathlon absolviert. Sie war 1500 Meter im Hudson River geschwommen, 40 Kilometer entlang Manhattans West Side Highway Rad gefahren und eine 10 000-Meter-Distanz gelaufen. Sie hatte allen Grund der Welt, ekstatisch und stolz zu sein.

Sie war voll überschwänglicher Freude und fühlte sich jetzt nahezu unbesiegbar. Doch nur sechs Monate zuvor hatte Lisa ganz schön im Schlamassel gesteckt.

Damals im Februar, als Lisa mich zum ersten Mal aufsuchte, war ihre siebenjährige Ehe in Schwierigkeiten. Ihr Sexualleben war nicht vorhanden. Sie fühlte sich unerfüllt in ihrem Job als Verwaltungsassistentin. Sie hatte regelmäßig Auseinandersetzungen mit ihrem Ehepartner und ihren Mitarbeiter(inne)n. Sie dachte, ihre beiden Kinder, zwei und vier Jahre alt, seien außer Kontrolle. Sie war außer Form, und sie konnte sich nicht vorstellen, was ihre Zukunft bereithielt. Sie war deprimiert und ängstlich. Sie verarztete sich regelmäßig selbst mit Junkfood. Ihr Gesundheitszustand war schlecht, und ihre Stresslevel waren hoch. Sie war unglücklich.

Einfach gesagt: Sie war verängstigt, mit eindeutiger Aussicht auf allgemeine Verschlimmerung.

In Sitzung eins fragte ich Lisa, was ihr am wichtigsten sei. Sie sagte mir, sie wisse es nicht. Das überraschte mich nicht. Lisa war zu jener Zeit ganz auf das fokussiert, was ihrer Meinung nach mit ihrem Leben nicht in Ordnung war: ihre Ehe, ihren Beruf, ihre Gesundheit, ihre Kinder. Sie konnte sich noch nicht einmal ansatzweise ausmalen, wie ein gutes Leben aussehen oder sich anfühlen mochte. Also gab ich ihr ein paar Hausaufgaben, die im Wesentlichen Schritt 1 des *Angstfrei*-Programms ausmachten. Ich bat sie, darüber nachzudenken, wie sie ihr Leben würde haben wollen, wenn sie sich nicht festgefahren und von ihren sämtlichen angeblichen Problemen erdrückt fühlen würde. »Was würden Sie da tun?«, fragte ich. »Wie sähe Ihr Leben aus, wenn Sie glücklich wären?« Ich wollte, dass Lisa sich mental von dem abkoppelte, was sie als entmutigend und unüberwindbar ansah, und aus ihrer Opfermentalität hinausgelangte. Ich wollte, dass sie anfing, über das nachzudenken, was möglich war. Ich wollte, dass sie träumte.

Lisa kam in der darauffolgenden Woche wieder und hatte ihre Hausaufgaben absolviert, aber sie stellte etwas sehr klar heraus: »Ich hab' sie gemacht, aber nur weil Sie mich dazu aufforderten, und ich weiß, dass ich nie imstande sein werde, diese Dinge tatsächlich zu tun.«

Ihre Liste war zwingend. Sie wollte die Kommunikation mit ihrem Mann verbessern und letzten Endes ihre Ehe verbessern. Außerdem wollte sie in Form kommen und einen Beruf haben, den sie liebte.

Ich trieb sie an. »Was im Besonderen können *Sie* tun, um zu Hause eine bessere Kommunikatorin zu sein? Was können *Sie* tun, um in Form zu kommen? Und was ist *Ihr* Traumberuf?«

In der folgenden Woche kam sie mit Antworten herein. »Ich träumte immer davon, einen Marathon zu laufen oder einen Triathlon zu machen. Und was meine Ehe angeht, möchte ich eine gute Zuhörerin sein, möchte ich geduldig sein. Ich möchte mich gut fühlen.«

Lisa war hingebungsvoll. Sie arbeitete hart. Ich wusste, dass sie erfolgreich sein würde, und ich sagte ihr das. In den darauffolgenden Wochen brachte ich ihr bei, mit ihrem Mann besser zu kommunizieren. Ich brachte ihr bei, sich um ihre eigenen Bedürfnisse zu kümmern, sodass sie ihm gegenüber nicht mehr nachtragend und ungehalten wurde. Wir gewannen allmählich an Boden, allmählich an Fahrt. Ich wusste, dass Lisa etwas Gigantisches zum Darauf-Hinarbeiten brauchte. Sie brauchte ein Ziel. Je mehr wir uns unterhielten, desto mehr erfuhr ich über ihre tiefe Leidenschaft für Gesundheit und Fitness. Sie erklärte, dass sie schon immer insgeheim davon geträumt habe, einen Naturkostladen aufzumachen.

»Aber das könnte ich natürlich nie«, sagte sie.

Ich wusste es anders. Ich wusste, dass sie es können würde. Aber ich musste es ihr beweisen.

Das Eröffnen eines Ladens würde eine gigantische Aufgabe sein, aber keine unausführbare. Außerdem wusste ich, dass sie in Form kommen musste, wenn sie für Gesundheitskost werben wollte.

Ich wusste, dass sie ein Ziel brauchte wie etwa ein Rennen oder einen sportlichen Wettbewerb, etwas, das sie befeuern würde zu glauben, dass alles möglich sei. Ich ließ sie etwas auswählen. Da war es: der New York City Triathlon, am 7. August 2011. Ich merkte den Termin in meinem Kalender vor, und sie merkte ihn in dem ihren vor. Sie hatte sechs Monate zur Vorbereitung. Ich wusste, dass auch das keine leichte Aufgabe war. Wir entwickelten einen Plan. Er sah vor, dass sie bei einem Kurs mitmachte, der sich dreimal in der Woche zum Trainieren traf. Er sah auch vor, dass sie mit ihrem Mann redete, um dessen volle Unterstützung zu gewinnen. Ferner musste sie ihren Terminplan regeln, um Zeit für das Training zu schaffen.

Lisa war diszipliniert. Sie stand an mehreren Morgen in der Woche um fünf Uhr auf, um zu laufen, Rad zu fahren oder ins Fitnessstudio zu gehen. Sie machte die Kinder für ihren Tag fertig und kriegte es hin, dann spätestens um neun Uhr selbst zur Arbeit aus dem Haus zu gehen. Sie war völlig fokussiert und engagiert. Sie war nervös, aber auch begeistert. Sie war ergebnisorientiert. Sie war angstfrei!

Zu einer Zeit in ihrem Leben, als so ziemlich alles im Argen lag, forschte sie gründlich in sich nach, nicht nur, um ihre Probleme zu überwinden, sondern auch, um körperlich und seelisch durchzuhalten. Sie erschloss eine Stärke, von der sie nie gewusst hatte, dass sie sie besaß: ihre Fähigkeit, ihren Traum zu definieren, eine Strategie zu entwerfen und es alles in die Tat umzusetzen und durchzuhalten. Der Triathlon gab ihr eine Zielsetzung, ein Gefühl der Bewältigung und Selbstvertrauen. Das war bemerkenswert und wahrscheinlich nicht allzu verschieden von Ihrer eigenen Reise.

Wie man die Angstfreiheit noch steigert

Lisa stellt sich nach wie vor ihren Ängsten, bis zum heutigen Tag, und sie tut dies ohne meine Hilfe. Sie hat sich von einer angstvollen Person zu einer angstfreien entwickelt. Sie steht beispielhaft für das, wovon ich gerne hätte, dass Sie es selbst erreichen.

Ich möchte, dass Sie, wie Lisa, weiterhin Ihren *Angstfrei*-Muskel trainieren. Sie haben gerade *ein* Ziel von Ihrer Liste gestrichen. Jetzt ist es Zeit, ein zweites auszusuchen, und dann ein weiteres, und dann noch eines. Formulieren und erreichen Sie immer wieder Ziele, bis dieses Vorgehen gewohnheitsmäßig für Sie wird. Schließlich werden Sie, anstatt zu denken: *Aber das könnte ich nie,* automatisch denken: *Natürlich kann ich das. Ich kann alles schaffen. Das hab' ich mir häufig selbst bewiesen.*

Verwenden Sie die folgenden Hinweise bzw. Dos & Dont's.

👍 **Tun Sie's:** Gehen Sie zurück zur Traumliste aus Schritt 1. Wählen Sie ein anderes Ziel von der Liste aus, und gehen Sie es an! Schreiten Sie durch das Fünf-Schritte-Programm immer und immer wieder voran, und streichen Sie so immer mehr Ziele von der Liste.

👍 **Tun Sie's:** Fügen Sie mit Verlauf der Zeit neue Ziele zu Ihrer Traumliste hinzu. Bei dem sukzessiven Anwachsen Ihrer

Angstfreiheit werden Sie feststellen, dass Sie auf mehr Ziele für Sie selbst kommen werden. Am Anfang Ihrer *Angstfrei*-Reise könnten Sie bestimmte Ziele außer Acht gelassen haben, weil Sie dachten, dass sie für Sie einfach nicht realisierbar seien. Je mehr Sie durch das Fünf-Schritte-Programm hindurchzirkulieren, desto mehr werden Sie bemerken, dass nichts unerreichbar für Sie ist.

👍 **Tun Sie's:** Schließen Sie sich mir auf Facebook und unter der Adresse www.Facebook.com/JonathanAlpert an. Hier werden Sie Unterstützung, Tipps und eine Gemeinschaft von Leuten finden, die alle zu tun versuchen, was Sie zu tun versuchen: angstfrei zu sein.

👍 **Tun Sie's:** Helfen Sie anderen, angstfrei zu sein. Wenn Sie anderen die Techniken beibringen, trägt das zu deren Festigung in Ihrer eigenen Psyche bei.

👍 **Tun Sie's:** Behalten Sie eine positive Grundhaltung bei.

👍 **Tun Sie's:** Fahren Sie fort, darüber nachzudenken, warum Sie irgendein bestimmtes Ziel erreichen können, sollten und werden.

👍 **Tun Sie's:** Wechseln Sie Ihre Zielsetzung von negativ zu positiv – von Zielen, die auf dem basieren, was Sie nicht wollen, zu Zielen, die auf dem basieren, was Sie durchaus wollen. Vergessen Sie nicht, was ich Ihnen über den Unterschied zwischen Inspiration und Verzweiflung sagte. Verzweiflung mag Sie wohl zum Starten bringen, aber Inspiration wird Sie mit größerer Wahrscheinlichkeit über die ganze Distanz tragen.

Es ist okay, wenn es bei Ihrem ersten Ziel um etwas ging, das Sie in Ihrem Leben nicht haben wollen, wie etwa eine Sackgassenbeziehung, einen nicht erfüllenden Beruf oder ein Angst- bzw. Phobieproblem. Jetzt, wo Sie dieses erste Ziel erreicht und etwas Selbstvertrauen aufgebaut haben, ist es an der Zeit, dass sich Ihre Geisteshaltung, Ihr Mindset, ändert. Das ist ein wichtiger Wandel im Denken, weil es viel erfüllender ist, sich auf ein Positives zuzubewegen, als sich von einem Negativen wegzubewegen. Letztendlich haben Sie die Wahl. Sie können Dinge aus Inspiration oder aus Verzweiflung tun. Aber wenn Sie sie aus Inspiration tun, sind Ihre Ergebnisse gewichtiger und nachhaltiger. Überdies werden Sie den Eindruck haben, dass Ihre Ziele leichter zu erreichen sind. Und Sie werden ein großartigeres Gefühl der Bewältigung bekommen.

👎 **Tun Sie's nicht:** übertrieben selbstsicher werden und annehmen, dass Sie es einfach improvisieren und mit links machen können. Sie mögen zwar später irgendwann dazu imstande sein. Im Augenblick jedoch sind sie noch ein(e) Anfänger(in), wenn es darum geht, sich Ihrer Angst zu stellen. Gebrauchen Sie das Buch und wiederholen Sie die fünf Schritte, bis Ihnen das Angstfreisein leichtzufallen beginnt. Sie werden es wissen, wenn dieser Tag kommt, weil Sie dann erstmals angstfrei handeln werden – ohne darüber nachzudenken.

👎 **Tun Sie's nicht:** unter Gruppendruck einknicken. Anders zu sein könnte bedeuten, dass Sie unbeliebt werden, vor allem bei den Personen in Ihrem Leben, die an Ihr derzeitiges Sie gewöhnt sind. Aber Dinge zu tun, um sich einzufügen, wird bloß mehr vom Gleichen zur Folge haben, und Sie wissen, wohin mehr vom Gleichen Sie geführt hat: zu diesem Buch. Sie wollen Veränderung in Ihrem Leben; sonst hätten Sie dieses Buch nicht zur Hand genommen und nicht begonnen, es zu lesen. Ja, den Mut zu haben, anders zu sein, könnte angsterregend sein, aber es ist nicht tödlich. Vertrauen Sie mir: Ich bin am Einzigartigsein weder gestorben noch auch nur dadurch geschädigt worden. Sie werden es ebenso wenig.

☞ **Tun Sie's nicht:** sich geißeln wegen vertaner Zeit. Und wenn Sie nun zwanzig, dreißig oder noch mehr Jahre in Angst lebend verbracht haben? Ich sage immer gern, dass es drei Jahrzehnte dauern kann, sich auf die Reihe zu kriegen. Denken Sie darüber nach. Die ersten achtzehn Jahre lang gehen Sie zur Schule, und dann gehen Sie vielleicht noch viele Jahre lang aufs College. Dann probieren Sie verschiedene Berufe aus, und ehe Sie sich's versehen, könnten Sie dreißig und in einer Karriere gesettelt sein und endlich anfangen, Ihr Leben zu leben.

Was wichtiger ist: Sie haben sich Ihrer Angst gestellt und sind jetzt angstfrei. Hören Sie auf, in der Vergangenheit zu leben. Begrüßen Sie mit offenen Armen die Gegenwart. Drängen Sie vorwärts.

☞ **Tun Sie's nicht:** sich mit Mittelmäßigkeit zufriedengeben. Wenn das Leben sich nicht gut genug anfühlt, ist es das wahrscheinlich auch nicht. Drängen Sie auf mehr, selbst wenn Sie denken, dass Sie es nicht können oder es vielleicht nicht zu tun bräuchten.

Ihr ultimatives Leben wartet

Wenn meine Klient(inn)en sich dem Ende ihrer Zeit mit mir nähern, erzähle ich ihnen gern diese alte Geschichte über ein riesiges Kreuzfahrtschiff, das mitten im Meer einen Maschinenschaden hat. Hier liegt das Kreuzfahrtschiff antriebslos im Ozean. Es kommt zu einer Massenpanik, da jeder an Bord mit dem Schlimmsten rechnet.

Der Kapitän und seine Mannschaft versuchen alles, um den Motor des Schiffs wieder zum Laufen zu bringen. Nichts funktioniert. Sie werden so verzweifelt, dass sie aufs Geratewohl Passagiere fragen, ob irgendeiner von ihnen weiß, wie man einen Schiffsmotor repariert.

Zum Glück tut das einer von ihnen. Dieser Passagier, ein junger Ingenieur, sieht sich den Motor an. Dann nimmt er einen kleinen Hammer zur Hand und klopft an den Motor. Wie durch ein Wunder beginnt der Motor wieder zu laufen! Alle jubeln hocherfreut und danken dem Mann.

Der Ingenieur reicht dem Schiffskapitän seine Rechnung. Der Kapitän ist perplex.

»Zehntausend Dollar? Sie haben doch nichts weiter getan, als mit einem Hammer an den Motor zu klopfen!«

Der Ingenieur sagt: »Ich kann es nach Posten aufgliedern, wenn Sie möchten.«

Der Kapitän sagt, dass ihm das sehr recht wäre.

Der Ingenieur reicht dann dem Kapitän eine nach Posten aufgegliederte Rechnung. Darauf steht: »$1 für Klopfen an den Motor. $9999 für Wissen, wohin man klopfen muss.«

Ich erzähle Ihnen diese Geschichte aus einem wichtigen

Grund. Bevor Sie dieses Buch lasen, waren Sie wie der Schiffskapitän. Sie wussten, dass Ihr Motor feststeckte, aber Sie wussten nicht, wie man das repariert. Jetzt jedoch sind Sie wie der Ingenieur. Sie haben jetzt besondere Fachkenntnisse, die wenige andere Leute haben. Diese Kenntnisse sind wirkmächtig. Es waren die Kenntnisse, die dem Ingenieur ermöglichten, dieses gigantische Wasserfahrzeug in Bewegung zu setzen. Es sind Kenntnisse, die Ihnen ermöglichen werden, das Gleiche zu tun.

Jetzt wissen Sie, wohin man klopfen muss. Ganz gleich, was Sie zu dem Gefühl veranlasst festzustecken, Sie wissen genau, wie man wieder freikommt. Sie wissen, wie Sie Ihren Angstfrei-Motor am Laufen halten können.

Dieses Wissen ist wirkmächtig. Es lässt Sie das Unmögliche möglich machen.

Leben Sie jeden Augenblick

Ich werde dieses Buch mit einigen Gedanken über die flüchtige Natur des Lebens und darüber, wie kostbar es ist, beenden.

Denken Sie einen Moment lang über das Alter des Universums nach. Es ist schon seit Milliarden Jahren da. Denken Sie dann an die Millionen Jahre, die es dauerte, das zu erschaffen, was wir jetzt als unseren Planeten kennen. Die Rocky Mountains in den westlichen Vereinigten Staaten, nur mal so, sind schon seit 80 Millionen Jahren da! Diese Dauer ist für die meisten unbegreiflich.

Denken Sie jetzt an die Anzahl von Jahren, die ein Mensch durchschnittlich lebt. Es mögen achtzig Jahre oder neunzig sein, oder sogar einhundert, wenn der/die Betreffende Glück hat. Das ist eine lange Zeit, aber wenn Sie sie damit vergleichen, wie lange es dauerte, die Erde, Gebirge und Flüsse zu erschaffen, ist sie bloß ein Wimpernschlag. Aber was für ein Wimpernschlag sie ist!

Sie vergeht schnell. Vergeuden Sie sie nicht. Machen Sie das Beste aus der Zeit, die Sie hier haben. Nur keine Hemmungen! Kämpfen Sie sich voran. Seien Sie Sie selbst.

Hinter deiner Angst liegt deine Kraft

Träumen Sie in großem Stil. Machen Sie das Unmögliche möglich. Leben Sie jeden Augenblick, als ob es Ihr letzter wäre.

Angstfrei-*Komplettveränderung*

Robert war Ende dreißig, Akademiker, gut aussehend und wortgewandt. Er war die Art Typ, den Frauen attraktiv fanden. Was gab es da nicht zu mögen? Infolgedessen kam er in der Dating-Welt ganz gut zurecht. Sein Problem war jedoch, dass er nie mit jemandem über ein paar Dates hinaus ausgegangen war, hauptsächlich weil er sich wegen seiner Etagenwohnung schämte.

Er war finanziell erfolgreich, aber die Mieten in New York City sind extrem hoch, und es kann eine ziemliche Herausforderung sein, eine behagliche Wohnung aufzutreiben, die eine annehmbare Größe hat, selbst für jemanden, der im sechsstelligen Bereich verdient. Seine Wohnung war in schlechtem Zustand. Sie befand sich in einem hochbetagten Altbau. Sie hatte Charakter, aber sie war auch heruntergewohnt. Die Farbe blätterte von den Wänden, und die Dielen kamen heraus. Außerdem marschierten ganz präzise allabendlich die Kakerlaken ein. Er befürchtete, dass jede Frau, die sein Domizil sähe, ihn danach beurteilen würde. Infolgedessen nahm er nie eine Frau mit nach Hause. Es war vielmehr immer so: Er datete jemanden für eine Weile erfolgreich. Die Dinge liefen gut. Selbstverständlich tauchte das Thema auf, zu ihm nach Hause zu gehen. Er redete sich abwehrend heraus. Es kam erneut zur Sprache. Er machte weitere Ausflüchte. Irgendwann fing die Frau dann an zu den-

ken, dass er Bindungsprobleme hätte oder dass er verheiratet sein könnte. Am Ende verlor sie das Interesse, und Robert fühlte sich zurückgewiesen.

Das Ziel: Robert wollte dauerhafte Liebe finden und sich von seiner mittelmäßigen Wohnung nicht den Weg verstellen lassen.

Der Gewinn: Robert würde eine lebenslange Gefährtin bekommen und die Familie gründen können, die er immer gewollt hatte.

Das Programm: Ich sagte Robert: »Wenn eine Frau in Ihre Wohnung kommen will, bedeutet das, dass sie Sie bereits mag. Sie mag wahrscheinlich Ihren Humor, Ihre Liebenswürdigkeit und Ihre Intelligenz. Klar wird sie wohl Ihre Wohnung beachten, aber sie wird nicht Ihren Wert danach beurteilen. Und wenn sie's doch tut, ist das sowieso keine Frau, mit der Sie gehen wollen.« (Schritt 3).

Ich hielt ihm vor Augen, dass das hier New York ist und diese Dinge gang und gäbe sind. In irgendeinem anderen Teil des Landes wäre Roberts Wohnung aus der Norm gefallen, aber in New York war sie einfach nur Durchschnitt, nichts Schlechteres. Ich forderte ihn dazu auf, sich auf die Dinge zu konzentrieren, über die er eine gewisse Kontrolle hatte und die er verändern konnte. Ich ließ ihn eine Bestandsaufnahme von den Dingen in seiner Wohnung machen, die seinem Gefühl nach behoben oder repariert werden mussten. Er listete den Anstrich, die Dielen, das Ungezieferproblem und sogar das Nichtvorhandensein einer Couch, als Sitzgelegenheit für Dates, auf. Ihm wurde klar, dass er zwar nicht das ganze Gebäude aufrüsten konnte, aber doch seine Wohnung ansprechender machen konnte. Er nahm es dann auf sich, die Wände zu streichen, ein paar lecke Leitungsrohre abzudichten und eine Ausziehcouch anzuschaffen. Dann lud er stolz Leute zu sich ein. (Schritt 5)

Das Ergebnis: Ein Date sagte ihm, wie sehr sie seinen Stil und seine Beachtung von Einzelheiten liebe! Schließlich, nach erfolgreichem Dating mit mehreren Personen und nachdem er den Mut hatte, die Dinge über das dritte Rendezvous hinauszuführen, wurde es Robert mit *einer* Frau tatsächlich sehr ernst, und eine Heirat ist wohl sehr wahrscheinlich.

Sonderbonus-Abteilung

Angstfrei-Essentials

In diesem Teil des Buches werden Sie viele *Angstfrei*-Aktionspläne finden, die ich im Lauf der Jahre für meine Klient(inn)en entwickelt habe. Verwenden Sie sie für Einfälle und zur Anregung beim Entwickeln Ihrer eigenen. Außerdem werden Sie mehrere Bonusübungen und -tipps finden, die Sie verwenden können, um verschiedene Herausforderungen zu überwinden, die auftreten könnten, während Sie das Programm durchexerzieren.

Muster-Aktionspläne

Das Ziel:
Eine Frau träumt davon, einen Typen kennenzulernen, der sensibel und lustig ist, nicht schwindelt und keine Angst vor Bindung hat. Sie befürchtet, dass das unmöglich ist, weil sie glaubt, dass alle Typen Mistkerle sind.

Der Plan:
Halten Sie Ihren Negativitätsbias unter Kontrolle. Sie mögen ja mit ein paar Typen gegangen sein, die sich als Mistkerle entpuppten, aber das allein bedeutet nicht, dass alle Typen Mistkerle sind. Machen Sie sich bewusst, dass Sie, sofern Sie weiterhin glauben, sie seien welche, um so länger keinen guten Typen finden werden, der den Kriterien von dem genügt, was Sie *tatsächlich* wollen. Akzeptieren Sie die Vorstellung, dass es mehr loyale und herzensgute Leute gibt, die nach einer Beziehung suchen, als es Mistkerle gibt, die nach Beziehungen suchen. Rein rechnerisch stehen die Chancen gut für Sie.

1. Suchen Sie aktiv nach Beispielen (und halten Sie sich diese lebhaft vor Augen) für Männer, die Ihren Negativitätsbias widerlegen. Das müssen nicht Männer sein, mit denen Sie gehen wollen. Es könnten sogar Familienmitglieder sein.

2. Machen Sie sich bewusst, welches Ihre Ziele, Überzeugungen und Werte in Bezug auf Beziehungen sind. Erstellen Sie eine Liste von dem, wonach Sie suchen. Welche Eigenschaften sind für Sie wichtig? Denken Sie darüber nach, wo Sie sich heute in einem Jahr, heute in zwei Jahren und heute in fünf Jahren sehen. Schreiben Sie auf, was Sie sehen.

3. Listen Sie die Eigenschaften auf, die dieser Mann im Idealfall besitzen würde. Wie wäre seine Persönlichkeit?

4. Machen Sie sich klar, wo es sich lohnt, sich umzusehen. Sie könnten in Bars nach Dates suchen, aber viele von den Leuten dort halten womöglich überhaupt nach keiner Beziehung Ausschau. Sie sind womöglich dort, um einfach nur dem Spiel zuzusehen oder mit ihren Freunden abzuhängen, und nicht, um tatsächlich jemanden kennenzulernen. Online-Dating ist zielorientiert, während Speed-Dating effizient ist. Ziehen Sie auch in Betracht, sich an Aktivitäten zu beteiligen, die Ihnen von Natur aus Spaß machen. Das wird sicherstellen, dass Sie gleichgesinnte Leute treffen/kennenlernen. Es beseitigt auch ängstliche Beklommenheit, die sich häufig bei einem förmlicheren Dating-Szenario oder Dating-Service einstellt.

5. Fangen Sie an, potenzielle Kandidaten zu treffen. Halten Sie beim Dating nach Typen Ausschau, die Ihrer Eigenschaften-Liste genügen. Betrachten Sie sich als eine Arbeitgeberin, die nach dem richtigen Arbeitnehmer für den Job sucht.

❖ ❖ ❖

Das Ziel:
Eine Mutter träumt davon, mehr Zeit für sich selbst zu haben. Sie hält das wegen ihrer beiden Jobs und Kinder für unmöglich.

Der Plan:
1. Denken Sie daran, was möglich ist, nicht, was unmöglich ist.
2. Schreiben Sie eine Liste Ihrer Verpflichtungen – derjenigen, die Sie täglich, derjenigen, die Sie wöchentlich, und derjenigen, die Sie monatlich haben.
3. Überprüfen Sie diese Liste. Müssen Sie tatsächlich alles auf der

Liste erledigen? Oder könnten Sie es fertigbringen, die Verpflichtungen zusammenzulegen oder einzuschränken?

4. Schreiben Sie eine Liste davon, wie Sie gegenwärtig Ihre Zeit verbringen.

5. Gibt es Zeiten, in denen Sie mehrere Tätigkeiten gleichzeitig ausführen können? Können Sie beispielsweise Lesestoff nachholen, Papierkram machen oder Rechnungen bezahlen, während Sie etwa irgendwo auf Ihr Kind warten?

6. Schaffen Sie Aktivitäten für Ihre Kinder, die ihnen erlauben, selbstständig zu agieren und so Zeit für Sie freizumachen.

7. Nehmen Sie je nach dem Alter Ihrer Kinder deren Hilfe in Anspruch. Ihre bestand in jungen Jahren sicher darin, Kissenbezüge zu bügeln und Mülleimer auszuleeren. Unter anderem auf ebendiese Weise lehrten mich Mama und Papa das Verantwortlichsein. Einfache delegierte Aufgaben wie Müllausleeren, Staubsaugen oder Abstauben erleichtern nicht nur Ihre Arbeitslast, sondern werden außerdem Ihren Kindern ein Verantwortungsbewusstsein vermitteln.

8. Seien Sie offen dafür, die Hilfe Ihres Lebensgefährten in Anspruch zu nehmen.

9. Koordinieren Sie Terminpläne mit einer Freundin oder Nachbarin, um dadurch, dass Sie sich das Kinderhüten und Fahrverpflichtungen teilen, etwas von Ihrer Zeit freizumachen.

◆ ◆ ◆

Das Ziel:

Ein Mann will auf der Hochzeit seines besten Freundes einen groß-artigen Toast ausbringen und dabei selbstsicher und vielleicht sogar witzig wirken.

Der Plan:

1. Kommen Sie klar damit, Ihre Erwartungen von sich selbst zurück-zuschrauben. Sie sind kein professioneller Redner, und keiner er-wartet, dass Sie eine blendende Stegreifrede halten. Sie sind zu-allererst ein Freund. Behalten Sie im Hinterkopf, dass Reden, die von Herzen kommen, die bewegendsten und unvergesslichsten sein werden.

2. Schreiben Sie vorzeitig Ihren Toast. Das Schreiben erlaubt Ihnen, Ihre Gedanken zu ordnen, indem es einen Anfang, eine Mitte und ein Ende vorsieht. Denken Sie, was Einfälle und Ideen angeht, an einen Toast, den Sie gehört haben und der bei Ihnen Widerhall fand. Was gefiel Ihnen daran? War er witzig? War er bewegend? Behalten Sie diese Elemente im Hinterkopf, während Sie den Ih-ren schreiben. Denken Sie auch darüber nach, was Sie an der Braut und am Bräutigam als besonders empfinden. Was mögen Sie an ihnen? Teilen Sie etwas Einzigartiges an ihnen mit (natür-lich nur etwas, das akzeptierbar ist).

3. Arbeiten Sie Ihr Material aus. Lesen Sie Ihren Toast laut und stop-pen Sie sich dabei mit der Uhr. Aufmerksamkeitsspannen sind kurz, daher sollte der Toast das auch sein. Begrenzen Sie das, was Sie vorbereiten, auf Material im Umfang von zwei bis drei Minu-ten.

4. Visualisieren Sie sich, wie Sie den Toast ausbringen. Stellen Sie sich die Zuhörenden vor und sehen Sie sich, wie Sie ihn voll Selbstvertrauen sprechen.

5. Üben Sie ihn vorzeitig. Sie können das alleine, vor einem Spiegel oder bei ein oder zwei Freunden machen.

6. Auf der Hochzeit dann: Stellen Sie sich den anderen Gästen vor und erklären Sie, inwiefern Sie die Braut und den Bräutigam kennen. Richten Sie Ihre Worte an das Paar und behalten Sie Augenkontakt. Setzen Sie außerdem Pausen ein, um einen Punkt besonders hervorzuheben und durchzuatmen. Seien Sie herzlich, halten Sie's einfach und haben Sie nicht das Gefühl, Sie müssten ein Stand-up-Komiker sein. Es ist ein freudiger Anlass, also vergessen Sie nicht zu lächeln! Vergessen Sie nicht, Ihr Glas zu heben und alle aufzufordern, gemeinsam mit Ihnen auf das Wohl des Paars (Herrn und Frau X.) zu trinken, und prosten Sie!

Das Ziel:

Ein Bräutigam will mit seiner Braut tanzen, obwohl er große Angst vorm Tanzen hat.

Der Plan:

1. Ändern Sie Ihr Denken. Entgegen dem, was Sie vielleicht denken, sind nicht alle Augen auf Sie gerichtet. Die Leute neigen dazu, der Person, die die Tanzfläche zum Leuchten bringt, mehr zuzusehen, als der Person, die im Tanzen bloß mittelmäßig oder nicht sehr gut ist. Außerdem neigen sie dazu, der Braut viel mehr Beachtung zu schenken als dem Bräutigam.

2. Prüfen Sie Ihre Erwartungen. Sind sie realistisch? Erwarten Sie, wie Patrick Swayze in *Dirty Dancing* zu sein? Ist es realistischer zu erwarten, wie eine Durchschnittsperson zu sein, die kein Schauspieler oder Profitänzer ist?

3. Sehen Sie anderen Tänzern zu, entweder im wirklichen Leben, im

Fernsehen oder auch online. Beachten Sie, wie sie alle es jeweils ein bisschen anders machen. Beachten Sie außerdem, dass es beim Tanzen darum geht, den Rhythmus zu fühlen und sich dazu zu bewegen. Fertig. Es gibt keine richtige oder falsche Art und Weise, das zu tun. Die Art, wie Sie Musik interpretieren, könnte sich von der der nächsten Person unterscheiden. Kommen Sie klar damit, dass Sie ihr Ihren unverwechselbaren Dreh verpassen.

4. Üben Sie, üben Sie, üben Sie. Machen Sie einen Kurs und finden Sie beruhigenden Trost bei Leuten, die gleichfalls Anfänger sind. Üben Sie zu Hause, vielleicht mit einem Freund oder vor einem Spiegel. Sie könnten sogar in Betracht ziehen, mithilfe beliebig vieler tanzthematischer Videospiele zu üben.

5. Tanzen Sie mit Ihrer Braut vor der Hochzeit ein paarmal in kleinem, intimem Rahmen.

6. Fühlen Sie sich dann auf der Hochzeit von den guten Tänzern inspiriert statt eingeschüchtert. Ahmen Sie ihre Bewegungen nach, falls angebracht.

◆ ◆ ◆

Das Ziel:

Eine Frau möchte trotz ökonomisch schlechter Zeiten ihren Traumberuf an Land ziehen.

Der Plan:

1. Definieren Sie Ihren Traumberuf. Seien Sie präzise und konkret. Was würde er beispielsweise mit sich bringen? Würden Sie selbstständig arbeiten oder als Teil eines Teams? Würden Sie reisen oder arbeitsplatzgebunden sein? Wollen Sie etwas, das analytisch ist, oder etwas, das kreativ ist? Sie verstehen schon. Definieren Sie wirklich alle Aspekte dieses Traumberufs und die Qualitäten, die Sie darin suchen.

2. Umgeben Sie sich mit Leuten, die Ihnen helfen können, Ihren Traumberuf zu erreichen. Das sollten Personen sein, die Sie inspirieren, unterstützen und ermutigen. Finden Sie jemanden, der/die Ihnen Orientierung geben und Sie betreuen kann.

3. Erfinden Sie nicht das Rad neu. Fragen Sie andere Leute, wie sie dort hingelangten, wo sie sind. Obwohl Ihr Weg nicht völlig gleich sein wird, könnten Sie aus der Kenntnis, wie andere den ihren geschafft haben, einige wertvolle Hinweise gewinnen.

4. Befragen Sie jemanden, der/die diesen Traumberuf hat. Finden Sie heraus, was der/die Betreffende tat, um den Beruf an Land zu ziehen. Stellen Sie Fragen, die wertvolle Informationen erbringen. Fragen Sie nicht nur, was die betreffende Person an ihrem Beruf liebt und was sie routinemäßig, tagtäglich tut, sondern auch, was sie am herausforderndsten findet, was sie am vordringlichsten daran gerne ändern würde, und danach, ob sie womöglich irgendetwas bereut.

5. Knüpfen Sie einschlägige Kontakte, knüpfen Sie Kontakte, knüpfen Sie Kontakte. Jede Person, die Sie in der Branche kennenlernen, kann Sie potenziell Ihrem Traumberuf näher bringen.

6. Machen Sie ein Praktikum in einem Unternehmen, das Sie bewundern, oder laufen Sie dort mit jemandem mit.

7. Bewerben Sie sich! Selbst wenn ein Unternehmen keine freien Stellen ausschreibt – erkundigen Sie sich dort danach, wo und wie sie Ihre Fertigkeiten vielleicht gebrauchen könnten.

◆ ◆ ◆

Das Ziel:
Eine Frau will in sozialen Settings sie selbst sein, statt einfach nur mit anderen zu harmonieren.

Der Plan:
1. Bevor Sie Sie selbst sein können, müssen Sie wissen, wer Sie sind. Denken Sie über Ihre Überzeugungen, Glaubensvorstellungen, Leidenschaften, Werte und Stärken nach und schreiben Sie sie heraus. Machen Sie sich bewusst, wofür Sie eintreten und was Sie antreibt. Machen Sie sich bewusst, woher Sie kommen und wohin Sie gehen.
2. Werden Sie sich über die Rolle klar, die das Sich-Verstecken-hinter-einer-Maske in Ihrem Leben spielt. Sind Sie schüchtern, ängstlich oder unsicher? Fühlen Sie sich unzulänglich, oder haben Sie Angst davor zu brillieren?
3. Üben Sie, sich zu artikulieren, indem Sie Ihre Gedanken und Gefühle in Ihr Angstfrei-Notizbuch schreiben. Schließen Sie mit ein, wie Sie über sich selbst, über Situationen, die Sie womöglich täglich erleben, und über Personen, denen Sie im Lauf des Tages womöglich begegnen, denken/empfinden.
4. Lernen Sie, sich klar zu artikulieren, indem Sie bei Personen üben, denen Sie vertrauen.
5. Kümmern Sie sich nicht so sehr darum, wie andere Leute Sie wahrnehmen. Je mehr Sie es tun, desto mehr versuchen Sie, ihre Erwartungen zu erfüllen, und desto weniger werden Sie Ihre eigenen erfüllen.
6. Räumen Sie auf mit sozialen Vergleichen. Dies führt nur zu Verbitterung/Groll und bringt Sie davon ab zu sein, wer Sie wirklich sind.

❖ ❖ ❖

Das Ziel:

Eine Mutter möchte ihre Angst davor überwinden, wieder zur Schule zu gehen.

Der Plan:

1. Machen Sie sich bewusst, worum die Angst sich dreht. Dreht sie sich um das Unbekannte? Um Misserfolg? Um Erfolg? Womöglich dreht sie sich um Veränderung und darum, wie Sie die Schule in Ihren Terminplan einfügen werden.

2. Welches auch immer die Angst sein mag: Thematisieren Sie sie. Veränderung ist stressig, auch gute Veränderung wie etwa, wieder zur Schule zu gehen. Das beste Gegenmittel gegen Angst ist, mit dem Stressfaktor vertraut zu werden. Stellen Sie Recherchen über die Schule und das Programm an und machen Sie sich klar, was das mit sich bringen wird. Dadurch werden Sie mehr Gewissheit erlangen und mit dem Unbekannten vertrauter werden.

3. Stellen Sie Ihr Denken um. Denken Sie, statt Ihr Augenmerk auf die noch kommenden wahrgenommenen Negativa und Herausforderungen zu richten, darüber nach, was Sie daraus gewinnen werden, dass Sie wieder zur Schule gehen (einen akademischen Grad, Erwerbsmöglichkeiten, soziale und berufliche Kontakte).

4. Lernen Sie die Schule kennen. Die meisten Fakultäten/Fachbereiche haben Tage der offenen Tür. Betrachten Sie dies als eine Gelegenheit, etwas über das Programm in Erfahrung zu bringen und gleichgesinnte Leute kennenzulernen.

5. Bitten Sie, eine Lehrveranstaltung als Gasthörerin besuchen zu dürfen. Das wird Ihnen eine reale Möglichkeit bieten, sich ein Bild davon zu machen, wie der Unterricht sein wird.

6. Bringen Sie Ihr Angstfrei-Team dazu, Sie zu unterstützen!

◆ ◆ ◆

Das Ziel:

Ein Mann möchte seine Angst davor überwinden, um eine Gehaltszulage zu bitten.

Der Plan:

1. Erstellen Sie eine klare und stringente Liste davon, wie Sie Ihrer Firma Geld eingebracht oder erspart haben. Schreiben Sie Ihre Stärken auf. Warum sind Sie für die Firma von Vorteil?.

2. Stellen Sie Recherchen über das Standardgehalt für Ihre Tätigkeit an.

3. Erwarten Sie Widerstand vonseiten Ihres Chefs und seien Sie sich darüber im Klaren, wie man darauf angemessen reagiert. Vergessen Sie nicht, dass es da zwei entgegengesetzte Ziele gibt: Ihres ist, Geld zu verdienen, seines ist hingegen, Geld zu sparen.

4. Ziehen Sie in Betracht, über etwas anderes zu verhandeln als eine Gehaltserhöhung. Beispielsweise könnten Sie um eine Sondervergütung, zusätzliche Urlaubzeit oder Erstattung von Fortbildungskosten bitten.

5. Visualisieren Sie das Gespräch vorzeitig. Stellen Sie sich vor, wie Ihr Chef reagieren könnte und was Sie sagen könnten.

6. Üben Sie mit einem zuverlässigen Freund.

7. Gehen Sie dann hin und tun Sie's. Seien Sie, wenn alle Stricke reißen, dazu bereit zu fragen, wie Sie eine Gehaltszulage verdienen können.

❖ ❖ ❖

Das Ziel:

Eine Frau möchte ihre Angst davor überwinden, ein neues Auto zu kaufen.

Der Plan:

1. Informieren Sie sich über Autos und machen Sie sich bewusst, was Sie im Hinblick auf ein neues wollen und brauchen.
2. Legen Sie Ihr Budget fest und halten Sie sich daran.
3. Betrachten Sie Ihren Ausflug zum Ausstellungsraum als eine Gelegenheit, den besten Preis zu bekommen.
4. Seien Sie sich bewusst, dass der/die Verkäufer(in) sich an Ihre Emotionen richten wird, indem er/sie Dinge suggeriert wie: »Geländewagen sind besser als Pkws« oder: »Sie werden in einem Cabrio mit Ledersitzen großartig aussehen.«
5. Recherchieren Sie, was der Händler im Vergleich zum Verkaufspreis für das Auto zahlt.
6. Lassen Sie zuerst den/die Verkäufer(in) den Preis vorschlagen.
7. Vergessen Sie nicht: Sie gehen keinerlei Verpflichtungen ein zu kaufen, selbst wenn Sie das Auto ein paar Stunden lang Probe gefahren haben.
8. Richten Sie sich darauf ein, dass Sie ohne Schuldgefühle weggehen.
9. Überschlafen Sie jede Entscheidung, zu kaufen oder nicht zu kaufen, und bewerten Sie sie am Morgen neu.

❖ ❖ ❖

Das Ziel:

Ein Mann möchte seine Angst davor überwinden, für immer arbeitslos zu sein.

Der Plan:

1. Vermeiden Sie spätes Zubettgehen und langes Ausschlafen.
2. Stellen Sie Ihren Wecker und seien Sie bereit, Ihren Tag bis spätestens neun Uhr morgens zu beginnen. Auf diese Weise spiegeln Sie den Tagesablauf der Mainstream-Geschäftswelt wider und bleiben in Verbindung.
3. Seien Sie ein Tatmensch. Ihr neuer Job ist der einer Führungskraft im Marketing, und Sie sind das Produkt.
4. Machen Sie eine Bestandsaufnahme Ihrer Stärken und listen Sie sie auf Papier auf. Achten Sie darauf, dass Sie sich in einem auf den neuesten Stand gebrachten Lebenslauf und Anschreiben widerspiegeln.
5. Stellen Sie eine Liste von zehn oder mehr Ansprechpartnern zusammen; verfassen Sie dann eine an sie zu sendende E-Mail und fügen Sie als Anhang Ihren Lebenslauf bei. Bitten Sie sie, bezüglich etwaiger Stellen/Jobs, von denen sie Kenntnis haben könnten, an Sie zu denken, und außerdem darum, Ihre Informationen an ihre Ansprechpartner weiterzuleiten.
6. Teilen Sie Ihren Tag ein. Beantworten Sie beispielsweise von neun bis zehn Uhr vormittags E-Mails. Sehen Sie von zehn bis elf Jobsites im Online-Stellenmarkt durch. Schicken Sie von elf Uhr bis mittags Lebensläufe raus. Essen Sie zu Mittag von zwölf Uhr bis eins. Sie verstehen schon.
7. Ziehen Sie in Betracht, ehrenamtlich zu arbeiten, und vergessen Sie nicht, sich zu entspannen.

❖ ❖ ❖

Das Ziel:

Eine Frau will, dass ihr Ehegatte im Haus(halt) aushilft.

Der Plan:

1. Kommandieren Sie ihn nicht herum, sondern seien Sie vielmehr freundlich und höflich und behandeln Sie ihn so, wie Sie behandelt werden wollen würden.

2. Stärken Sie ihn innerlich, indem Sie ihn fragen, bei der Erledigung welcher Arbeiten im Haus(halt) er sich am wohlsten fühlt.

3. Definieren Sie »sauber/rein«. Entspricht diese Definition dem Sauberkeitsverständnis Ihres Lebensgefährten? Sind Ihre Erwartungen angemessen bzw. realistisch?

4. Machen Sie ihm Komplimente, sobald er anfängt, Hausarbeiten zu verrichten. Positive Bestärkung wird mehr von dem gleichen Verhalten anregen.

5. Sagen Sie ihm, wie sexy Sie sein Verrichten von Haushaltsarbeit finden. Haushaltsarbeit und Sex werden dann in seinem Kopf miteinander verknüpft sein, und das kann nur helfen.

◆ ◆ ◆

Das Ziel:

Ein Mann möchte seine Angst davor überwinden, Frauen anzusprechen.

Der Plan:

1. Begreifen Sie von diesem Punkt an jede beliebige Situation, die einschließt, dass Sie jemanden ansprechen, als eine Gelegenheit – eine Gelegenheit, jemanden kennenzulernen, von dem Sie begeistert sind. Jeder Anflug von ängstlicher Beklemmung ist bloß die Reaktion Ihres Körpers auf die Gelegenheit. Erinnern Sie sich:

Der einzige Unterschied zwischen Beklemmung/Angst und Aufregung kommt in Ihrem Kopf zustande und darin, wie Sie physiologische Signale deuten.

2. Gehen Sie zu einem öffentlichen Ort wie etwa in ein Lebensmittelgeschäft, einen belebten Park oder eine Straße im Stadtbereich. Beobachten Sie Leute und entspannen Sie sich.

3. Schrauben Sie Ihre Erwartungen zurück und schlagen Sie sich aus dem Kopf, dass Sie die nächste Liebe Ihres Lebens oder auch nur das nächste potenzielle Date kennenlernen werden.

4. Lächeln Sie Leute an, mit denen Sie nie gehen wollen würden, vor allem Leute, zu denen Sie sich nicht körperlich hingezogen fühlen oder die außerhalb Ihrer gewünschten Alterszielgruppe liegen mögen. Nehmen Sie wahr, wie sie reagieren. Lächeln erzeugt normalerweise Lächeln. Es ist ein natürlicher Instinkt zurückzulächeln.

5. Schreiten Sie voran zu einem einfachen »Hallo« oder dem Fragen nach der Uhrzeit oder dem Weg. Es gibt keine Erwartungen, keinen Druck.

6. Schnappen Sie sich eine Parkbank und gehen Sie über jenes Hallo etwas hinaus. Wagen Sie es mit: »Es ist ein wunderschöner Tag hier draußen« oder einem anderen Spruch. Sagen Sie etwas, das eine Reaktion/Erwiderung erfordern oder nicht erfordern mag. Hier geht es darum, dass Sie lernen, bei Small Talk locker und entspannt zu werden. Machen Sie sich keine Gedanken darüber, was die andere Person möglicherweise erwidert oder nicht erwidert.

7. Beginnen Sie jetzt ein Gespräch. Stellen Sie ergebnisoffene Fragen wie etwa: »Wie gefällt Ihnen der Park?«

8. Wählen Sie als Nächstes eine Umgebung, die Gelegenheiten bietet, Leute kennenzulernen. Nein, nicht eine Bar, sondern vielmehr

einen Ort wie etwa einen Buchladen. Denken Sie darüber nach: Ein Buchladen bietet eine Gelegenheit, über jedes Thema unter der Sonne zu sprechen, vom Reisen, Business, Kochen, Sport bis zur Religion, Selbsthilfe und noch vielem mehr. Potenziell wartet dort ein Gespräch über eine Reihe von Themen. Eine andere Möglichkeit ist, etwas zu tun, das Ihnen Spaß macht. Sollten Sie also auf Laufen stehen, dann treten Sie in einen Laufclub ein. Sollten Sie auf Kochen stehen, dann machen Sie einen Kurs.

Das Ziel:

Eine Frau möchte die Angst davor überwinden, mit ihrem Partner zusammenzuziehen.

Der Plan:

1. Schreiben Sie Ihre Motivation heraus. Planen Sie das, um Geld zu sparen und aus Bequemlichkeitsgründen, oder ist es Liebe und der nächste Schritt hin zur Ehe?

2. Machen Sie sich bewusst, dass die Dynamik Ihrer Beziehung sich wahrscheinlich verändern wird, wenn Sie unter demselben Dach wohnen.

3. Entscheiden Sie mit Ihrem Partner, was Sie behalten und was Sie loswerden. Das Festhalten an doppelt vorhandenen Gegenständen wird überflüssigen Krempel produzieren, der potenziell zu Stress führen könnte. Außerdem sendet es eine Botschaft: dass der Umzug/Schritt nur temporär gilt.

4. Suchen Sie gemeinsam nach einer neuen Wohnung, statt in einer Ihrer beiden existierenden Wohnungen zusammenzuziehen. Letzteres könnte irgendwann in Zukunft zu Territorialproblemen führen.

5. Erörtern Sie Erwartungen.

6. Entscheiden Sie vor dem Umzug, wie Sie die häuslichen Pflichten und Arbeiten handhaben. Denken Sie sich einen Plan aus.

7. Einigen Sie sich vorzeitig auf einen Finanzplan. Wie werden Miete, Nebenkosten, Verpflegung/Nahrung und andere Ausgaben abgewickelt werden? Teilen Sie entweder alle Ausgaben genau halbe-halbe auf oder steuern Sie, der Gleichwertigkeit halber, einen anteiligen Prozentsatz Ihrer jeweiligen Gehälter bei.

◆ ◆ ◆

Bonusübungen und Tipps

Bestimmte Ängste und Probleme treten immer und immer wieder bei meinen Klient(inn)en auf. Ich sehe ebendiese Ängste auch in der Gesellschaft ganz allgemein. Was folgt, sind einige spezielle Ratschläge, Tipps und Übungen, die Ihnen bei diesen sehr häufigen Problemen helfen sollen.

Ratschläge für Menschen, die Angst vor Bindung haben:

- Akzeptieren Sie, was Sie nicht kontrollieren können. Vergegenwärtigen Sie sich, dass es, solange es Beziehungen gibt, jene geben wird, die funktionieren, und jene, die das nicht tun. Kontrollieren Sie, was innerhalb Ihrer Kontrolle liegt: was Sie tun können, um Ihre Beziehung stark/tragfähig zu machen.
- Definieren Sie, was eine gesunde Beziehung für Sie bedeutet. Angenommen, Sie würden einen Coffeeshop eröffnen wollen: Würden Sie ihn gemäß demjenigen gestalten, der im Begriff war, seinen Betrieb einzustellen, oder gemäß demjenigen, der florierte? Richten Sie Ihr Augenmerk nicht auf vermurkste Beziehungen, sondern betrachten Sie vielmehr Beziehungen, die funktionieren.
- Wenn Sie sich gerade verehelichen: Gehen Sie hundertprozentig engagiert in die Ehe, ohne die Option der Scheidung. In Beziehungen, die die Zeit überdauern, sind die Paare völlig darauf ausgerichtet, ihre Beziehung aufrechtzuerhalten und das jeweils Nötige zu tun, damit sie funktioniert.
- Machen Sie sich bewusst, dass Unstimmigkeiten und Meinungsverschiedenheiten normal sind. Sie sind keine Anzeichen des En-

des. Betrachten Sie das große Ganze und fragen Sie sich: *Lohnt es sich, die Schlacht zu gewinnen, aber den Krieg zu verlieren?* Akzeptieren Sie, dass es immer bestimmte Züge an Ihrem Partner geben wird, die sich womöglich nie ändern. Sicher, es mag Sie vergrätzen, dass sie den Toast anbrennen lässt – aber ist das letzten Endes wirklich von Bedeutung?

- Stellen Sie das in den Mittelpunkt, was Sie beide bindet, nicht das, was Sie beide trennt. Sie fanden ursprünglich aufgrund von Gemeinsamkeiten zueinander, nicht aufgrund von Verschiedenheiten.

- Nehmen Sie eine Auszeit, wenn es zu Auseinandersetzungen oder Streitereien kommt. Selten werden Probleme in der Hitze des Gefechts gelöst; gehen Sie daher weg und erklären Sie sich bereit zusammenzukommen, wenn die Dinge sich beruhigen. Prüfen Sie Ihre Absicht. Besteht sie darin, die andere Person zu verletzen oder auf einen Kompromiss hinzuarbeiten? Vermeiden Sie absolute Worte wie etwa *immer* oder *nie*, da sie selten zu einem konstruktiven Gespräch führen.

❖ ❖ ❖

Ratschläge für Menschen, die Angst vor Veränderung haben:

- Akzeptieren Sie, dass jeder langfristige Nutzen mit einem Preis verbunden ist. Nämlich mit kurzzeitigem Stress. Das Gute an dieser Art von Stress ist, dass er nicht ewig dauert. Er wird schlussendlich verschwinden.

- Behalten Sie den langfristigen Gewinn im Gedächtnis. Halten Sie sich immer, wenn der Veränderungsstress zu unangenehm wird, jene langfristigen Gewinne vor Augen. Lesen Sie, immer wieder mal erneut, Ihre Gewinnliste.

- Visualisieren Sie einmal am Tag sich selbst: wie Sie tun, was Sie wollen. Verwenden Sie dieses Vorstellungsbild dazu, Ihre Angst vor Veränderung mental zu überlisten.

◆ ◆ ◆

Ratschläge für das Fertigwerden mit dem Sonntagabend-Blues:

- Treten Sie einen Schritt zurück und betrachten Sie das große Ganze. Was beängstigt Sie am Zurückkehren-Müssen zur Arbeit? Basiert es auf der Realität oder auf etwas, das Sie sich einbilden?
- Trennen Sie die Fakten von der Fiktion. Richten Sie Ihr Augenmerk auf das, was innerhalb Ihrer Kontrolle liegt, nicht auf das, was sich ihr entzieht.
- Bereiten Sie sich immer freitags auf den Montag vor. Bereiten Sie sich am Ende jeder Arbeitswoche auf die nächste vor, indem Sie Ihren Arbeitsraum/Werkraum aufräumen, noch unerledigte Kleinigkeiten zu Ende bringen und eine To-do-Liste erstellen.
- Entspannen Sie sich, so viel Sie können. Nehmen Sie sich beim Planen Ihres Wochenendes nicht zu viel vor und lassen Sie keinesfalls stressige Aktivitäten für den Sonntag übrig.
- Planen Sie Ihren Sonntag entsprechend Ihrer Stimmung. Sollten Sie sich an Sonntagen für gewöhnlich deprimiert fühlen, dann planen Sie eine vergnügliche Aktivität wie etwa ein ganz besonderes Abendessen in einem Restaurant oder ein geselliges Abhängen mit Freund(inn)en. Sollten Sie sonntags typischerweise nervös und gereizt sein, dann gönnen Sie sich etwas Entspannendes wie etwa einen Film oder eine Lektüre.
- Gleichen Sie Ihre Schlafrhythmen aus. Wenn Sie unter der Woche morgens um sechs aufstehen, aber an den Wochenenden ausschlafen, dürften Sie, wenn am Sonntag die Schlafenszeit

kommt, noch nicht müde sein. Beschränken Sie sich zum Ausschlafen auf den Samstag. Versuchen Sie am Sonntag nicht zu
weit von Ihrer regulären Weckzeit abzuweichen.

- Hören Sie auf, auf die Uhr zu starren. Drehen Sie Ihren Wecker
vom Bett weg, damit Sie nicht an Ihren heranrückenden Arbeits-
tag erinnert werden. Haben Sie Vertrauen, dass er Sie zur gegebenen Zeit wecken wird.
- Seien Sie dankbar für das, was Sie haben. Identifizieren Sie vor
dem Schlafengehen drei positive Dinge an Ihrer Arbeit oder dem
kommenden Tag. Gleiten Sie in den Schlaf, in Vorfreude auf das,
was Ihnen an Ihrer Arbeit gefällt, statt sich vor dem zu grauen,
was Ihnen nicht gefällt.

◆ ◆ ◆

Ratschläge für Perfektionist(inn)en:

- Machen Sie absichtlich ein paar kleine Fehler. Seien Sie schludrig. Lassen Sie einen Tippfehler stehen. Sehen Sie, dass Sie einen
Fehler machen können, ohne das Ende der Welt heraufzube-
schwören.
- Richten Sie den Blick auf die positiven Eigenschaften von etwas
und auf die Tatsachen. Konzentrieren Sie sich nicht ausschließlich auf die negativen Aspekte oder die wahrgenommenen Män-
gel.
- Setzen Sie reelle Ziele. Die sollten flexibel sein und sich im Lauf
der Zeit verändern.
- Killen Sie dieses dichotome Denken. Akzeptieren Sie, dass es
mehr Optionen gibt als Perfekt und Wertlos. Zielen Sie auf irgendwo in der Mitte.

◆ ◆ ◆

Ratschläge für Ältere, die Angst vor dem Ruhestand haben:

- Bestimmen Sie genau die zugrunde liegende Angst. Denken Sie darüber nach, woher sie kommt. Dreht sie sich darum, ohne regelmäßige Einkünfte über die Runden zu kommen? Dreht sie sich darum, was Sie mit Ihrem Überfluss an Freizeit machen werden? Dreht sie sich darum, wie Sie mit Ihrem Ehepartner (bzw. Ihrer Ehepartnerin) auskommen werden, jetzt, wo Sie mehr voneinander sehen werden?

- Wie stellen Sie sich den Ruhestand vor? Welches sind Ihre Erwartungen? Entwickeln Sie ein Konzept oder eine Idee davon, wie Sie ihn gerne hätten.

- Wenn Sie einen Ehepartner (bzw. eine Ehepartnerin) haben, dann erörtern Sie Ihre Ideen mit ihm (oder ihr), und zeigen Sie sich kompromissbereit. Sehen Sie ein, dass alle Differenzen, die Sie haben mögen, okay sind und gelöst werden können. Und akzeptieren Sie den Gedanken, dass getrennte Zeit okay für beide ist. Sie haben in Ihren jeweiligen Berufen jahrelang getrennte Zeit verbracht, folglich haben Sie bewiesen, dass Sie das schaffen können.

- Vermindern Sie finanzielle Ungewissheit. Treffen Sie sich mit einem Finanzplaner, um zu erörtern, wie sich Finanzen, Ausgaben und Investitionen managen lassen.

- Bleiben Sie aktiv, sowohl körperlich als auch geistig. Das ist enorm wichtig dafür, dass Sie sich gesund erhalten und Ihrem Tag Struktur geben.

- Vergessen Sie nicht: Sie verlieren nicht die Fertigkeiten, das Expertenwissen und die Erfahrung, die Sie im Lauf Ihrer Karriere angesammelt haben. Es gibt einen Platz für sie. Vielleicht besteht er darin, jemanden zu betreuen oder dem/der Betreffenden einfach nur Unterstützung zu bieten.

- Arbeiten Sie ehrenamtlich und mischen Sie mit. Das wird ein Zugehörigkeitsgefühl hervorrufen und dadurch die Leere füllen, die von Ihrem Ruhestandseintritt herrührt.

◆ ◆ ◆

Ratschläge für Menschen, deren Arbeit sie nachts wach hält:
- Richten Sie Ihr Augenmerk auf die Dinge, über die Sie die Kontrolle haben, nicht auf das, was sich ihr entzieht. Richten Sie Ihre Gedanken auf das, was Sie tun können, statt auf das, was Sie nicht (tun) können.
- Erstellen Sie jeden Tag, wenn Sie von der Arbeit nach Hause kommen, eine To-do-Liste für den nächsten Tag. Legen Sie sie mitsamt Ihrer Tasche neben Ihre Haus- oder Wohnungstür. Lassen Sie sie dort.
- Schalten Sie alle mit der Arbeit in Zusammenhang stehenden elektronischen Geräte mindestens eine Stunde vor Schlafenszeit aus. Tun Sie stattdessen etwas Entspannendes wie etwa lesen oder fernsehen. Oder versuchen Sie Progressive Muskelentspannung oder eine andere Entspannungstechnik.
- Denken Sie an drei Dinge aus Ihrem Tag, die Sie im Nachhinein als angenehm und positiv empfinden. Es spielt keine Rolle, für wie geringfügig Sie sie halten. Es könnte ein gutes Gespräch sein, das Sie mit einem Freund bzw. einer Freundin hatten, oder ein schmackhaftes Mittagessen. Denken Sie dann über drei Dinge am nächsten Tag nach, auf die Sie sich freuen.

◆ ◆ ◆

**Ratschläge für das Überwinden der Angst vor der Flughafen-
polizei/Flugsicherheitskontrolle:**

- Haben Sie Verständnis dafür, dass Sicherheitsbedienstete lediglich ihre Arbeit machen. Sie teilen ein gemeinsames Ziel: Sie möglichst sicher und effizient von Punkt A zu Punkt B zu bringen.

- Lassen Sie den Flughafen nicht Ihre Reise definieren. Es handelt sich bloß um eine Art der Beförderung. Personalisieren Sie keinerlei Sicherheitsbemühungen oder -maßnahmen.

- Tun Sie das Ihrige, um einen reibungslosen Durchgang durch die Sicherheitskontrolle zu gewährleisten. Tun Sie genau genommen sämtliche Dinge, die verlangt werden: Halten Sie Ihre Bordkarte und Ihren Ausweis bereit, tragen Sie keinerlei Fremdmetall am Körper, nehmen Sie den Gürtel ab und ziehen Sie die Schuhe aus und seien Sie informiert darüber, welche Gegenstände an Bord gebracht werden dürfen und welche nicht.

- Räumen Sie in Ihrem Terminplan zusätzliche Zeit ein und rechnen Sie mit Verspätungen. Seien Sie sich bewusst, dass Langeweile Aufgeregtheit erzeugt; bringen Sie daher etwas mit, um Ihre Zeit auszufüllen, wie etwa ein Buch, Musik oder Videospiele.

Ratschläge für Menschen, die Angst vor Terrorismus haben:

- Akzeptieren Sie den Gedanken, dass Ungewissheit zum Gewebe unserer Gesellschaft gehört. Wir werden nie wissen, was Terroristen denken oder wo sie das nächste Mal zuschlagen könnten. Richten Sie Ihr Augenmerk auf das, was Sie wissen, statt auf das, was Sie nicht wissen.

- Trennen Sie die Fakten von der Fiktion. Unterteilen Sie ein Blatt Papier in zwei Spalten. Schreiben Sie auf die eine Seite das, wovon Sie wissen, dass es Fakt ist, und schreiben Sie auf die andere, was eher Gerücht und Hype sein könnte. Streichen Sie die zweite Spalte kreuzweise durch und konzentrieren Sie sich ausschließlich auf die Fakten.

- Wählen Sie eine Nachrichtenquelle, der Sie vertrauen, und bleiben Sie dabei. Halten Sie sich fern von Nachrichtenquellen, die sich in Panikmache ergehen.

- Legen Sie ein Nachrichten-Aussetzungsbudget fest. Entscheiden Sie, wie vielen Nachrichten Sie sich aussetzen werden, und teilen Sie dem Nachrichten-Sehen eine begrenzte Zeit zu. Es könnte beispielsweise einfach nur morgens und abends erfolgen. Machen Sie sich bewusst, dass, wenn irgendetwas Wichtigeres passiert, Sie dies rechtzeitig herausfinden werden.

- Erhalten Sie in Ihrem Tag Struktur und Routine aufrecht. Vergessen Sie nicht: Angst rührt zum Teil von Ungewissheit her; tun Sie also das Ihrige, um Ihren Tag vorhersagbar zu machen.

- Hilflosigkeitsgefühle nähren Angst; ergreifen Sie also die Initiative. Ehrenamtlich zu arbeiten oder Soldaten in Übersee Leckereien zu schicken sind zwei Möglichkeiten, wie Sie die Regie übernehmen und jemand Bedürftigem helfen können.

◆ ◆ ◆

Ratschläge für Schwangere, die Angst vor der Mutterschaft haben:

- Sprechen Sie mit Freundinnen und Familienangehörigen, die Kinder haben, um zu erfahren, wie sie es machen. Stellen Sie sämtliche Fragen, die Sie beschäftigen, selbst jene, die zu stellen Sie Angst haben. Fragen Sie beispielsweise: »Hast du jemals das Gefühl, dass du es ungeschehen machen könntest?« und: »Hast du jemals den Wunsch, dass du das Baby zurückgeben könntest?«

- Recherchieren Sie die Ist-Kosten für das Aufziehen eines Kindes und arbeiten Sie dann mit Ihrem Partner einen praktikablen Plan zur Bewältigung der zusätzlichen Ausgaben aus. Sollten Sie zu knapp bei Kasse sein, dann prüfen Sie eine eventuelle Unterstützung durch Freunde und Familienangehörige und eruieren Sie geldsparende Einschnitte in Ihrem gegenwärtigen Lebensstil.

- Trennen Sie Ihre normalen Mami-in-spe-Ängste von jenen, die womöglich irrational sein könnten. Nehmen Sie die letzteren in Augenschein und suchen Sie nach stützenden Irrationalitätsbeweisen. Sollten sich keine finden, dann sondieren Sie alternative Möglichkeiten, die Situation zu betrachten. Beispielsweise ließe sich: »Ich werde nie reisen können, sobald ich ein Kind habe«, ersetzen durch: »Das Reisen ist schwieriger, aber es gibt kinderfreundliche Reiseziele, die ich ermitteln und genießen kann.«

- Teilen Sie Ihre Besorgnisse mit Ihrem Partner, da er durchaus genauso empfinden könnte. Die meisten erstmaligen Eltern verspüren zumindest etwas Beklommenheit und sogar Zweifel. Gehen Sie ihn um Unterstützung an.

Ratschläge für Menschen in Fernbeziehungen:

- Definieren Sie die Beziehung und setzen Sie sich ein Endziel. Sind Sie exklusiv aufeinander beschränkt, oder gehen Sie einfach nur miteinander? Führen Sie ein Gespräch mit Ihrem Lebensgefährten bzw. Ihrer Lebensgefährtin über Ihre jeweiligen Bedürfnisse, darüber, was Sie beide aus der Beziehung gewinnen wollen, und darüber, was sie Ihnen momentan bringt.

- Setzen Sie Zeiten zum Miteinander-Reden fest. Behalten Sie täglichen Kontakt bei, um eine starke emotionale Verbindung zu gewährleisten. Seien Sie einfallsreich, kreativ und sexy und nutzen Sie Skype- und Webcam-Technik. Verlassen Sie sich nach Möglichkeit auf direkte Kommunikation und vermeiden Sie Instant Messaging und Simsen. Bei Verwendung dieser Methoden kommt es allzu leicht zu Fehlinterpretationen.

- Setzen Sie auch Besuche fest. Das gibt Ihnen etwas, worauf Sie sich freuen können, und stellt die Fernbeziehung unter Rahmenbedingungen. Das Wissen, dass Sie beide an bestimmten Wochenenden und Feiertagen einander sehen werden, sollte passablen Trost bieten. Planen Sie gemeinsame Urlaube, um Platz für Neues und Weiterentwicklung in der Beziehung zu schaffen, statt einfach nur den Status quo aufrechtzuerhalten.

- Ahmen Sie bestmöglich nach, Dinge gemeinsam zu tun. Sehen Sie sich beispielsweise gleichzeitig eine Fernsehsendung oder einen Film an und sprechen Sie danach darüber.

◆ ◆ ◆

Ratschläge für Großstädter(innen) mit *Sidewalk Rage*, dem Fußgänger-Aggressivitäts-Syndrom:

- Verändern Sie Ihr Denken. Sie haben eine Vorstellung davon, wie andere Ihrer Meinung nach sein *sollten*: sich rechts halten, in einem bestimmten Tempo gehen, sich ständig fortbewegen. In einer perfekten Welt würden die Leute eine derartige Etikette befolgen. Aber es gibt keine allgemeingültigen Regeln. Die Leute können gehen, wie sie möchten. Akzeptieren Sie diesen Gedanken.

- Betrachten Sie die Dinge nüchtern. Machen Sie sich bewusst, dass der Unterschied zwischen einem gesunden Fußgänger und einem Gehsteig-Wüterich darin besteht, dass der/die Letztere eine negative Auffassung anderer hat, übermäßig sensibel ist, übermäßig verallgemeinert und Dinge maßlos übertreibt oder aufbauscht. Der Wüterich könnte etwa denken: *Ich werd' mich dermaßen verspäten* oder: *Das kotzt mich an.* Wütendes Sichauslassen verfestigt die Gedanken nur und bewirkt, dass sie automatischer auftreten.

- Personalisieren Sie die Dinge nicht. Betrachten Sie, statt zu denken: *Was für ein Idiot ist diese Person, mit ihrem langsamen Gelatsche,* alternative Erklärungen. Ist es möglich, dass er/sie vielleicht sich nicht mehr zurechtfindet oder Sie einfach nicht sieht?

- Sehen Sie den ganzen Gehsteig. Gehen Sie aufrecht mit erhobenem Kopf und blicken Sie geradeaus nach vorn, um eine volle Sicht aller vor Ihnen liegenden Aspekte zu erhalten.

- Halten Sie sich, wenn möglich, von Menschenmassen fern. Behalten Sie im Hinterkopf: Je größer die Population, desto langsamer das Tempo. Benutzen Sie eine weniger begangene alternative Strecke.

- Haben Sie etwas Empathie. Vergessen Sie nicht: Die Leute, die

Sie verwünschen, könnten jeweils jemandes geliebter Mensch sein. Bedenken Sie, wie Sie Ihre Lieben in einer ähnlichen Situation würden behandelt sehen wollen.

◆ ◆ ◆

Ratschläge für Raucher, die aufhören wollen:

- Vergessen Sie die Programme, die Ergebnisse in zwei Tagen garantieren. Es gibt keine Zauberpille, keinen magischen Workshop, nichts dergleichen, das Sie zu sofortigen und dauerhaften Ergebnissen führen wird. Sich eine Sucht abzugewöhnen erfordert Hingabe, Selbstverpflichtung und harte Arbeit – die gleichen Zutaten, die Sie für das Erreichen jedes beliebigen Ziels brauchen.

- Werden Sie mit dem kurzfristigen Stress fertig. Akzeptieren Sie, dass unmittelbar nach dem Aufhören der Hunger zunehmen kann und Sie vielleicht ein bisschen mehr Snacks naschen werden. Außerdem wird Ihr Stoffwechsel (der während des Rauchens steigt) wieder auf eine normale Rate zurückgefahren werden. Das gehört zum Prozess des Aufhörens, aber es ist temporär.

- Halten Sie sich die von Ihnen getroffene Wahl vor Augen. Um die langfristigen Vorteile besserer Gesundheit zu ernten, haben Sie die Wahl getroffen, den vorübergehenden Stress von Entzugserscheinungen und die damit verbundenen zeitweiligen Beschwerden durchzustehen.

- Erstellen Sie eine Gewinnliste. Listen Sie auf ihr sämtliche Gründe auf, weshalb Sie mit dem Rauchen aufhören wollen, wie etwa bessere Gesundheit, das Einsparen von Geld und frischeren Atem. Sehen Sie Ihre Gewinnliste täglich durch.

- Setzen Sie ein Aufhördatum fest. Tragen Sie es auf dem Kalender ein und ziehen Sie Freunde/Freundinnen und Familienangehörige zur Unterstützung und Motivierung heran.

- Beschaffen Sie sich einen Sponsor. Finden Sie jemanden, der/die Sie in der Verantwortung halten und Ihnen bei Bedarf einen Tritt in den Hintern geben kann.

- Werden Sie alle Zigaretten, Zündhölzer, Feuerzeuge und Aschenbecher los. Sie hören auf, also brauchen Sie sie nicht. Und sie in der Nähe zu behalten wird Ihnen nur visuelle Auslöseimpulse geben, die Sie veranlassen, ans Rauchen zu denken.

- Seien Sie sich darüber im Klaren, dass die ersten zwei bis drei Wochen die härtesten sein werden. Denn in dieser Zeit werden Ihre psychischen Entzugserscheinungen am stärksten sein. Halten Sie sich vor Augen, dass diese harte Zeit temporär ist. Sie können Sie durchstehen. Gönnen Sie sich während dieser Zeit Lutscher, Kaugummi, Karotten oder Selleriestangen, um Ihren Mund beschäftigt zu halten und Ihre orale Fixierung zu befriedigen.

- Rechnen Sie mit harten Zeiten. Stressige Situationen können die Wahrscheinlichkeit für einen Rückfall erhöhen; rechnen Sie daher mit ihnen und denken Sie sich einen Plan aus, um Ihren Stress zu bewältigen. Machen Sie sich beispielsweise Unterstützung zunutze oder fangen Sie ein neues Hobby an, das Sie davon ablenkt, ans Rauchen zu denken.

- Entwickeln Sie neue Gewohnheiten. Ersetzen Sie das, was vormals Ihre Zigarettenpause war, durch eine neue Aktivität wie etwa einen flotten Spaziergang oder gesunden Snack. Falls bei Ihnen Rauchen mit Trinken gekoppelt war, so schränken Sie den Alkohol ein und essen Sie Nüsse anstatt zu rauchen. Falls Sie im Anschluss an eine Mahlzeit zu rauchen pflegten, so tun Sie etwas anderes, um diese Gewohnheit zu ersetzen. Stehen Sie beispielsweise vom Tisch auf, spülen Sie Geschirr und putzen Sie sich die Zähne.

- Platzieren Sie in Ihrem Haus bzw. Ihrer Wohnung und Ihrem Büro/Geschäfts-/Arbeitsraum an prominenten Stellen Notizen, die Sie an Ihr Ziel erinnern sollen. Auf ihnen könnte etwas stehen wie: »Ich bin Nichtraucher und fühle mich gesund, clean und stark.«

- Tun Sie das Geld, das Sie normalerweise für Zigaretten ausgeben würden, in ein Einweckglas oder auf eine Bank. Verwenden Sie es, um sich für den Fortschritt zu belohnen, den Sie gemacht haben. Kinofilme, Dinners und Ausgehabende werden Sie motivieren, Ihr neues rauchfreies Leben zu genießen.

❖ ❖ ❖

Ratschläge für Social-Media-Süchtige:

- Machen Sie sich den Unterschied zwischen einem Online-Freund (bzw. einer Online-Freundin) und einem Freund (bzw. einer Freundin) aus dem wirklichen Leben bewusst. Erstellen Sie eine Liste der Vor- und Nachteile eines jeden der beiden.

- Fragen Sie sich nach dem wahren Grund, weshalb Sie online sind. Sollte es Ihnen dabei darum gehen, sich an sozialer Interaktion zu beteiligen, dann nehmen Sie direkten Kontakt auf oder benutzen Sie das Telefon. Fragen Sie sich: *Wenn ich wüsste, dass ich zu diesem (Forums-/Newsgroups-) Beitrag keinen Kommentar bekäme – würde ich ihn trotzdem verfassen?* Falls die Antwort nein lautet: Gehen Sie weg von der Tastatur.

- Nehmen Sie das wirkliche Problem in Angriff. Wenn Sie total gestresst sind, sich ängstigen oder Beziehungsprobleme haben: Holen Sie sich Hilfe für das wirkliche Problem, statt sich online zu vergraben.

- Identifizieren Sie Auslöser. Sind Sie gelangweilt oder einsam? Wenn ja, so erstellen Sie eine Liste alternativer Möglichkeiten, um mit diesen Gefühlen fertigzuwerden.

- Verringern Sie die online verbrachte Zeit. Völlige Abstinenz ist angesichts der außergewöhnlichen Nützlichkeit des Internets unwahrscheinlich; setzen Sie sich also vielmehr annehmbare Ziele. Sollten Sie beispielsweise täglich zehn Stunden online verbringen, so kürzen Sie um zwei Stunden. Schreiben Sie in Ihren Kalender, wann Sie Zeit zur Onlinenutzung einräumen werden. Planen Sie kurze, aber regelmäßige Nutzung, da dies helfen wird, Gelüste und Entzugssymptome auszuschließen.

- Ordnen Sie Ihren Zeitplan neu, um Ihre Routine aufzubrechen. Falls Sie typischerweise morgens als Erstes Ihr E-Mail-Postfach checken, so warten Sie damit bis nach dem Frühstück. Falls Sie gewöhnlich sofort nach der Arbeit online gehen, so tun Sie das nach dem Abendessen.

- Brechen Sie das Muster Ihres Verhaltens auf, indem Sie Dinge, die Sie normalerweise online tun würden, im wirklichen Leben tun. Ersetzen Sie beispielsweise das Senden von Online-Grußkarten durch das Verschicken realer Karten aus dem Laden.

◆ ◆ ◆

Ratschläge für Fitnesssüchtige:

- Untersuchen Sie Ihre Motive. Fragen Sie sich: *Wovor laufe ich davon?* Arbeiten Sie an zugrunde liegenden Depressions-, Angst-, Selbstvertrauens- und Körperselbstbildproblemen.

- Verändern Sie Ihr Denken. Mehr ist nicht unbedingt besser. Trainieren Sie cleverer.

- Haben Sie Spaß und betreiben Sie Fitness in Gruppen. Das vermindert Ihren Drang zur Perfektion.

- Engagieren Sie eine(n) Trainer(in). Arbeiten Sie mit einem Fitnessprofi, der/die Ihnen helfen kann, eine gesunde Ertüchtigungsroutine und realistische Ziele zu entwickeln.

- Balancieren Sie auch den Rest Ihres Lebens aus. Achten Sie darauf, dass Sie Ihre Fitnesssucht nicht in Ihre Arbeit, Ihr Familienleben oder anderswo einschleusen.

- Entwickeln Sie ein Leben außerhalb des Fitness-Studios. Tun Sie in Ihrer Freizeit etwas, das in keinem Zusammenhang mit Fitness steht, wie etwa Filme sehen, lesen oder mit Freund(inn)en abhängen.

❖ ❖ ❖

Danksagung

Hinter jedem Traum und jedem Ziel steht ein Team von Unterstützern. Zu meinen Unterstützern zählten meine Angehörigen, Freunde/Freundinnen, Kollegen/Kolleginnen und verschiedene Lektoren/Lektorinnen und Agent(inn)en. Sie waren immer für mich da. Sie glaubten an mich, und sie waren eifrig engagiert, dieses Projekt wirklich durchzuziehen. Ohne sie wäre *Hinter deiner Angst liegt deine Kraft* nichts weiter als eine Idee.

Ein Dankeschön an meine Lektorin bei Center Street, Kate Hartson, für ihre harte Arbeit mit engem Zeitrahmen. Vielen Dank an das übrige Center Street Team – dazu gehören Rolf Zettersten, Verleger, Harry Helm, stellvertretender Verlagsleiter, Andrea Glickson, Vertriebsdirektorin, die Presseagentinnen Jessica Zimmerman und Sarah Reck, Adlai Yeomans, Lektoratsassistent, und das gesamte Verkaufsteam.

An einem schicksalhaften Tag im März 2010 war ich im Fernsehen und sprach über Untreue, und ebendies tat auch eine Autorin, die gerade ein Buch über die Ehe geschrieben hatte. Ich ahnte gar nicht, dass dieser Tag mein Leben verändern würde. Diese Autorin entpuppte sich als Alisa Bowman, eine Bestseller-Autorin der New York Times. Wir unterhielten uns über ihr Buch und meinen Therapieansatz. Ich bemerkte schnell, dass Alisa eine jener seltenen Personen war, die sich wirklich engagiert kümmern. Wir tauschten unsere Telefonnummern aus, und später nahm sie sich die Zeit, mir einige Ratschläge darüber zu erteilen, wie man darangeht, ein Buch zu schreiben. Ein paar Monate später kam sie zu meiner großen Freude zu mir und sagte, dass sie gerne mit mir arbeiten würde. Ich freute mich riesig, eine so geschätzte Mitarbeiterin für mein Projekt zu bekommen. Ihre Kompetenz, Fürsorglichkeit, Unterstützung und vielen aufmunternden Worte machen sie zu einer wirklich begabten Mitarbeiterin, die weiß, wie man großartige Ideen auf Papier brillieren lässt. Alisa, du hast viele Funktionen ausgeübt, nicht zuletzt die einer Freundin. Danke dafür, dass du an mich geglaubt hast, als meine Ideen bloß ein Konzept waren, und für deine Geduld bei jedem Schritt des Weges.

Danke an meine Literaturagentin, Wendy Sherman, eine erfahrene Expertin, die unermüdlich daran arbeitete, dass Dutzende Dinge sich zusammenfügten und dieses Buch Realität wurde. Danke dafür, dass Sie mich als Klienten aufgenommen haben und dass Sie mir diesen oft beschwerlichen und angsterregenden Prozess hindurch die Hand gehalten haben. Sie haben ein ziemliches Talent dafür, mir meine Sorgen zu nehmen und mir den Weg zur Verwirklichung eines Traums frei zu machen.

Danke an den Agenten Michael Harriot von Folio Literary. Danke dafür, dass Sie zu so vielen Dingen, die den Prozess hindurch auftauchten, Ihre unbezahlbare Unterstützung und Stellungnahme angeboten haben, und dafür, dass Sie an mich geglaubt und mir Ihre angstfreie Schriftstellerin Alisa Bowman empfohlen haben.

Ein Dankeschön an die Agentin Jenny Meyer für das Sicherstellen so vieler Verlagsverträge auf der ganzen Welt.

Ein Dankeschön an Elizabeth Shrieve, für Ihre Public-Relations-Kompetenz.

Danke an meinen weisen Freund John Lane, dem es immer gelungen ist, das Positive an einer Situation zu entdecken, auch wenn ich es nicht immer sah. Danke für dein vorzügliches Redigieren meiner diversen Schreibereien, und dafür, dass du nicht aufhörst, mir den richtigen Gebrauch von »I« und »me« zu erklären.

Danke an meine Schwester, Susan Scala: für deine Begeisterung für das Buch, deine Unterstützung und dafür, dass du dir die Zeit genommen hast, deine Hilfe und Meinung bei Titeln und Kopfporträts beizusteuern. Was du sagst, zählt wirklich.

Danke an meinen Bruder, Matthew Alpert. Ich bin ewig dankbar für deine unerschütterliche Unterstützung und dafür, dass du mir immer zugehört hast, auch wenn ich Unsinn redete. Danke für deine fortwährende Selbstlosigkeit und Großzügigkeit, vor allem als die Zeiten weniger gut waren. Ich könnte mir keinen besseren Bruder oder Freund wünschen.

Danke an meine Eltern, Joseph und Sheila Alpert. Ich liebe euch von ganzem Herzen, und ich bin so dankbar, euch als meine Eltern zu haben. Ihr habt mir gezeigt, wie mitfühlend Menschen doch sein können. Selbst während eurer schwierigsten Zeiten fandet ihr eine Möglichkeit, anderen zu helfen. Eure Liebe zueinander und zur Familie ist wirklich bemerkenswert. Ich bin dankbar für eure Unterstützung und für all die Opfer, die ihr für die Familie gebracht habt. Ohne euch wären meine Träume und Ziele unrealisierbar geblieben. Eure Ermutigung, euer Glaube an mich und eure Fähigkeit, mich besonnen zu halten, sind unschätzbar. Danke dafür, dass ihr über die Jahre hinweg die vielen Dramen und Krisen hindurch stets Anteil genommen habt. Selbst unter eurem eigenen Stress fandet ihr immer Zeit und eine Möglichkeit, den meinigen ein bisschen weniger stark zu machen. Manchmal war es das bloße Hören eurer Stimme, das einen himmelweiten Unterschied machte. Ich bin superstolz auf dieses Buch, aber das verblasst vor meinem Stolz, euch als meine Eltern zu haben.

Mama, unsere häufigen Plaudereien erinnern mich daran, was für ein Glück ich habe, eine Mutter zu besitzen, die sich so sehr kümmert, wie du das tust. Dein Mitgefühl und deine Fähigkeit, andere zu verstehen, beeindrucken mich jedes Mal, und du bist wirklich die Therapeutin in der Familie. Du hast definitiv geholfen, mich zu dem Menschen und Therapeuten zu machen, der ich heute bin.

Papa, deine beruhigende Stimme der Vernunft, und dass du mich immer daran erinnerst, jeweils einen Schritt nach dem anderen zu machen, haben mir bei diesem Buch geholfen und werden mir weiterhin durch die vielen Herausforderungen hindurch helfen, die im Leben noch kommen mögen. Die Art, wie du mit deinen eigenen Herausforderungen fertig geworden bist, hat mir gezeigt, wie wirkmächtig Optimismus doch ist und dass kein Hindernis je zu groß ist, sich ihm zu stellen.

An die zahllosen Klient(inn)en, denen ich im Lauf der Jahre geholfen habe: Danke für euer Vertrauen auf meine Fähigkeiten. Eure Erfolge hören nie auf, mich zu erfreuen, und ihr fangt wahrhaft die Essenz von *Hinter deiner Angst liegt deine Kraft* ein. Ein Dankeschön auch an jene Klient(inn)en, die mir ihre Geschichten um dieses Buches willen geliehen haben. Eure auf diesen Seiten vorzufindenden erstaunlichen Berichte haben mich inspiriert und werden sicherlich Leser(innen) inspirieren.

»Durchdacht und fesselnd ... Sie werden kaum eine bessere Darstellung darüber finden, wo genau Ihre Nahrung herkommt.«

(New York Times Book Review)

272 Seiten
ISBN 978-3-422-21872-1

Pollan reduziert seine Ernährungstipps auf den Satz: »Esst Nahrung, nicht zu viel und überwiegend Pflanzen« und plädiert im Übrigen dafür, das Essen dem gesunden Menschenverstand zu überlassen. Ein vergnüglicher Antiratgeber, der uns endlich die Lust am Essen zurückgibt.

GOLDMANN
ARKANA

Überall, wo es Bücher gibt, und   unter www.arkana-verlag.de

Der Schatten in uns

CD, ISBN 978-3-442-33719-4

Die Beschäftigung mit Verdrängtem, mit dem eigenen Schatten, ist eines der
zentralen Themen der Psychotherapie. Diese CD unterstützt durch
stimulierende Texte und entspannende Musik die Suche nach dem persönlichen
Schatten. So kann die Integration des Schattens gelingen und den Weg zu
einem befreiten Leben eröffnen.